COMPARATIV

Leipziger Beiträge zur Universalgeschichte und vergleichenden Gesellschaftsforschung

Hrsg. im Auftrag der Karl-Lamprecht-Gesellschaft Leipzig e. V./
European Network in Universal and Global History
von Matthias Middell und Hannes Siegrist

REDAKTION:

Sebastian Conrad (Berlin), Gerald Diesener (Leipzig), Andreas Eckert
(Hamburg), Hartmut Elsenhans (Leipzig), Wolfgang Fach (Leipzig),
Eckhardt Fuchs (Mannheim), Frank Hadler (Leipzig), Katharina Middell
(Leipzig), Matthias Middell (Leipzig), Hannes Siegrist (Leipzig), Stefan
Troebst (Leipzig), Georg Vobruba (Leipzig), Michael Zeuske (Köln)

ANSCHRIFT DER REDAKTION

Zentrum für Höhere Studien
Universität Leipzig
Augustusplatz 10/11, 04109 Leipzig
Tel.: (0341) 9730230 Fax: (0341) 9605261
middell@rz.uni-leipzig.de

REDAKTIONSSEKRETÄRIN:

Katja Naumann (Leipzig)

COMPARATIV erscheint sechsmal jährlich mit einem Umfang
von jeweils 140 Seiten. Einzelheft € 8,00; Doppelheft € 15,00; Jahres-
abonnement € 40,00; ermäßigtes Abonnement € 18,00. Abonnement für
Mitglieder der Karl-Lamprecht-Gesellschaft e. V./European Network in
Universal and Global History € 25,00 (im Mitgliedsbeitrag enthalten).

Zuschriften und Manuskripte senden Sie bitte an die Redaktion.
Bestellungen richten Sie an den Buchhandel oder direkt an den Verlag.
Ein Bestellformular finden Sie unter:
www.uni-lcipzig.de/~sfb417/comp/formular.html

Leipziger Universitätsverlag GmbH

Oststr. 41, D - 04317 Leipzig
Tel./Fax: (0341) 99 00 440

info@univerlag-leipzig.de
www.univerlag-leipzig.de

Eigentumskulturen und Geschlecht in der Frühen Neuzeit

Herausgegeben von
Nicole Grochowina und Hendrikje Carius

Leipziger Universitätsverlag 2005

Comparativ : Leipziger Beiträge zur Universalgeschichte und vergleichenden Gesellschaftsforschung / hrsg. von Matthias Middell und Hannes Siegrist – Leipzig : Leipziger Univ.-Verl.
ISSN 0940-3566
Jg. 15, H. 4. Eigentumskulturen und Geschlecht in der Frühen Neuzeit – 2005

Eigentumskulturen und Geschlecht in der Frühen Neuzeit. Hrsg. von Nicole Grochowina und Hendrikje Carius – Leipzig : Leipziger Univ.-Verl., 2005
(Comparativ ; Jg. 15, H. 4)
ISBN 3-86583-080-3

COMPARATIV. Leipziger Beiträge zur Universalgeschichte und vergleichenden Gesellschaftsforschung 15 (2005) 4
ISSN 0940-3566
ISBN 3-86583-080-3

Inhaltsverzeichnis

Aufsätze

Forum

Buchbesprechungen

Nicole Grochowina

Geschlecht und Eigentumskultur in der Frühen Neuzeit

Die Frauen- und Geschlechtergeschichte hat in den letzten Jahrzehnten auf bemerkenswerte Art und Weise zu neuen Fragen und Perspektiven auf die Geschichte angeregt. Zunächst stellte sich der älteren Frauengeschichte die Aufgabe, Frauen in der Geschichte sichtbar zu machen und sie dabei innerhalb einer deutlich konturierten Geschlechterhierarchie zu verorten. Neben der „Her-story" wurde aber auch eine Opfergeschichte geschrieben, in der Unterdrückung und Ausschluss der Frauen von Rechten und Handlungsmöglichkeiten die Schlüsselworte markierten.[1]

Der bald einsetzende Perspektivenwechsel zur Geschlechtergeschichte, welcher die letzten beiden Jahrzehnte kennzeichnet, hat zu einer entscheidenden Relativierung dieser Einschätzung beigetragen. Geschlecht wurde nun zunehmend als kulturelles Konzept, als relationale Kategorie verstanden, die abhängig von Zeit und Kontext immer wieder eine neue Konstruktion durch verschiedene, zeitgenössische Zuschreibungen von Weiblichkeit und Männlichkeit erfuhr.[2] Damit spielten auch zunehmend Fragen nach der dynamischen Ausgestaltung der Geschlechterordnung und Geschlechterhierarchie eine wichtige Rolle. Reflektiert wurden nun nicht mehr allein Frauen und Männer als biologische Wesen, sondern auch die sozialen und kulturellen Zuschreibungen und Anforderungen, welche sie prägten. Es ging also um die Ausgestaltung von individuellen Handlungsspielräumen im Umgang mit bestehenden Normen und Diskursen.[3]

---

1 Vgl. als Überblick H. Mogge-Grotjahn, Gender, Sex und Gender Studies. Eine Einführung, Freiburg i. Br. 2004; zur Her-Story vgl. S. R. Johansson, „Herstory" as History. A New Field or another Fad?, in: B. A. Carroll (Hrsg.), Liberating Women's History, Chicago/London 1976, S. 400-430.

2 Vgl. hierzu beispielsweise H. Schissler (Hrsg.), Geschlechterverhältnisse im historischen Wandel, Frankfurt a. M./New York 1993; V. Aegerter u. a. (Hrsg.), Geschlecht hat Methode. Ansätze und Perspektiven in der Frauen- und Geschlechtergeschichte, Zürich 1999.

3 Mittlerweile zeigt sich auch hier eine weitere Ausdifferenzierung: Sowohl die nationale und internationale Männerforschung hat – von der Ergebnissen der Frauengeschichte profitierend – wachsenden Zuspruch erhalten. Vgl. zusammenfassende und wegweisende Studien von W. Schmale, Geschichte der Männlichkeit in Europa (1450–2000), Wien/Köln/Weimar 2003; R. Connell, Der gemachte Mann. Konstruk-

Als Folge der kulturalistischen Wende ergaben sich aber ebenso neue Perspektiven für die Forschungsfelder, in denen soziale Beziehungsgeflechte und das Aushandeln von entsprechenden Hierarchien bisher nicht das primäre Erkenntnisinteresse darstellten. Politik- oder Strukturgeschichte[4] sind hier zu nennen, aber auch die Rechtsgeschichte wurde nun einer erneuten Überprüfung unterzogen,[5] um sie unter der Prämisse der Rechtskultur zu verorten.

Wie sich hieran ebenfalls geschlechtergeschichtliche Fragestellungen knüpfen und zu einer Erweiterung der Perspektive beitragen, hat nicht zuletzt die wachsende Zahl der Studien zur frühneuzeitlichen Rechtsgeschichte gezeigt. Stand hier zunächst die Frauengeschichte im Mittelpunkt, welche vorerst nach der (Opfer)rolle von Frauen in den Hexenverfolgungen fragte, lenkte die einsetzende kriminalitätsgeschichtliche Forschung den Blick auf die Untersuchung von einzelnen Delikten wie Diebstahl und Betrug sowie die Ahndung von Unzucht und Kindsmord.[6]

Die zivile Gerichtsbarkeit blieb dabei zunächst von Untersuchungen ausgeklammert, hatte es doch den Anschein, dass es hier um weniger spektakuläre Fälle gehe, in denen die Kategorie Geschlecht nicht eindeutig ausgehandelt, gesetzt oder konstruiert wurde. Überdies schienen es einzelne Rechtsinstrumente wie die Geschlechtsvormundschaft nahe zu legen, dass Frauen vor Gericht nicht eigenständig zu klagen vermochten, also nicht als

---

tion und Krise von Männlichkeiten, Opladen 2000; M. Kimmel (Hrsg.), Changing Men. New Directions in Research on Men, Newbury Park (CA) 1987. Auch wird inzwischen die Frage nach der kulturelle Konstruktion von Geschlecht angesichts einer wachsenden Konzentration auf Körpergeschichte und neue Perspektiven naturwissenschaftlicher Forschungen wieder kontrovers debattiert. Vgl. J. Scott, Die Zukunft von Gender. Fantasien zur Jahrtausendwende, in: C. Honegger/C. Arni (Hrsg.), Gender – Die Tücken einer Kategorie, Zürich 2001, S. 19-38.

4 Vgl. zu älteren Ansätzen und neuen Perspektiven: A. Landwehr, Diskurs, Macht, Wissen. Perspektiven einer Kulturgeschichte des Politischen, in: Archiv für Kulturgeschichte 85 (2003), S. 71-117; und als Antwort: T. Niklas, Macht, Politik, Diskurs. Möglichkeiten und Grenzen einer Politischen Kulturgeschichte, in: Archiv für Kulturgeschichte 86 (2004), S. 1-26.

5 Vgl. H. Rudolph, Rechtskultur in der Frühen Neuzeit. Perspektiven und Erkenntnispotentiale eines modischen Begriffs, in: Historische Zeitschrift 278 (2004), S. 347-374.

6 Dabei regte Ulrike Gleixner an, davon auszugehen, dass das Geschlecht in Unzuchtsverfahren erst vor Gericht konstruiert werde. Vgl. U. Gleixner, Der Mensch und der Kerl. Die Konstruktion von Geschlecht in Unzuchtsverfahren der Frühen Neuzeit (1700–1760), Frankfurt a. M./New York 1994; zu den weiteren Themen vgl. die zahlreichen Beiträge in U. Gerhard (Hrsg.), Frauen in der Geschichte des Rechts. Von der Frühen Neuzeit bis zur Gegenwart, München 1997.

Rechtssubjekt bewertet werden könnten, sofern sie nicht qua Amt eine besondere Position einnahmen.[7]

Neuere Studien deuten jedoch an, dass eine solche Einschätzung nicht gerechtfertigt ist.[8] In Weiterführung dieser Untersuchungen ist hier außerdem zu betonen, dass insbesondere für die Frühe Neuzeit die Rechtspraxis als ein entscheidendes Korrektiv für gesetzte Normen zu sehen ist und deshalb der intensiveren Erforschung bedarf.[9]

Dabei wird erkennbar, dass das Wirken von Frauen als Rechtssubjekt offenbar im besonderen Maße ans Eigentum geknüpft war: Im Rahmen der zivilen Gerichtsbarkeit stritten sie um das Erbe, um Nutzungsrechte, Bauregelungen, Eigentumstransfer durch Schenkungen, Bürgschaften und Schulden. In strafrechtlichen Auseinandersetzungen ging es um Diebstahl, Zerstörung oder Unterschlagung von Eigentum. Kamen diese Konfliktfälle vor Gericht oder mussten von universitären Spruchkollegien[10] entschieden werden, standen damit auch die Geschlechterbeziehungen zur Disposition. Kulturelle Muster und Zuschreibungen von Weiblichkeit und Männlichkeit kamen hier zum Tragen und bedurften der Aushandlung, um schließlich die Geschlechterordnung zu bestätigen, zu untergraben oder wieder herzustellen. Das Bedürfnis danach zeigen nicht zuletzt die Argumente der prozessierenden Parteien, welche Vorstellungen der Eigentums- und damit Rechtsfähigkeit von Frauen thematisierten. Aber auch die beteiligten Juristen offenbarten entsprechende Anschauungen – entweder in den Verhandlungen, in den Gutachten oder aber im einschlägigen juristischen Diskurs.

Auseinandersetzungen vor Gericht machen also einen wesentlichen Punkt aus, um das Verhältnis von Eigentum und Aushandlung der Geschlechter-

---

7 Vgl. J. Berger, Anna Amalia von Sachsen-Weimar-Eisenach (1739–1807). Denk- und Handlungsräume einer aufgeklärten Herzogin, Heidelberg 2003; S. Doran, Queen Elizabeth I., London 2003; P. Puppel, Die Regentin. Vormundschaftliche Herrschaft in Hessen 1500–1700, Frankfurt a. M. 2004.

8 Für die Geschlechtsvormundschaft vgl. etwa E. Holthöfer, Die Geschlechtsvormundschaft. Ein Überblick von der Antike bis ins 19. Jahrhundert, in: Gerhard (Hrsg.), Frauen (Anm. 6), S. 390-452.

9 Vgl. hierzu H. Carius/N. Grochowina, „...uns zum ludibris zu machen"? Frauen in der Zivilrechtspraxis. Reußische Fälle, in: Jahrbuch des Museums Reichenfels-Hohenleuben 49 (2004), S. 39-55. Vgl. auch den Beitrag von Hendrikje Carius in diesem Band.

10 Zu den Spruchkollegien im Alten Reich vgl. etwa H. Lück, Die Spruchtätigkeit der Wittenberger Juristen. Organisation, Verfahren, Ausstrahlung, Köln/Weimar/Wien 1998; J. Geipel, Die Konsiliarpraxis der Eberhard-Karls-Universität und die Behandlung der Ehrverletzung in den Tübinger Konsilien, Stuttgart 1965; J. Ziekow, Recht und Rechtsgang. Studien zu Problem mittelalterlichen Rechts anhand von Magdeburger Schöppensprüchen des 15. Jahrhunderts, Pfaffenweiler 1986.

ordnung zu erkennen. Darüber hinaus ist aber auch der Blick auf die Güter wichtig, welche entweder Frauen oder Männern allein zugesprochen wurden. Ihr Transfer, die Auseinandersetzung darum und ihre Abschaffung oder Bestätigung blieb ebenfalls nicht ohne Auswirkung auf die Zuschreibungen gegenüber den Geschlechtern und auf ihren Status als Rechtssubjekte.[11]

Um den sich hier andeutenden Fundamentalcharakter des Eigentums für Gesellschaften angemessen zu beschreiben, haben Hannes Siegrist und David Sugarman jüngst den Begriff der Eigentumskultur entwickelt. In Weiterführung aller bestehenden Ansätze etwa aus der „Property-Rights-Theory" oder der „New Legal History"[12] begreifen sie Eigentum als konstitutives Element von Gesellschaften.[13] Eigentumskulturen verstehen sie dementsprechend als symbolische Sinnordnungen, an denen sich Gesellschaften, soziale Gruppen, Gesetzgeber, Experten und Laien orientieren. Diese Sinnordnungen bestehen aus national spezifischen Konstellationen von Normen, Gesetzen, Institutionen, Werten, Wissensbeständen, Diskursen, Mentalitäten und Symbolen und lassen sich je nach Region oder Gruppe ausdifferenzieren.[14] Das bedeutet, dass durchaus mehrere Eigentumskulturen innerhalb einer Nation bzw. eines Territoriums – beispielsweise mit religiösen und regionalen Schwerpunktsetzungen – existieren konnten. Ausschlaggebend waren hierfür nicht allein die unterschiedlichen Vorstellungen von Eigentum, die sich in Normen, Diskursen, aber auch in der Praxis niederschlugen. Nicht zu unterschätzen sei ebenso das „kollektive regionale und lokale Eigentumsgedächtnis", welches durchaus der Homogenisierung von Rechtsvorstellungen entgegen zu stehen vermochte.[15] Diese Sinnordnungen sind jedoch als fragil zu

---

11 Vgl. K. Gottschalk, Eigentum, Geschlecht, Gerechtigkeit. Haushalten und Erben im frühneuzeitlichen Leipzig/Frankfurt a. M. 2002; S. Schötz, Handelsfrauen in Leipzig. Zur Geschichte von Arbeit und Geschlecht in der Neuzeit, Köln 2004; P. Crawford, Women and Property: Women as Property, in: Parergon 19 (2002), S. 151-172.

12 Vgl. C. Wischermann, Der Property-Rights-Ansatz und die „neue" Wirtschaftsgeschichte, in: Geschichte und Gesellschaft 19 (1993), S. 239-258; D. Sugarman, Law in History. History of Law and Society, 2 Bde., Aldershot 1996; C. L. Tomlins/B. H. Manns (Hrsg.), The many different Legalities of Early America, Chapel Hill 2001.

13 Durch diese Perspektivierung erscheint Eigentum nicht mehr allein als Kategorie des Rechts. Vielmehr ist es als „historisches, soziales, rechtliches und kulturelles Konstrukt [zu verstehen], das auf der symbolischen und der sozialen Ebene zu untersuchen ist." Eigentum wird damit gleich auf mehreren Ebenen zu einem „Bündel von Rechten und Berechtigungen." H. Siegrist/D. Sugarman, Geschichte als historisch-vergleichende Eigentumswissenschaft. Rechts-, kultur- und gesellschaftliche Perspektiven, in: dies. (Hrsg.), Eigentum im internationalen Vergleich (18.-20. Jahrhundert), Göttingen 1999, S. 9-33, hier S. 11.

14 Vgl. ebd., S. 27.

15 Vgl. ebd., S. 29.

verstehen. Sie unterscheiden sich in unterschiedlichen Epochen oder verändern sich, wenn die Faktoren sich ändern, welche sie prägen.

Ausgerichtet ist dieser Ansatz der Eigentumskultur auf Entwicklungen des 19. und 20. Jahrhunderts. Allerdings bietet er sich für die Frühe Neuzeit ebenfalls an, um ausgehend vom Eigentum neue Perspektiven auf das Aushandeln bestehender oder erwünschter Ordnungsvorstellungen zu erlangen. Insgesamt ist also die Bedeutung des Eigentums auch für die Frühe Neuzeit nicht zu unterschätzen, wie im Folgenden zu zeigen ist.

Dabei ist es allerdings zwingend erforderlich, ebenfalls die Aushandlung der Geschlechterordnung und damit die geschlechtliche Konnotierung der Eigentumskultur in den Blick zu nehmen. Siegrist und Sugarman argumentieren zwar, dass die Frauen- und Geschlechtergeschichte die Ungleichheit der Geschlechter vor dem Eigentum klar benannt hätte, so dass Eigentum durchaus als männliches Konstrukt zu verstehen, Frauen also die Eigentumsfähigkeit nicht zuzusprechen sei.[16] Diese Ergebnisse basieren allerdings in erster Linie auf der Untersuchung von Normen und Diskursen. In Erweiterung dieser Perspektive liegt der Fokus in diesem Band auf der Verbindung von Normen und Diskursen mit der sozialen Praxis, so dass weitere wesentliche Elemente der Eigentumskultur wie Wissensbestände, Mentalitäten und Praktiken in den Mittelpunkt gerückt werden.

Im Folgenden wird also gezeigt, dass das Eigentum auch in der Frühen Neuzeit den Kern bildete, welcher Gesellschaft und damit eben auch Geschlechterbeziehungen begründete. Sichtbar wird dies sowohl beim Blick auf Konflikte um Eigentum als auch beim sanktionierten Eigentumstransfer sowie bei Auseinandersetzungen mit spezifischen Gütern von Männern und Frauen. Hier gestalteten sich überdies ausgehend vom Eigentum soziale Beziehungen zwischen den Geschlechtern, da in einem dynamischen Prozess die soziale Praxis mit den gesellschaftlichen Normen und Diskursen verhandelt wurden.

Mit der geschlechtlichen Konnotierung der Eigentumskultur wird demnach für die frühneuzeitliche Forschung eine Perspektive bereitgestellt, welche die reziproke Beziehung zwischen dem gesellschaftsstiftenden Element Eigentum und der relationalen Kategorie Geschlecht in der Frühen Neuzeit reflektiert. Dies erlaubt letztlich Aussagen über die Bestimmung von Geschlechterbeziehungen und -hierarchien, denen die unerlässliche Auseinandersetzung mit der sozialen Praxis zugrunde liegt.

---

16 Vgl. ebd., S. 20.

1. Eigentum in der Frühen Neuzeit

Aus rechtsgeschichtlicher Perspektive ist insbesondere die ausgehende Frühe
Neuzeit als Zeit des Wandels zu begreifen. Neu geschaffene verbindliche
und überregionale Kodifikationen wie etwa das Allgemeine Preußische
Landrecht, der Code civil oder das österreichische Allgemeine Bürgerliche
Gesetzbuch haben die entsprechende Aufmerksamkeit in der Forschung erhalten.[17] All diesen Gesetzeswerken gingen umfassende Debatten voraus,
wie Recht zu kodifizieren sei. Insgesamt aber beendeten diese Auseinandersetzungen zumindest auf formaljuristischer Ebene das Aushandeln und Ab-
wägen von lokalen und überregionalen Normen, von persönlichen
Rechtsauffassungen und Diskursen und von Spruchsammlungen, welche
sich auf Einzelfälle konzentrierten und die darin geleisteten Entscheidungen
als Anleitung für weitere Streitfälle verstanden.[18] Hier wurden auch in umfangreichen Auseinandersetzungen konkrete Vorstellungen von Eigentum
thematisiert.

Den umfassenden Charakter, welchen das Eigentum in der Frühen Neuzeit besitzen konnte, reflektiert dabei ein wesentliches Referenzmedium dieser Zeit: Zedlers Universallexikon aus dem Jahr 1734. Im Artikel zum Eigentum wird festgehalten, dass Eigentum vollständig und unvollständig sein
konnte. Es handelte sich mithin um einen festen Bestandteil des frühneuzeitlichen Lebens, der sich auf vielfältige Weise präsentierte. Unvollständig sei
das Eigentum, wenn der Gebrauch und damit der Besitz einer anderen Person überlassen werde. Vollständiges Eigentum zeichne sich dadurch aus,
dass andere Eigentumsansprüche ausgeschlossen und Gebrauch und Nutzen
uneingeschränkt geleistet werden könnten.[19]

Diese Einteilung ergab sich nicht aus normativen Vorlagen: Das römische
Recht sprach zunächst noch eindeutig von einem dinglichen Vollrecht und

---

17 Vgl. C. Esser, Rechtsstellung und Ansprüche der Ehefrau gegen ihren Mann wäh-
rend der Ehe nach dem Allgemeinen Landrecht für die Preußischen Staaten und dem
Bürgerlichen Gesetzbuch, Köln 1998.
18 Zu den Spruchsammlungen vgl. H. Gehrke, Die privatrechtliche Entscheidungslite-
ratur Deutschlands. Charakteristik und Bibliographie der Rechtsprechungs- und
Konsiliensammlungen vom 16. bis zum Beginn des 19. Jahrhunderts, Frankfurt am
Main 1974, zu den Auseinandersetzungen um die Kodifikationen vgl. U. Eisenhardt,
Deutsche Rechtsgeschichte, 3. Aufl., München 1999; S. Meder, Rechtsgeschichte.
Eine Einführung, Köln/Weimar/Wien 2002.
19 Vgl. J. H. Zedler, Großes vollständiges Universal-Lexicon aller Wissenschaften und
Künste, Bd. 8, Halle/Leipzig 1734, Sp. 1215-1226, hier Sp. 1216. Savigny schrieb
1803, dass im allgemeinen Sprachgebrauch der Unterschied zwischen Eigentum und
Besitz nicht mehr geleistet würde. Vgl. C. von Savigny, Recht des Besitzes, Eine ci-
vilistische Abhandlung, Gießen 1803, S. 69.

setzte damit eine klare Grenze zwischen Eigentümer und Nicht-Eigentümer. In der Rechtspraxis jedoch trafen diese Bestimmungen auf zahlreiche Vorstellungen von Besitz und Eigentum, die in lokalen, regionalen und Landesrechten festgelegt worden sind. Daraufhin passten die Kommentatoren des römischen Rechts – in einem langwierigen Prozess – die entsprechenden Bestimmungen zum Eigentum der sozialen Praxis bis zu einem gewissen Grad an.[20]

Alle Bestimmungen zum Eigentum hatten sich allerdings im Verlauf der Frühen Neuzeit immer deutlicher einem einzigen Ziel unterzuordnen: Es galt, den „Nutzen der Gesellschaft zu fördern", hierzu sollte das Eigentum als Mittel dienen, aber nicht missbraucht werden.[21] Dabei ist jedoch festzuhalten, dass Privateigentum noch nicht den frühneuzeitlichen Eigentumsbegriff prägte, auch wenn entsprechende Anschauungen und Theorien bereits existierten.

Die Notwendigkeit, den frühneuzeitlichen Eigentumsbegriff zu klären und ihn eindeutigen Regeln zu unterwerfen, die sich mithin auch aus der Rechtspraxis ergeben konnten, liegt in der engen Verknüpfung von Eigentum mit einem weiteren, wesentlichen Strukturelement der frühneuzeitlichen Gesellschaft begründet: der Herrschaft. Dass Herrschaft und Eigentum dabei nicht als bloße Addition zu verstehen sind, sondern Herrschaft eine bestimmte Qualifikation des Eigentums war, ergibt sich bereits aus der Begriffsbestimmung von Eigentum: Während im klassischen römischen Recht *proprietas* und *dominium* als Synonyme für Eigentum standen, erhielt es durch die enge Anbindung an Herrschaft seit dem Mittelalter eine weitere Bedeutung: Der *dominus* entsprach in der deutschen Rechtssprache dem Herren, das *dominium* der beherrschten Herrlichkeit.[22] Präzise formuliert: Dem Eigentum entsprangen herrschaftliche Rechte. So bedeutete Partizipation am Eigentum also gleichermaßen Teilhabe an Herrschaft.[23]

Aus dem Umfang und den Formen des Eigentums ergab sich ein breites Spektrum von Herrschaftsfeldern, die auf zahlreiche Instanzen und Institutionen verteilt waren. Die Herrschaftsfähigkeit konnte etwa auf die eigene Scholle als Bauer, aber eben auch auf größere Ländereien oder ganze Territorien sowie auf die Beziehung zwischen Menschen verweisen.[24] Diesen en-

---

20 Vgl. D. Schwab, Eigentum, in: O. Brunner/W. Conze/R. Koselleck (Hrsg.), Geschichtliche Grundbegriffe, Bd. 2, Stuttgart 1979, S. 65-115, hier S. 72.
21 Vgl. Zedler, Universal-Lexicon (Anm. 19), Sp. 1220.
22 Vgl. Schwab, Eigentum (Anm. 20), S. 77.
23 Vgl. auch Crawford, Women (Anm. 11), S. 156.
24 Vgl. H. Wunder, Herrschaft und öffentliches Handeln von Frauen in der Gesellschaft der Frühen Neuzeit, in: Gerhard (Hrsg.), Frauen (Anm. 6), S. 27-55, hier S. 36.

gen Bezug zwischen Eigentum und Herrschaft hat nicht zuletzt Johann Wolfgang von Goethe im zweiten Teil seines Fausts formuliert, wo er Faust – von Mephisto im Gespräch nach den eigentlichen Wünschen befragt – mit Vehemenz antworten lässt: „Herrschaft will ich, Eigentum!"[25]

Eingedenk des hier benannten fundamentalen Charakters von Eigentum, welcher auch von den Zeitgenossen entsprechend reflektiert wurde, bedurfte es in der Frühen Neuzeit einer hinreichenden Absicherung von Eigentum. Hierzu gehörte die Eigentumsgarantie, die in der Frühen Neuzeit nicht nur eng mit der Freiheit zum Eigentum, sondern auch mit einem überpositiven Naturrecht verknüpft wurde. Dabei ging es sowohl um die Freiheit, bewegliche und unbewegliche Güter besitzen zu dürfen, als auch um das Eigentum an der eigenen Person.

Zu den Sicherungsmechanismen der Herrschaft gehörte es aber auch, bei Verlust der Eigentumsrechte diese wieder einklagen zu können. Territoriale Instanzen wurden geschaffen, ebenso war die Klage vor den höchsten Gerichten des Reichs möglich. Verschriftlichung, Bürokratisierung und Professionalisierung sind die Stichworte, welche die Entwicklung des frühneuzeitlichen Rechtswesens illustrieren, als dessen Folge ein geregelter Instanzenzug entstand, der allen Rechtsfähigen[26] das Klagerecht und damit die Möglichkeit der Eigentumssicherung einräumte.[27]

Diese beiden Sicherungsmöglichkeiten haben dazu beigetragen, unter Verweis auf die Eigentumsrechte den Gedanken der unveräußerlichen – gar freiheitlichen – Individualrechte im frühneuzeitlichen Wissensbestand zu verankern.[28]

---

25 Vgl. J. W. Goethe, Faust. Erster und zweiter Teil, 14. Aufl., ND München 1993, S. 296.

26 Was dies aus geschlechtergeschichtlicher Perspektive bedeutet, wird insbesondere im Beitrag von Hendrikje Carius erläutert.

27 Zur Entwicklung des Instanzenzuges und hier insbesondere zur Bedeutung, welche die höchste Gerichtsbarkeit als letztlich anzurufende Entscheidungsinstanz spielte, vgl. B. Diestelkamp (Hrsg.), Oberste Gerichtsbarkeit und zentrale Gewalt im Europa der frühen Neuzeit, Köln 1996; R. P. Fuchs, The Supreme Court of the Holy Roman Empire: The State of Research and the Outlook, in: Sixteenth Century Journal 34 (2003), S. 9-27. Zur Verrechtlichung und Verwissenschaftlichung vgl. B. Diestelkamp, Verwissenschaftlichung, Bürokratisierung, Professionalisierung und Verfahrensintensivierung als Merkmale frühneuzeitlicher Rechtsprechung, in: ders., Recht und Gericht im Heiligen Römischen Reich, Frankfurt am Main 1999, S. 263-283.

28 Vgl. U. Margedant/M. Zimmer, Eigentum und Freiheit. Eigentumstheorien im 17. und 18. Jahrhundert, Idstein 1993.

2. Geschlechtliche Konnotierung der Eigentumskultur in der Frühen Neuzeit

Wie jedoch ist von einer geschlechtlichen Konnotierung der Eigentumskultur zu sprechen angesichts der Variabilität und Heterogenität, welche die Vorstellungen vom Eigentum und damit auch die Eigentumskultur der Frühen Neuzeit auszeichnete? Die Beiträge in diesem Band gehen dieser Frage nach, indem sie Eigentumskulturen der Frühen Neuzeit in ihren unterschiedlichen nationalen und regionalen Kontexten untersuchen. Ihnen ist dabei die Grundannahme gemeinsam, dass die Untersuchung der Eigentumssicherung, des Erlangens und der Weitergabe von Eigentum nicht der geschlechtergeschichtlichen Reflexion entzogen werden darf. Dies gilt auch für die sich daran anschließenden Fragen nach Partizipation an Herrschaft und Ausgestaltung der Eigentumskultur basierend auf individuellen Rechtsauffassungen und Wissen vom Eigentum.

Inwiefern konnten also Frauen diese Eigentumskultur prägen und sich damit auch Zugänge zu unterschiedlichen Herrschaftsfeldern verschaffen? An dieser Frage entschied sich letztlich ihre Position gegenüber den Männern und damit innerhalb des gesellschaftlichen Gefüges.[29]

Zunächst ist also die Grundlage ‚Teilhabe' zu benennen: Während in Russland für die Frühe Neuzeit beispielsweise nach der Maskulinisierung von Eigentum zu fragen ist, welche insbesondere auf der Ebene des narrativen Diskurses die relativ paritätische und auf gemeinsamer Gütergemeinschaft basierende Kultur des Habens abzulösen versuchte,[30] ist für das Alte Reich zunächst kaum von einer solchen Parität auszugehen: Zumindest auf normativer Ebene waren Frauen mit Ausnahme der Handels- und Kauffrauen vom Eigentum ausgeschlossen. Hierfür war das Instrument der Geschlechtsvormundschaft verantwortlich, welches die Frauen generell unter die Aufsicht eines Vormunds stellte.[31] Allerdings muss dieser Befund hinterfragt werden, basiert er doch in erster Linie auf der Untersuchung von Normen. Neue Perspektiven ergeben sich dem gegenüber durch den Blick sowohl auf die Rechtspraxis als auch auf die Widersprüchlichkeit der Diskurse. Als Beispiel für diese Gebrochenheit wäre etwa die zeitgenössische Debatte

---

29 H. C. Binswanger, Dominium und Patrimonium. Eigentumsrechte und -pflichten unter dem Aspekt der Nachhaltigkeit, in: M. Held/H. G. Nutzinger (Hrsg.), Eigentumsrechte verpflichten. Individuum, Gesellschaft und die Institution Eigentum, Frankfurt a. M./New York 1998, S. 126-143, hier S. 230.
30 Vgl. hierzu den Beitrag von Martina Winkler in diesem Band.
31 Zur Geschlechtsvormundschaft vgl. D. Sabean, Allianzen und Listen: Die Geschlechtsvormundschaft im 18. und 19. Jahrhundert, in: Gerhard (Hrsg.), Frauen (Anm. 6), S. 460-480; Holthöfer, Geschlechtsvormundschaft (Anm. 8), S. 390-452.

im späten 18. Jahrhundert zu nennen, die ausgehend vom naturrechtlichen Gleichheitspostulat die Abschaffung der Geschlechtsvormundschaft thematisierte.[32]

Die Qualität des Zugangs von Frauen zum Eigentum lässt sich also nur erkennen, wenn in einer umfassenderen Betrachtung zunächst auch die Diskussionen über bestehende und erforderliche Rechtsnormen zum Eigentum beachtet werden, welches explizit Frauen zugesprochen wurde. Sie geben erste Hinweise auf Hierarchisierungen, Begrenzungen, aber eben auch auf die Sicherung der Partizipation am Eigentum und damit auf die Möglichkeiten der Frauen, die Eigentumskultur gestalten zu können. Wichtig war hier insbesondere die Debatte um den Ausnahmecharakter einzelner Regelungen, welche sich nicht zuletzt dadurch mit Zuschreibungen von Eigenschaften der Frauen (und damit auch der Männer) verband. Herausragend sind dabei nicht nur die Auseinandersetzungen um die Geschlechtsvormundschaft, sondern auch um die weiblichen Rechtswohltaten wie den *Senatus consultum velleianum*.[33] Aber auch die Morgengabe, das von der Frau in die Ehe eingebrachte Eigentum und das von ihr erwirtschaftete Gut während der Ehe bedurften der Reflexion.[34]

Als wesentliches Element für den sächsischen Raum ist in diesem Zusammenhang die Gerade zu verstehen. Sie sicherte nicht nur die Weitergabe von Eigentum in weiblicher Linie. Die Debatte um ihre Abschaffung unter

---

32 Vgl. S. Weber-Will, Geschlechtsvormundschaft und weibliche Rechtswohltaten im Privatrecht des preußischen Allgemeinen Landrechts von 1794, Gerhard (Hrsg.), Frauen (Anm. 6), S. 452-459; S. Jenisch, „Die berüchtigte Materie von der weiblichen Geschlechts-Curatel". Die Abschaffung der Geschlechtsvormundschaft in der aufklärerischen Diskussion, in: O. Hochstrasser/C. Opitz/B. Tolkemitt (Hrsg.), Ordnung, Politik und Geselligkeit der Geschlechter im 18. Jahrhundert, Göttingen 1998, S. 285-301. Vgl. auch S. Buchholz, Sub viri potestate eris et ipse dominabitur tibi (Gen. 3, 16). Das imperium mariti in der Rechtsliteratur des 17. und 18. Jahrhunderts, in: Zeitschrift der Savigny-Stiftung für Rechtsgeschichte. Kanonistische Abteilung 111 (1994), S. 355-405.

33 Vgl. hierzu die Auseinandersetzungen im ausgehenden 18. Jahrhundert und deren exponierte Vertreter: J. C. Wiesner, Das Vormundschaftsrecht sowol nach den gemeinen deutschen, kanonischen und römischen als auch nach den heutigen statuarischen vorzüglich nach Sächsischen, Schlesischen und übrigen Preussischen Rechten theoretisch und praktisch in systematischer Ordnung abgehandelt, Halle 1785; K. L. C. Röslin, Abhandlung von den besonderen weiblichen Rechten, Bd. 1, Mannheim 1775.

34 Die umfassendste Studie zur Stellung von Männern und Frauen in der Ehe hat jüngst Arne Duncker vorgelegt. Vgl. A. Duncker, Gleichheit und Ungleichheit in der Ehe. Persönliche Stellung von Frau und Mann im Recht der ehelichen Lebensgemeinschaft 1700–1914, Köln/Weimar/Wien 2003.

Rückgriff auf Argumentationen ausgehend vom „gemeinen Nutzen" korrelierte gleichsam mit dem Aushandeln der Geschlechterhierarchie in der Frühen Neuzeit. Hieran lässt sich zeigen, wie die Partizipation am Eigentum und damit die Möglichkeiten zur Ausgestaltung der Eigentumskultur diskutiert und gesetzt werden konnten – und angesichts neuer zeitgenössischer Diskurse auch mussten.[35] Unter dieser Perspektive wird ebenfalls der symbolische Gehalt der Eigentumskultur erkennbar, wie insbesondere das Symbol des Schlüssels verdeutlicht. Dieser verweist auf die Schlüsselgewalt, welche Männer und Frauen über ihr Eigentum hatten. Durch den „Verschluss" gelang es ihnen, ihr Eigentum zu schützen.[36] Die Weitergabe und Sicherung weiblicher „Kunkel-Lehne" ist ebenfalls in diesem Zusammenhang zu sehen. Auch zeigen die Konflikte, die um diese von Frauen verwalteten Lehen geführt wurden, wie die Geschlechterbeziehungen innerhalb der Eigentumskultur in einem dynamischen Prozess ausgehandelt wurden.[37]

Wesentlich zur Erweiterung der Perspektive trägt also der eingehendere Blick auf die Rechtspraxis bei: In Streitfällen verbanden sich normativ bestimmte Diskurse mit der Lebenswirklichkeit. Zur Untersuchung bieten sich Gerichtsakten wie Spruchsammlungen, Gutachten oder ganze Prozessmitschriften an, um zunächst die Tatsache festzuhalten, dass Frauen eigene Eigentumsrechte postulierten und diese dann auch einklagten. Offenbar griffen sie dabei auf Bestände des sozialen Wissens zurück, die nicht explizit in den Normen formuliert worden sind – und gründeten u. a. hierauf das Recht, Eigentum besitzen und verteidigen zu können. Zu diesen Wissensbeständen gehörten aber nicht nur klare Vorstellungen von Eigentum, sondern auch die Kenntnis der juristischen Möglichkeiten und das Selbstbewusstsein, diese zu nutzen.[38] Diese Gelegenheiten zur Aushandlung richteten sich – je nach Normen und individuellen Dispositionen, aber auch aufgrund des Selbstverständnisses der Frauen[39] – in erster Linie nach ihrem sozialen Stand. Witwen hatten vor Gericht andere Möglichkeiten als etwa verheiratete Frauen.[40]

---

35 Dabei wurde die Gerade durchaus auch als Ungerechtigkeit gegenüber Männern begriffen, markierte sie doch weibliches Eigentum. Die Gerechtigkeit war im Sinne des Allgemeinwohls wieder herzustellen. Vgl. Gottschalk, Eigentum (Anm. 11).

36 Vgl. hierzu den Beitrag von Karin Gottschalk in diesem Band.

37 Vgl. hierzu den Beitrag von Ulrike Hindersmann in diesem Band.

38 Vgl. den Beitrag von Hendrikje Carius in diesem Band.

39 Geradezu programmatisch formuliert dies Patricia Crawford: "A woman's own knowledge and initiative could make a difference." Crawford, Women (Anm. 11), S. 155.

40 Vgl. M. Schattkowsky (Hrsg.), Witwenschaft in der Frühen Neuzeit. Fürstliche und adelige Witwen zwischen Fremd- und Selbstbestimmung, Leipzig 2003. Vgl. auch Crawford, Women (Anm. 11), S. 153.

Zur Aneignung von Eigentum zählt in diesem Zusammenhang, dass
Frauen Geschlechterhierarchien ignorierten und so etwa Familienmitglieder
als unmündig erklären ließen, um das Erbe zu erlangen, die Rechtskräftigkeit
von Testamenten bezweifelten oder das bereits geleistete Einverständnis bei
Eheverträgen oder gemeinschaftlichen Testamenten ebenso wie Schenkungen widerriefen. Entsprechende Studien zu diesen Auseinandersetzungen in
der zivilen Gerichtsbarkeit stehen erst am Anfang, aber sie deuten bereits an,
dass die Bedeutung von Geschlecht auf einer breiten Ebene und unter Einbe-
ziehung zahlreicher, serieller Quellen diskutiert werden muss.

Darüber hinaus höhlten Eheverträge, Schenkungen auf den Todesfall und
unter Lebenden dieses Instrument ebenso aus wie Testamente und unterschiedliche Formen von Gütergemeinschaft, die den Frauen weiteres Eigentum ermöglichten.[41] Lokale Regelungen konnten dabei durchaus im Wider-
spruch zueinander stehen, reflektierten aber die unterschiedliche soziale
Praxis.[42]

Diese Unterminierung geschah ebenso durch die unübersichtliche Komplexität und damit auch Widersprüchlichkeit der Normen. Dies war zurückzuführen auf zahlreiche Partikularrechte, die sowohl mit den Auslegungen
des römischen Rechts als auch mit älteren und neueren Bestimmungen der
einzelnen Territorien in Einklang gebracht werden mussten.[43] Hier ergaben
sich Handlungsmöglichkeiten von Frauen, Eigentum einzufordern und sich
dabei auf unterschiedliche Rechtsvorstellungen zu berufen.

Im 18. Jahrhundert traten außerdem im zunehmenden Maße Debatten
über Persönlichkeitsrechte auf. Diese weitere Dimension des Eigentumsbe-
griffs ist ebenfalls in den Ansatz der Eigentumskultur zu integrieren und dabei als geschlechtlich konnotiert zu bewerten. Eigentum an den eigenen, aber
auch an einer fremden Person wurde in diesem Zusammenhang beispielsweise vor dem Hintergrund der Ehe debattiert, in der die Partner gegenseitige Verfügungsrechte zu verhandeln hatten.[44]

Eigentumskultur aus geschlechtergeschichtlicher Perspektive zu begreifen, bedeutet also, zwischen Normen und den normativen Diskursen mit aus-

---

41 Vgl. P. Landau, Die Testierfreiheit in der Geschichte des Deutschen Rechts im späten Mittelalter und in der frühen Neuzeit, in: Zeitschrift der Savigny-Stiftung für
Rechtsgeschichte. Germanistische Abteilung 114 (1997), S. 56-73.
42 Vgl. den Beitrag von Gianna Ostinelli-Lumia in diesem Band.
43 Vgl. P. Oestmann, Rechtsvielfalt vor Gericht. Rechtsanwendung und Partikularrecht
im Alten Reich, Frankfurt am Main 2002.
44 Vgl. den Beitrag von Anne Siegetsleitner in diesem Band. In den Bereich der Persönlichkeitsrechte fallen auch Erwägungen zur Sklaverei, Vergewaltigung und anderer Wege, sich in den Besitz der Körper anderer zu bringen. Vgl. hierzu ausführlich
Crawford, Women (Anm. 11), S. 158-164.

schließendem Charakter und einer Praxis und Symbolebene zu unterscheiden, die eben auf eine den Normen entgegen laufende Entwicklung verweisen können. Der Ausschlusscharakter von Eigentum ist demnach vor dem Hintergrund einer sozialen Praxis und einer sich darauf beziehenden – weitaus komplexeren – Bedeutungswelt zu relativieren, in denen die Normen zwar bekannt waren, aber dem eigenen Wunsch, der gegebenen Situation und dem Vorverständnis angepasst wurden.

Vor diesem Hintergrund ergeben sich zahlreiche weitere Perspektiven, um die geschlechtliche Konnotierung der Eigentumskultur künftig genauer in den Blick zu nehmen. So sind nationale, regionale und religiöse Eigentumskulturen noch präziser danach zu befragen, in welchem Verhältnis Herrschaft und Eigentum standen. Daran schließt sich die Frage an, wie sich die Partizipation von Frauen am Eigentum mit der Teilhabe an Herrschaft verband. Welche Herrschaftsfelder konnten erschlossen werden, welche waren ihnen weiterhin durch Normen, Diskurse, Symbole, Mentalitäten oder Form des Eigentums versperrt? Lässt sich dabei jedoch ein Prozess der Aushöhlung durch neue Rechtsinstrumente oder Umdeutungen bestehender Vorstellungen beobachten?

Weiterhin ist auch eine breitere Perspektive anzustreben, die nach vergleichbaren Tendenzen der Maskulinisierung und Effemination in den Eigentumskulturen fragt, wenn die juristischen Normen und Diskurse durch den Zugriff auf Wissensbestände, Mentalitäten und die Rechtspraxis ergänzt wurden. Insbesondere die Untersuchung von Wissensbeständen ist hier von herausragender Bedeutung, stellt aber – trotz zahlreicher bereits geleisteter historischer und soziologischer Studien zur Erfahrungsgeschichte – methodisch eine große Herausforderung dar.

Insgesamt zeigt sich also, dass die geschlechtliche Konnotierung der Eigentumskultur in der Frühen Neuzeit neue Perspektiven auf die Rolle und Funktion des Eigentums in dieser Zeit ermöglicht. Dadurch wird nicht nur Eigentum als ein konstitutives Element von Gesellschaft erkannt, sondern auch die alleinige Wirkungsmacht der Forschungsthese von der „Ungleichheit der Geschlechter vor dem Eigentum"[45] hinterfragt.

$$* * *$$

Am Ende sei es erlaubt, reichlich Dank abzustatten. Dieser gilt in erster Linie allen Autorinnen, welche sich nicht nur sehr engagiert am Workshop zu Eigentumskulturen und Geschlecht an der Friedrich-Schiller-Universität Jena beteiligt, sondern darüber hinaus auch durch die Einhaltung aller Abgabe-

---

45 Siegrist/Sugarman, Geschichte (Anm. 13), S. 20.

fristen dafür Sorge getragen haben, dass der Band zügig erscheinen konnte. Der uneingeschränkte Dank gilt aber auch Herrn Prof. Dr. Hannes Siegrist, der den Kommentar der Aufsätze übernommen und dadurch weitere Ebenen der Diskussion eröffnet hat. Außerdem danken wir den Herausgebern der Zeitschrift „Comparativ", welche die Publikation dieser Beiträge nicht nur ermöglicht, sondern auch freundlich und mit viel Unterstützung begleitet haben. Ebenso gebührt der Dank Frau Prof. Dr. Siegrid Westphal, die als Leiterin der Nachwuchsgruppe „Eigentums- und Besitzrechte von Frauen in der Rechtspraxis des Alten Reiches, 1648–1806" an der Universität Jena beim Workshop im Januar 2004 zu vielen Fragen und Perspektiven angeregt hat. Und schließlich ist mit Katrin Horn, Julia Frindte, Stefanie Freyer, Anne Fuchs, André Augustin und Claudia Häfner auch den „guten Geistern" zu danken, die für den reibungslosen Ablauf des Workshops gesorgt haben.

Hendrikje Carius – Nicole Grochowina

Karin Gottschalk

Schlüssel und „Beschluss" – Verfügungsmacht über Verschlossenes in der Frühen Neuzeit

Frauen, zumal Ehefrauen, waren während der Frühen Neuzeit in unterschiedlichem Umfang der sogenannten Geschlechtsvormundschaft bzw. der *cura maritalis* unterworfen.[1] Damit waren ihre rechtlichen Verfügungsbefugnisse eingeschränkt, sie bedurften bei bestimmten Rechtsgeschäften der Zustimmung des Kurators oder Ehemannes. Im Rahmen des ehelichen Güterrechts war vielfach die Verwaltung des gesamten Vermögens durch den Ehemann festgelegt.[2] Waren Frauen deshalb aber „eigentumslos" oder „eigentumsunfähig"? Setzt man einen Eigentumsbegriff voraus, dessen wesentliches Kennzeichen die absolute Herrschaft über Sachen ist, scheinen Frauen in der Tat ausgeschlossen gewesen zu sein. Dennoch verfügten Frauen während der Frühen Neuzeit über Rechtstitel an Immobilien wie Mobilien, sie traten als Käuferinnen und Verkäuferinnen, Schuldnerinnen und Gläubigerinnen, Erbinnen und Testatorinnen usw. in Erscheinung. Weder nach den Normen noch in der Rechtspraxis war ihnen dies verwehrt. So handelte es sich bei der Geschlechtsvormundschaft denn auch keineswegs um eine Vormundschaft im engeren Sinn, bei welcher der Vormund selbsttätig und ohne Rücksicht auf den Willen des Mündels agiert, sondern vielmehr um eine Beistandschaft. Unbeschränkte Verfügungsrechte waren während der Frühen Neuzeit vor allem bei Grund und Boden ohnehin eher selten, vielmehr ist generell von abgestuften Berechtigungen auszugehen.[3]

---

1 Umfang und Inhalt von Geschlechtsvormundschaft und *cura maritalis* differierten regional, zeitlich und bezüglich des Familienstandes z. T. erheblich, außerdem waren Handel treibende Frauen regelmäßig von der Geschlechtsvormundschaft ausgenommen. Vgl. E. Holthöfer, Die Geschlechtsvormundschaft. Ein Überblick von der Antike bis ins 19. Jahrhundert, in: U. Gerhard (Hrsg.), Frauen in der Geschichte des Rechts. Von der Frühen Neuzeit bis zur Gegenwart, München 1997, S. 390-451; D. Sabean, Allianzen und Listen: Die Geschlechtsvormundschaft im 18. und 19. Jahrhundert, in: ebd., S. 460-479.
2 Das galt für die Gütergemeinschaft ebenso wie für die sogenannte Verwaltungsgemeinschaft, der eine Gütertrennung zu Grunde lag.
3 D. Schwab, Eigentum, in: O. Brunner/W. Conze/R. Koselleck (Hrsg.), Geschichtliche Grundbegriffe. Historisches Lexikon zur politisch-sozialen Sprache in Deutschland, Bd. 2, Stuttgart 1975, S. 65-115.

Allerdings gab es auch für Frauen Möglichkeiten weitgehend unabhängiger Dispositionsmacht über Güter, nämlich über das „kleine" Eigentum persönlich genutzter Dinge.[4] Damit kommen Rechte an solchen Gütern in den Blick, die aus ‚volkswirtschaftlicher‘ Perspektive wenig relevant erscheinen mögen, gleichwohl aber für die Eigentümerinnen erheblichen ökonomischen wie symbolischen Wert haben konnten.[5] An zeitgenössischen Konzeptualisierungen solcher Verfügungsrechte lassen sich außerdem Aspekte einer frühneuzeitlichen Eigentumskultur aufzeigen – Praktiken, Normen und Vorstellungen, die auf eine „spezifische Konstellation von Normen, Gesetzen, Institutionen, Werten, Wissensbeständen, Diskursen, Mentalitäten, Symbolen, materiellen Artefakten und sozio-kulturellen Praktiken"[6] verweisen, in der ‚Geschlecht‘ eine strukturierende Rolle spielte.

In praktischer wie symbolischer Hinsicht zentral für die Verfügungsrechte über das frühneuzeitliche „kleine" Eigentum sind die Schlüssel. Im Folgenden wird es um im wahrsten Sinne des Wortes ausschließliche Verfügungs- und Kontrollrechte von Frauen gehen: um die Verfügungsmacht über verschlossene Dinge. Dies beinhaltet die Frage nach der rechtlichen Zuordnung und der Legitimität dieser Rechte ebenso wie nach deren Bedeutung für die Frauen und für die Beziehungen und das Handeln zwischen Menschen.

1. ‚Schlüsselkonflikte‘ und Haushaltungskompetenz

Im Jahr 1744 reichte die Frau eines Seilers in Göttingen eine Ehescheidungsklage bei der zuständigen Kirchenkommission ein.[7] Sie beschrieb ihren Ehemann als Tunichtgut, der sein Handwerk vernachlässige, zu unkontrollierten Wutausbrüchen neige und gedroht habe, sie zu verlassen. Schließlich habe er „meine Kisten und Kasten erbrochen, mein bestes Lin-

---

4 Die Unterscheidung von kleinem Eigentum (persönlich genutzt) und großem Eigentum (Wirtschaftsunternehmen, Grund und Boden, Immobilien) bei H. Siegrist/D. Sugarmann, Geschichte als historisch-vergleichende Eigentumswissenschaft. Recht-, kultur- und gesellschaftsgeschichtliche Perspektiven, in: dies. (Hrsg.), Eigentum im internationalen Vergleich (18.-20. Jahrhundert), Göttingen 1999, S. 9-32, hier S. 25, unter Bezugnahme auf die „Differenzierungsmaxime" von Peter Häberle.

5 Vgl. dazu etwa A. L. Erickson, Women and Property in Early Modern England, London/New York 1995, S. 17 f., sowie V. Groebner, Ökonomie ohne Haus. Zum Wirtschaften armer Leute in Nürnberg am Ende des 15. Jahrhunderts, Göttingen 1993, S. 233-260.

6 Siegrist/Sugarman, Geschichte (Anm. 4), S. 27.

7 Der Fall entstammt der Untersuchung von S. Möhle, Ehekonflikte und sozialer Wandel, Göttingen 1740-1840, Frankfurt a. M./New York 1997, S. 97-99, dort auch die Zitate.

nen Gerähte heraus genommen, und solches veräussert." Der Ehemann dagegen führte in seiner Erwiderung in mehreren Punkten aus, sie ‚veruntreue'
Geld aus dem Verkauf seiner Waren, mache gemeinsame Sache mit ihrem
Schwager und führe ein „liederliches" Leben. Er beschuldigte außerdem
umgekehrt seine Frau, sie habe „meine Lade auffgebrochen, obselbe gleich
mit doppelten Schlössern verwahrt gewesen, daraus 12 (m)gr [Marien-
Groschen] genommen, item eine[n] Bett[bezug], drey Halßtücher, und 2
Hembden". Der Ehemann entwendete also „Linnen Gerethe", d. h. Haushaltstextilien aus Leinen, die Ehefrau entwendete Geld, Leibwäsche und einen Bettbezug. Die Übergriffe stellten die Legitimität einer ausschließlichen
Kontrolle der Ehepartner über bestimmte Dinge in ihren jeweiligen ‚Kisten
und Kasten' in Frage und schienen durchaus unmittelbar gegen die Person
gerichtet gewesen zu sein. Zentral waren dabei die jeweiligen Kompetenzbe-
reiche der Ehepartner: Die gegenseitigen Verletzungen, die Vorwürfe des
schlechten Wirtschaftens, des verantwortungslosen Handelns im jeweiligen
Arbeitsbereich kulminierten hier offenbar im Aufbrechen der Schlösser an
den Behältnissen als Überschreitung einer mittels der ausschließlichen Verfügungsmacht über Verschlossenes gezogenen Grenze.

Auch im ländlichen Bereich dienten Schlüssel der innerfamiliären
Grenzziehung. So bedurfte etwa die Organisation des Zusammenlebens von
Hoferben und Alteigentümern bzw. Altenteilern in teilweise beengten Verhältnissen der Abgrenzung. Im Jahr 1718 gerieten beispielsweise im westfälischen Canstein Schwiegertochter und Schwiegermutter in Streit: Erstere
hatte die Leinentücher vom Bett ihrer Schwiegermutter benutzt, um darin
Leinsamenkapseln auszudrücken, letztere revanchierte sich in gleicher Weise. Daraufhin kam es zu einer Auseinandersetzung um die legitime Verfügungsmacht über die Bettwäsche und damit um die Reichweite der Haushaltungskompetenz der beiden Frauen. Die Praxis, das Seinige zu verschließen,
fungierte in solchen Fällen als Strategie zur Lösung bzw. Vermeidung von
Konflikten und flankierte die detaillierten Übergaberegelungen.[8]

Die Konstellationen solcher Auseinandersetzungen sind vielfältig. Furcht
vor Kontrollverlust und Grenzverletzung scheint dabei häufig eine Rolle ge-
spielt zu haben. Ein weiteres Beispiel mag dies verdeutlichen: Eine allein-

---

8 Der Fall entstammt der Untersuchung von B. Krug-Richter, Als ein Knecht und
   Magd zu dienen – Konflikte um Gut und (Haus)Herrschaft in der westfälischen Ge-
   richtsherrschaft Canstein um 1700, in: S. Brakensiek/M. Stolleis/H. Wunder (Hrsg.),
   Generationengerechtigkeit? Normen und Praxis im Erb- und Ehegüterrecht 1500–
   1850 (erscheint im Herbst 2005 als Beiheft der Zeitschrift für historische For-
   schung). Ich danke der Autorin für die Überlassung des Manuskripts. Von derselben
   Autorin ist eine Publikation mit dem Titel „Vom Verschluss der Dinge. Familiäre
   Grenzziehungen in der ländlichen Gesellschaft der Frühen Neuzeit" in Vorbereitung.

stehende ältere und pflegebedürftige Leipzigerin verschenkte im Jahr 1750 ihre sämtlichen Haushaltstextilien sowie Kleidung und Schmuck an eine junge Frau, behielt sich allerdings die Nutzung daran bis zu ihrem Tod vor. Im Gegenzug verpflichtete sich die junge Frau zur häuslichen Pflege. Fünf Jahre später widerrief die Pflegebedürftige jedoch diese Schenkung und ließ stattdessen eine neue gleichen Inhalts zu Gunsten einer anderen jungen Frau aufsetzen. Auch dieses Rechtsgeschäft widerrief sie. Beide Male begründete sie den Widerruf damit, die jeweils Begünstigte habe ihr unter Ausnutzung ihrer Krankheit die Schlüssel zu den Textilien und dem Schmuck entwendet und auf diese Weise einzelne Gegenstände an sich gebracht. Ob sich dies tatsächlich so abgespielt hat, ist nicht festzustellen. Die Gleichförmigkeit der Vorwürfe kann jedoch ein Hinweis darauf sein, dass die ursprüngliche Eigentümerin des überschriebenen Vermögens an Textilien und Schmuck den alters- und krankheitsbedingten Verlust ihrer Autonomie und Handlungsfähigkeit als Verlust ihrer Schlüssel thematisierte. Sie fühlte sich denen, welche die ‚Schlüsselgewalt' in ihrem Haushalt übernommen hatten, ausgeliefert und wollte die Haushaltsgüter, die sie bereits unter Nutzungsvorbehalt verschenkt hatte, nicht aus der Hand geben.[9]

Die geschilderten Konflikte zeigen die Bandbreite der verhandelten Streitpunkte und der beteiligten Akteure. Wie gesehen, führten Frauen wie Männer Schlüssel, war die Verfügungsgewalt über Verschlossenes also zunächst nichts Geschlechtsspezifisches. Auch war der Schlüssel nicht per se Ausweis eigener Verfügungs- und Kontrollrechte, sondern konnte auch Beauftragung symbolisieren.[10] Dennoch kennzeichnen Schlüssel in bestimmten Kontexten vor allem die Verfügungsgewalt der Ehefrauen über Güter im Rahmen ihrer Haushaltungskompetenz. So wurden Ehefrauen häufig mit einem Schlüsselbund (meist am Gürtel) dargestellt.[11] Dies symbolisierte die

---

9 K. Gottschalk, Streit um Frauenbesitz. Die Gerade in den Verlassenschaftsakten des Leipziger Universitätsgerichts im 18. Jahrhundert, in: Zeitschrift der Savigny-Stiftung für Rechtsgeschichte, Germ. Abt. 114 (1997), S. 182-232, hier S. 215-219.

10 A. Erler, Art. Schlüssel (als Symbol), in: ders./E. Kaufmann (Hrsg.), Handwörterbuch zur deutschen Rechtsgeschichte (= HRG), Bd. 4, Berlin 1990, Sp. 1443-1446.

11 Besonders prominent etwa im Gemälde „Wohlstand" in der von Johann Matthias Kager gestalteten Kassettendecke des Goldenen Saales im Augsburger Rathaus (vor 1634 entstanden, 1945 verbrannt, 1985 wiederhergestellt). Die dort dargestellte, in einer Küche stehende Frau hält am ausgestreckten Arm einen Schlüsselbund hoch, darunter die Bildunterschrift „OMNIA ETUBIQUE". H. Kießling, Der goldene Saal und die Fürstenzimmer im Augsburger Rathaus. Eine Dokumentation der Wiederherstellung, München 1997, S. 305 u. Falttafel III.

Übernahme der „Haus-Sorge" mit der Schließung einer Ehe.[12] Die Rechtswissenschaft des 19. Jahrhunderts hat davon ausgehend die sogenannte Schlüsselgewalt konstruiert, als Rechtsmacht der Ehefrau, Rechtsgeschäfte im Rahmen ihrer Haushaltsführung zu tätigen. Für die dabei eingegangenen Verbindlichkeiten haftete der Ehemann.[13] In beiden Fällen werden die Schlüssel als Symbol für die unmittelbare Verfügungsgewalt über Vermögen verwendet. Dabei wird eine Verbindung hergestellt zwischen Schlüsseln, Frauen und Haushalt. Diese Verbindung war keineswegs nur in Bildprogrammen oder im rechtswissenschaftlichen Diskurs des 19. Jahrhunderts präsent, wie bereits die eingangs geschilderten Fälle gezeigt haben. Vielmehr findet sie sich in Eigentumskonflikten der Frühen Neuzeit ebenso wieder wie in zeitgenössischen Rechtsnormen und Konzeptualisierungen von Besitz und Eigentum der frühneuzeitlichen Jurisprudenz. So existierte im sächsischen Recht mit der sogenannten Gerade ein Rechtsinstitut, in dem Geschlecht und Eigentum miteinander verknüpft waren – und die Schlüssel spielten dabei eine wichtige Rolle.

2. Die sächsische Gerade

Unter der Bezeichnung ‚Gerade' wurden im mittelalterlichen und frühneuzeitlichen sächsischen Recht bestimmte Güter zusammengefasst und den Frauen zugeordnet.[14] Die grundlegenden Bestimmungen zur Gerade entstammen dem in der ersten Hälfte des 13. Jahrhunderts aufgezeichneten Sachsenspiegel-Landrecht. Danach galten bestimmte Gegenstände, die der Sachsenspiegel in einem regelrechten Katalog anführte, grundsätzlich als Eigentum und Erbe von Frauen. Hierzu gehörten vor allem Bettzeug und Bettwäsche, Tücher und Laken sowie Stoffe und Frauenkleidung, einige Haushaltsgegenstände und Schmuck. Außerdem gehörten zur Gerade die zur Aufbewahrung der einzelnen Bestandteile genutzten Truhen und Kästen. Sämtliche in einem Haushalt vorhandenen ‚Geradestücke' standen der Ehefrau zu, und zwar unabhängig davon, ob sie zu ihrem Heiratsgut gehört hat-

---

12 Art. Schlüssel, in: J. H. Zedler (Hrsg.), Großes vollständiges Universal-Lexicon aller Wissenschaften und Künste, Bd. 35, Halle/Leipzig 1743, Sp. 239-241, hier Sp. 241.

13 Diese „Schlüsselgewalt" existierte in Form einzelner Regelungen zur Verfügungsbefugnis der Ehefrau über ihr eigenes Vermögen und das ihres Ehemannes seit dem Mittelalter, ein Rechtsinstitut wurde daraus jedoch erst um die Mitte des 19. Jahrhunderts konstruiert. W. Brauneder, Schlüsselgewalt, eherechtlich, in: Erler/Kaufmann, HRG, Bd. 4 (Anm. 10), Sp. 1446-1450.

14 Hierzu und zum Folgenden ausführlich K. Gottschalk, Eigentum, Geschlecht, Gerechtigkeit. Haushalten und Erben im frühneuzeitlichen Leipzig, Frankfurt am Main/New York 2003.

ten oder nicht. Wurde beim Tod des Ehemannes das eheliche Vermögen ge-
teilt, nahm die Witwe die gesamte Gerade vor der Erbteilung an sich. Nach
dem Tod der Frau fiel ihre Gerade an die nächste weibliche Verwandte in
weiblicher Linie, die sogenannte Niftel. Dies waren zunächst die Töchter;
fehlten diese, traten nacheinander die Enkelinnen, Mutter, Großmutter,
Schwestern oder Nichten das Erbe an. Die Witwer waren hiervon ebenso wie
die Söhne und andere männliche Verwandte ausgeschlossen, gleiches galt
aber auch für weibliche Verwandte in männlicher Linie (also z. B. die Tochter des Bruders). Die Kriterien, auf denen die Bestimmung von Gegenständen als Geradestücke beruhte, bezogen sich prinzipiell auf den Bedarf der
„gemeinen Haushaltung". Durch Kauf, Schenkung oder Erbe erworbenes
Eigentum an den Gegenständen spielte für ihre Zuordnung zunächst keine
Rolle: Ihre Herkunft war nicht relevant für die Qualifizierung als Geradestücke, vielmehr war der Sinn entscheidend, den diese Gegenstände durch
ihre Nutzung erfuhren.

Schien im Sachsenspiegel dieser Sinn noch unmittelbar den Gegenständen eigen zu sein, wurde dies im 14. Jahrhundert ausgehend vom Magdeburger Stadtrecht durch das Kriterium des so genannten Beschlusses präzi-
siert: Die grundsätzlich ‚geradefähigen' Dinge mussten auch wirklich als
Bestandteile der „gemeinen Haushaltung" verwendet werden, um als Geradestücke qualifiziert werden zu können. Dafür mussten sich die Gegenstände
tatsächlich im Besitz der Ehefrau – und nicht im Besitz ihres Mannes – befinden. Dies wurde als gegeben angesehen, wenn die Frau während der Ehe
die Schlüssel zu den entsprechenden Kammern, Truhen, Kisten usw. geführt
hatte – die Geradestücke „in ihrem Beschluss" hatte.[15] So stellte der Jurist
Gottfried Barth in seinem 1721 erschienenen Traktat über die Gerade fest:

> „Vielweniger ist zu zweiffeln, daß solche Stücken der Wittib, als zur Gerade
> gehörig, gebühren, wenn gleich der Mann einen Haupt=Schlüssel hat, vermit-
> telst dessen er in alle Gemächer, Zimmer, und Behältnüsse kommen kan,
> wenn nur das Eheweib auch ihren eigenen, oder, welches noch besser, zu je-
> dem Behältnüsse besondere Schlüssel, mit Wissen, und Willen ihres Ehe-
> mannes, gehabt, also auch nach Belieben zu diesen Sachen frey hat kommen
> können, und sie übrigens in ihrer Obsicht, und Wartung gehabt hat."[16]

---

15 Ausgangspunkt war nach dem zeitgenössischen Juristen Andreas Goldbeck die dem
   Weichbildrecht beigefügte Erläuterung, die Gegenständen müssten sich in „eines
   Weibes beschlossener gewehr" befinden. Als lateinischen Begriff benutzt er *possessio*. A. Goldbeck, Tractatus de Jure Geradae, omnibus Juri Praesertim Saxonico
   Operam dantibus, tam in theoria quam in praxi utilis (...), Berlin 1622, Kap. III, Nr.
   13-26. Spätere Juristen benutzen in der Regel den Begriff „Beschluss".
16 G. Barth, Ausführlicher Bericht von der Gerade (...), Leipzig 1721, S. 258f.

Zentral war also nicht der Gebrauch der Gegenstände an sich – so konnte beispielsweise eine Dienstmagd mit Geradestücken ihrer Herrin arbeiten oder diese herstellen, ohne ein Recht daran zu erwerben –, sondern die Kompetenz und Verantwortung für die Gegenstände, deren Zeichen die Schlüssel waren.

Der Bezug auf die Schlüssel war keineswegs theoretisch. Bereits die eingangs geschilderten Beispiele zeigen, dass die entsprechenden Behältnisse tatsächlich verschlossen waren. In Inventaren wurden solche Kästen und Truhen häufig als mit Schlössern und Beschlägen versehen verzeichnet: Eine Leipziger Schneidersfrau hatte ihre Gerade in einem „große[n] gelbe[n] Kasten mit einen doppelten Schloße und oben und unten mit eysernen Handthaben" und einem schwarzen „Kufferkasten mit Eißen beschlagen" aufbewahrt. Zur Gerade einer Fleischersfrau gehörten ein „lange[r] hohe[r] Kasten, worzu die Stieftochter Regine (...) den Schlüßel gehabt", „eine grüne leedige Lahde mit einem schloße" und „ein grüner verschloßener Kasten".[17] In Zedlers Universal-Lexikon wurden die Behältnisse, in denen Frauen ihre Haushaltstextilien zu verwahren pflegten, als mit Schlössern und Bändern versehene Kästen, Truhen oder Laden identifiziert.[18] Folgerichtig wies der Jurist Gottfried Barth darauf hin,

> „wie viel daran gelegen sey, daß bey Aufrichtung eines Inventarii, oder Specification über der verstorbenen Ehemänner Verlassenschafft deutlich exprimiret werde, wo, und in was vor einem Behältnüsse, ein jedes Geradestück liegend gefunden worden, und also nicht gnug sey (wie es wohl von ungeschickten, oder unbedachtsamen Notariis öffters zu geschehen pfleget) daß nur die Gerade=Stücken in ein Caput zusammen gesetzet werden, ohne daß, worinne ein iedes anzutreffen gewesen, specifice angezeiget, vielweniger, wer die Schlüssel zu selbiger Behältnüß gehabt; item, ob es in des verstorbenen Ehemannes, oder, des Eheweibes Beschluß gefunden worden sey, zugleich notiret worden."[19]

Wie solche Zuordnungen von Haushaltsgegenständen zu den jeweiligen Sphären der Eheleute in der Praxis vor sich ging, sei wiederum an einem Leipziger Beispiel verdeutlicht: Im Jahr 1663 wurde der Nachlass einer

---

17 Stadtarchiv Leipzig (StAL), Tit. LIX (Actus voluntariae jurisdictionis), Nr. 410, Verzeichnis vom 30.03.1670, Zitate fol. 4a; StAL, Tit. LIX 508, Inventar vom 18.08.1651, Zitate fol. 28b-29b.

18 Art. Kasten, in: Zedler, Universal-Lexicon, Bd. 15 (1737) (Anm. 12), Sp. 232f. In derselben Spalte folgt ein weiterer Artikel ›Kasten‹, in dem allgemeiner auf die Aufbewahrung von Gartengewächsen, Geräten und Sachen in einer Haushaltung verwiesen wird. Danach waren solche Kästen nicht unbedingt mit Schlössern und Bändern versehen.

19 Barth, Bericht (Anm. 16), S. 269.

Leipziger Gastwirtsehefrau inventarisiert.[20] Hierbei waren vor allem Bettwäsche, Bettzeug, Tischwäsche und Leibwäsche zu verzeichnen, die sich in der
„von der Verstorbenen uffn Gange nechst der thüre innen gehabten Cam-
mer" befanden. Weitere Bett- und Tischwäsche sowie Leibwäsche, die als
zum Nachlass gehörig inventarisiert werden sollten, lagerten dagegen in
Truhen und Kästen „im kleinen stüblein uffn Gange". Der Witwer gab hier
allerdings zu Protokoll, „daß er den schlüßel so wohl als die verstorbene dar-
zu gehabt hette", im Gegensatz offenbar zur vorher genannten Kammer der
Verstorbenen. Diese Feststellung zielte auf einen im „Stüblein" stehenden
bunt bemalten Kasten ab, in dem Bettbezüge und Tischwäsche lagen, die
nach Angaben des Witwers in der Gastwirtschaft genutzt wurden.

Dies hatte rechtliche Konsequenzen: Als Haushaltsmittel in der Verfügungsgewalt der Frau würden die Textilien zur Gerade der Verstorbenen gehören, als gewerblich genutzte Sachen aber zum Vermögen des Witwers.
Wurden Bettzeug, Bettwäsche, Tischwäsche und Handtücher für die Beher-
bergung zahlender Gäste genutzt, verloren sie juristisch gesehen ihre Eigen-
schaft als ‚Geradestücke' und gehörten damit in das Eigentum des Ehemannes und fielen an seine Erben. Mit dem Hinweis auf seinen Schlüssel
erreichte der Witwer, dass die Textilien in dem bunt bemalten Kasten nur
unter Vorbehalt in das Nachlassinventar aufgenommen und ihm schließlich
als sein Eigentum gelassen wurden.

Entscheidend war hier offensichtlich, dass er tatsächlich selbst die
Schlüssel zum entsprechenden Kasten führte. Ohne einen solchen Nachweis
ehemännlicher ‚Schlüsselkompetenz' erwies sich dagegen die auf den ersten
Blick eindeutige Abgrenzung der Verwendung in der Gastwirtschaft von der
in der Haushaltung als gar nicht so eindeutig. Den präzisen Zuweisungen zu
Haushalt oder Gastwirtschaft stand die Flexibilität der Gebrauchsweisen in
der Praxis gegenüber. So wurden Betten und Wäsche permanent beiderseits
verwendet oder nur zeitweise umgewidmet, in Leipzig beispielsweise wenn
während der gut besuchten Messen ein erhöhter Bedarf an Gästebetten bestand. Das machte die Zuordnung bei der Erbteilung, wenn sie unmittelbar
rechtsrelevant wurde, so schwierig, dass regelmäßig Vergleiche ausgehandelt wurden, in denen die fraglichen Gegenstände häufig zur Gerade gerech-
net wurden. Das Betreiben einer Gastwirtschaft an sich wurde dabei keineswegs bereits als Indiz dafür gewertet, dass zumindest ein Teil der
vorhandenen Betten und der Wäsche ausschließlich gewerblich genutzt wurde.

Nicht nur im Fall von Gastwirtschaften konnten Unklarheiten über die
Zuordnung von potenziellen Geradestücken entstehen. Wie sich die Frage

---

20 StAL, Tit. LIX, Nr. 257, Inventar vom 14. Juli 1663, Zitate fol. 34a und 39a.

des Beschlusses in der Praxis gestaltete, zeigen insbesondere Fälle, in denen die Ehemänner in größerem Umfang potenzielle Geradestücke in die Ehe eingebracht hatten. Dies war beispielsweise dann gegeben, wenn ein verwitweter Mann die Gerade seiner ersten Ehefrau erhalten hatte.[21] Damit stellte sich die Frage, ob diese Geradestücke in den „Beschluss" der zweiten Ehefrau übergingen und damit auch das Eigentum daran wechselte. So kam es beispielsweise 1675 in Leipzig zu einem heftigen Konflikt zwischen einer Witwe und dem Vormund ihres Stiefsohns. Im Mittelpunkt stand dabei die Frage, ob ihr die gesamte im ehelichen Vermögen vorhandene Gerade gebührte.[22] Der Vormund argumentierte, dass die Geradestücke aus der ersten Ehe des Verstorbenen nicht der Witwe gehörten, sondern Teil des Nachlasses und als solche wie das übrige Erbe zu behandeln seien. Die Witwe suchte im Gegenzug nachzuweisen, dass sie während ihrer Ehe die fraglichen Geradestücke in ihrem „Beschluss" gehabt hatte. Sie führte ihre Verantwortung für den Haushalt des verstorbenen Ehemannes als Begründung für ihren Anspruch auf die Gerade an. Ihr Eigentum sei klar erwiesen, argumentierte ihr Rechtsbeistand,

> „denn sie hat diese Stücken in Geräthe, oder Geradekasten, worzu sie ad possidendum et retinendum den Schlüßel gehabt, verwahrlich behalten und wenn ein Weib a Marito ad Geradam pertinentia in Verwahrung gegeben, und bey ihr in custodia behalten gefunden werden, wie bey der Wittbe geschehen (…) maritus censetur donasse."[23]

Demnach war also aus ihrer durch die Schlüssel belegten *custodia* darauf zu schließen, dass der verstorbene Ehemann ihr die Geradestücke geschenkt habe. Der Vormund hielt seinerseits dagegen, der Verstorbene habe die Geradestücke, die er aus erster Ehe geerbt hatte, höchstens als *depositum* von ihr verwahren lassen, ohne ihr deshalb bereits das Eigentum daran übertragen zu haben. Beide Seiten differenzierten also zwischen *custodia* und *depositum*, der verantwortlichen und der beauftragten Verwahrung der fraglichen Gegenstände, als Befugnisse unterschiedlicher Reichweite.

Darüber hinaus ließ die Witwe eine notarielle Zeugenbefragung durchführen, um eine Schenkung nachzuweisen. Eine Zeugin schilderte, dass der Verstorbene im Zuge der Brautwerbung seiner zweiten Ehefrau wiederholt

---

21 Obwohl ursprünglich die Witwer keinen Anteil der Gerade hatten, wurden ihnen etwa in Leipzig seit der zweiten Hälfte des 17. Jahrhundert in bestimmten Fällen Rechte an der Gerade eingeräumt. Dazu Gottschalk, Eigentum (Anm. 14), S. 181-200.

22 StAL, Tit. LIX, Nr. 479.

23 StAL, Tit. LIX, Nr. 479, Eingabe an die Vormundschaftsstube vom 16. Nov. 1675, Zitat fol. 48b-49a.

Kleidung aus der Gerade seiner ersten Frau geschenkt habe und ihr sogar einen ganzen Schrank habe mitgeben wollen. Bei jedem Besuch habe er Kleidung oder Schmuck mitgebracht. Schließlich habe er unmittelbar nach der Trauung vor Zeugen die Schlüssel zu den Geradebehältnissen vor seiner neuen Ehefrau auf den Tisch gelegt. Die Schlüssel symbolisierten die Übergabe der Gerade in den Beschluss der Frau und damit schließlich in ihr Eigentum. Mit der Schlüsselübergabe hatte eine rechtsrelevante Handlung stattgefunden: Als Rechtssymbol stand die Übergabe der Schlüssel für den Transfer von Besitz bzw. Eigentum, dies gehörte zu den wesentlichen formellen Erfordernissen einer Schenkung.[24] Der Vormund verlangte jedoch weiterhin Beweise für eine tatsächliche Übergabe der Geradestücke, eine generelle Rechtsvermutung zugunsten der Witwen erschien ihm undenkbar: Damit würde „denen weibern fenestra et janua umb der Männer Vermögen in praejudicium heredum et Creditorium aufgethan."[25] Erst nach dem dritten Urteil des Leipziger Schöffenstuhls gegen ihn war die Auseinandersetzung schließlich beendet – zu Gunsten der Witwe.

An dieser Auseinandersetzung wird deutlich, wie die Übergabe von Geradestücken in den „Beschluss" der Ehefrau juristisch konstruiert wurde: Hatte sie Geradestücke in ihrem „Beschluss", die aus dem Vermögen des Ehemannes stammten, wurde angenommen, dass er sie ihr geschenkt hatte (falls er sie nicht innerhalb von Jahr und Tag zurückforderte). Offenbar diente diese Konstruktion dazu, das Recht der Ehefrauen an den zunächst im Eigentum des Mannes befindlichen Geradestücken systematisch zu begründen und den Übergang vom Eigentum des einen in den Besitz und schließlich das Eigentum der anderen theoretisch genau zu bestimmen. Entscheidend für die Eigentumsübertragung war dabei die Übergabe in den Verantwortungsbereich der Ehefrau.

Bezeichnenderweise wurde die Frage des „Beschlusses" in der Rechtspraxis mit Hilfe einer Umkehrung von Rechtsvermutungen gelöst: Während sonst bis zum Beweis des Gegenteils grundsätzlich die Vermutung galt, dass alle im Hause eines Mannes befindlichen Güter ihm gehörten, ging man bei Geradestücken regelmäßig davon aus, dass sie sich im Beschluss der Ehefrau befanden. Die Beweislast lag daher im Zweifel beim Ehemann bzw. seinen Erben. Diese juristische Vermutung eines Eigentums der Ehefrauen an den Geradestücken entspricht auch dem Befund, dass der „Beschluss"

---

24 Nach den sogenannten Kursächsischen Konstitutionen von 1572, Konst. II/14, Codex Augusteus Bd. 1, S. 88. Vgl. auch B. Carpzov/G. Hermann, Disputatio iuridica de Donatione Bonorum Utensilium Sive Geradae Saxonicae, Leipzig 1646.
25 StAL, Tit. LIX, Nr. 479, Eingabe des Vormunds vom 23. März 1676, Zitat fol. 80b-81a.

von Ehemännern oder Erben selten bestritten wurde. In der Regel stand für
die Beteiligten offenbar außer Frage, dass die vorhandenen ‚geradefähigen'
Gegenstände als Geradestücke genutzt worden waren, das heißt der Disposition und Verantwortung der Ehefrau unterstanden hatten.

3. Geschlecht, Verfügungsmacht und Eigentum

Offenbar sprach grundsätzlich vieles dafür, dass die fraglichen Gegenstände
dem Kompetenzbereich der „Hausmutter" angehörten und nur zeitweise aus
ihrer Verantwortung herausgegeben worden waren. Davon ausgehend wurde
zum einen auch von juristischer Seite vorausgesetzt, dass eine Ehefrau die
Haushaltsmittel in ihrem „Beschluss" hatte, also ausschließliche Verfü-
gungs- und Kontrollbefugnisse ausübte. Zum anderen scheint dieser Kompetenzbereich von den Ehemännern in der Praxis des gemeinsamen Wirtschaftens mitsamt den rechtlichen Konsequenzen weitgehend anerkannt worden
zu sein. Die Gerade konstituierte demnach nicht nur materiell den Haushalt
als Kompetenzbereich der Ehefrauen, sondern wurde selbst wiederum ausgehend von diesem Kompetenzbereich als Eigentum der Hausmütter konstituiert. Der „Beschluss" stellte eine Verbindung her zwischen dem Schlüssel
als Sinnbild der hausfraulichen Verfügungsmacht und dem Schlüssel als
Rechtssymbol für Besitz bzw. Eigentum. Die Juristen bemühten sich, mit der
Konstruktion einer Schenkung und mit der Umkehrung von Rechtsvermutungen Eigentumspraktiken zu fassen, die sich im Grunde den allgemeinen
juristischen Lehren etwa zum Eigentumserwerb entzogen. Vielmehr bezogen
sich diese auf die Zuschreibung von geschlechtsbezogenen Kompetenzen
und daraus abgeleiteten Rechten; also auf die Verbindung von Geschlecht,
‚Schlüsselkompetenz' und Recht an bestimmten Gütern. Dahinter stand die
Vorstellung einer distributiven Gerechtigkeit, nach der jedem das Seine zu-
stehe, eine Vorstellung von ‚standesgemäßer' Zuordnung, welche die ständische Gesellschaft der Frühen Neuzeit grundsätzlich prägte.[26] Dem sozialen
Status der (Ehe-)Frau wurden dabei ausgehend von ihrer sozialen Funktion
als Hausmutter bestimmte Gegenstände eigentümlich zugewiesen.

Mit dem Blick auf Schlüssel – darauf, was verschlossen ist und wer die
Schlüssel hat – lassen sich ‚alltägliche' Verfügungs- und Kontrollrechte über
„kleines" Eigentum in ihrem Wert für den jeweiligen Träger bzw. die Träge-
rin aufzeigen. Die Verfügungsmacht über Verschlossenes erscheint dabei
durchaus als Element des über Eigentum vermittelten „Person-Seins".[27] Der
zentrale Bezug der Schlüssel zu Haushaltsgegenständen weist jedoch darauf

---

26 Gottschalk, Eigentum (Anm. 14), bes. S. 259-264.
27 Siegrist/Sugarman, Geschichte (Anm. 4), S. 25, unter Bezugnahme auf P. Häberle.

hin, dass es weniger um individuelle Identität als um familiären und sozialen Status ging. In der sächsischen Gerade war dieser Zusammenhang zu einem Rechtsinstitut verdichtet. Die Bedeutung, die dem Verschließen in frühneuzeitlichen Eigentumskonflikten oder rechtlichen Regelungen beigemessen wurde, kann dabei nicht als individuelle Strategie oder als Kuriosität traditionalen Rechts verstanden werden. Ein Rechtsinstitut wie die Gerade, das einen unmittelbaren Zusammenhang zwischen Geschlecht, Verfügungsmacht und Eigentum herstellte, lässt sich vielmehr als Element einer gesellschaftlichen „Sinnordnung" erfassen.[28] Sie bezog ihre Legitimität aus der Einbettung in eine Eigentumskultur, die von ständischen Gerechtigkeitsvorstellungen und Zuordnungspraktiken geprägt war, von der Analogie von sozialem Status (in diesem Fall: ‚Frau' bzw. ‚Ehefrau' und ‚Hausherrin') und Rechtsstatus. Die prinzipielle Legitimität einer solchen Zuordnung impliziert keineswegs Konfliktfreiheit. Die geschilderten ‚Schlüsselkonflikte' zwischen Ehemann und Ehefrau, zwischen Schwiegertochter und Schwiegermutter zeigen vielmehr, dass es dabei um Machtverhältnisse ging. Darüber hinaus aber wurde am Ende der Frühen Neuzeit die Legitimität einer Eigentumsform wie der Gerade überhaupt bestritten. Ein grundlegender Wandel der Vorstellungen von Recht und Gerechtigkeit, von gesellschaftlicher Ordnung und Eigentumsordnung führte zur Delegitimierung und schließlich Abschaffung der Gerade, zur Aufhebung geschlechtsbezogener Zuordnungsformen von Eigentum.[29] Eine Geschlecht als Differenzierungsmerkmal integrierende Analyse von Eigentumskulturen kann Elemente dieses Wandels neu perspektivieren und Eigentumskulturen im historischen Vergleich in spezifischer Weise konturieren.

---

28 Ebd., S. 27-30.
29 Gottschalk, Eigentum (Anm. 14), S. 181-264; dies., Does Property have a Gender? Household Goods and Conceptions of Law and Justice in Early Modern Saxony, in: Medieval History Journal 8.1 (2005), S. 7-24.

Hendrikje Carius

Konflikte um Eigentum und Besitz in der frühneuzeitlichen Zivilrechtspraxis: Frauen vor dem Jenaer Hofgericht

Vor Gericht standen mit den strittigen Gütern, dinglichen Rechten und Berechtigungen immer auch gesellschaftliche Machtpositionen und mithin die frühneuzeitliche Geschlechterordnung zur Disposition. Damit kam dem Gericht als institutionalisiertem Angebot des Konfliktaustrags eine fundamentale Bedeutung für die Ausprägung und Gestaltung verschiedenster Aspekte der Eigentumskultur zu.[1] In den jeweiligen Rechtsverfahren und Prozessen wurden mit den Normen, Diskursen und Eigentumsvorstellungen einzelne Elemente der Eigentumskultur eingebracht, verhandelt und gewichtet. Von der aktiven Teilhabe an diesen Aushandlungsprozessen vor Gericht ausgeschlossen galten dabei die Personen minderen Rechts, denen nach normativen Vorgaben Eigentumsrechte und politische Partizipation verwehrt blieben. Diese Einschätzung einer auf strafrechtliche und normative Zusammenhänge fokussierten Forschung konnte für die Gruppe der Frauen durch neuere Untersuchungen zur sozialen Praxis mittlerweile relativiert werden.[2] So haben (kriminalitäts-)historische Forschungen mit Konzepten wie der Justiznutzung auch das aktive Handeln sowie die Handlungsspielräume von Frauen vor Gericht sichtbar machen können.[3] Die ‚öffentliche' Instanz Gericht stellte jedoch anders als der Eindruck, den die Forschungslandschaft evoziert, weniger in strafrechtlichen als in zivilrechtlichen Zusammenhängen einen der zentralen frühneuzeitlichen ‚Erfahrungsräume' mit

---

1 Zum Konzept der Eigentumskultur H. Siegrist/D. Sugarman, Geschichte als historisch-vergleichende Eigentumswissenschaft. Rechts-, kultur- und gesellschaftliche Perspektiven, in: dies. (Hrsg.), Eigentum im internationalen Vergleich (18.-20. Jahrhundert), Göttingen 1999, S. 9-33 sowie den Beitrag von Nicole Grochowina in diesem Band.

2 Vgl. U. Gerhard, Einleitung, in: dies. (Hrsg.), Frauen in der Geschichte des Rechts. Von der Frühen Neuzeit bis zur Gegenwart, München 1997, S. 11-22.

3 Vgl. zum Konzept der Justiznutzung M. Dinges, Justiznutzungen als soziale Kontrolle in der Frühen Neuzeit, in: A. Blauert/G. Schwerhoff (Hrsg.), Kriminalitätsgeschichte. Beiträge zur Sozial- und Kulturgeschichte der Vormoderne, Konstanz 2000, S. 503-544.

Recht dar.[4] Hier konnten die gerichtlich ausgetragenen Konflikte zu gesellschaftlichen Handlungsperspektiven auch von den Frauen werden, die nicht
wie etwa die Handelsfrauen durch explizite Ausnahmeregelungen von der
Geschlechtsvormundschaft entbunden waren.[5] Dies stellt nicht zuletzt die
These von der Ungleichheit der Geschlechter vor dem Eigentum auf den
Prüfstand.[6] Dass Frauen also trotz normativ reglementierter Rechts- und Eigentumsfähigkeit durch das Prozessieren im zivilrechtlichen Bereich die Eigentumskultur aktiv mitprägten, soll im Folgenden am Beispiel der Rechtspraxis des gemeinschaftlichen Sachsen-Ernestinischen Hofgerichts (1566–
1816) gezeigt werden.

1. Rahmenbedingungen und Verhandlungsort von Eigentumskonflikten

Eine Eigentumskultur, in der Frauen Besitz und Vermögen erwerben, nutzen
sowie eigentumssichernd agieren konnten, korrelierte mit einem weit rei-
chenden rechtlichen Aktionsradius. Dieser ergab sich aus der Differenz von
nicht eindeutigen Rechtsnormen und zeitgenössischen Diskursen, der institutionellen Verfasstheit des Gerichts sowie der Rechtspraxis. Das erstinstanz-
lich für schriftsässige Untertanen in zivil- und lehnsrechtlichen Angelegenheiten zuständige Jenaer Hofgericht wurde von Frauen aus Sachsen-Weimar-
Eisenach vor allem in seiner Funktion als höchste Appellationsinstanz des
Herzogtums in Anspruch genommen.[7] Ein Rechtszug an die Reichsgerichte
war durch Appellationsprivilegien der Ernestiner in der Regel ausgeschlossen.[8] Dennoch trafen die Frauen, die ihre Eigentums- und Besitzrechtskonflikte gerichtlich entscheiden lassen wollten, auf günstige lokale bzw. territoriale Rahmenbedingungen. Ein auf Jena und Weimar konzentriertes
Justizsystem schloss dabei neben dem Hofgericht die Vorinstanzen sowie
die zum Hofgericht parallele Jurisdiktion der Weimarer Landesregierung in
den Gerichtszug ein. Zum anderen bot die Aktenversendung an die Juristen-

---

4   Vgl. S. Brakensiek, Erfahrungen mit der hessischen Policey- und Niedergerichtsbar-
    keit des 18. Jahrhunderts. Zugleich ein Plädoyer für eine Geschichte des Gerichts-
    personals, in: P. Münch (Hrsg.), „Erfahrung" als Kategorie der Frühneuzeitgeschich-
    te, München 2001, S. 349-368.
5   Vgl. zur Geschlechtsvormundschaft E. Holthöfer, Die Geschlechtsvormundschaft.
    Ein Überblick von der Antike bis ins 19. Jahrhundert, in: Gerhard (Hrsg.), Frauen
    (Anm. 2), S. 390-451.
6   Siegrist/Sugarman, Geschichte (Anm. 1), S. 20.
7   Vgl. B. G. H. Hellfeld, Versuch einer Geschichte der landesherrlichen Gerichtsbar-
    keit und derer Hofgerichte in Sachsen besonders des gesammten Hofgerichts zu Je-
    na, Jena 1782.
8   Vgl. S. Westphal, Kaiserliche Rechtsprechung und herrschaftliche Stabilisierung.
    Reichsgerichtsbarkeit in den thüringischen Territorialstaaten 1648–1806, Köln 2002.

fakultäten bzw. Schöppenstühle den Prozessparteien und Gerichten eine wichtige Alternative gegenüber den eingeschränkten Appellationsmöglichkeiten an die Reichsgerichte.[9] Neben den institutionellen Vorraussetzungen wurde die Justiznutzung durch Frauen dadurch begünstigt, dass im thüringischen Geltungsbereich des sächsischen Rechts – anders als in Kursachsen – nicht mehr die umfassende Geschlechtsvormundschaft bestand.[10] Auch die territoriale Gesetzgebung ging über die vom gemeinen Sachsenrecht vorgesehenen Einschränkungen der Handlungsfähigkeit von Frauen nicht hinaus. Fehlende Regelungen in der Hofgerichts- und anderen Prozessordnungen ließen den Frauen Freiräume hinsichtlich ihrer Prozessführungsbefugnis. Sie waren parteifähig und hatten die Option, sich am Verfahrensgang durch die Teilnahme an den gütlichen Handlungen und örtlichen Begehungen sowie als Zeuginnen zu beteiligen.[11] Dabei waren auch verheiratete Frauen lediglich an einen gerichtlich bestätigten *curator litis*, der männlichen Beistandschaft bei der Prozessführung, gebunden. Dieser sogenannte Kriegsvogt fungierte beratend und konnte keine rechtskräftigen Handlungen für die Curandin übernehmen.

Die Hauptstreitgegenstände des Jenaer Hofgerichts bildeten ähnlich wie bei den höchsten Reichsgerichten die Bereiche der Geldwirtschaft sowie des Familienverbandes mit Erbschaftsangelegenheiten.[12] Gegenüber den Streitgegenständen der Reichsgerichtsbarkeit kam am Hofgericht mit dem Bereich der Grund- und Bodenwirtschaft allerdings noch ein weiteres signifikantes Konfliktfeld hinzu. Zu letzterem zählten insbesondere die Formen von Eigentums- und Besitzstreitigkeiten, die sich aus baurechtlichen Auseinandersetzungen oder Grenzstreitigkeiten ergaben. Während bis 1750 Schuldenklagen und Erbschaftsstreitigkeiten überwogen, gingen die Auseinan-

---

9 N. Grochowina, Ein „besonderes" Verhältnis. Der Jenaer Schöppenstuhl und die Universität in der Frühen Neuzeit in: Zeitschrift des Vereins für Thüringische Geschichte 57 (2003), S.89-104; H. Carius, „Gute Policey" und „liebe Justiz": Rechtsprechung und Gerichtswesen, in: „Neu entdeckt - Thüringen Land der Residenzen Katalog der 2. Thüringer Landesausstellung, Bd. 1, hrsg. von K. Scheuermann und J. Frank, Frankfurt a. M. 2004, S. 363-370.

10 Vgl. Holthöfer, Geschlechtsvormundschaft (Anm. 5).

11 Vgl. Hofgerichtsordnung (= HGO) von 1653, Kap. XIII. HGO abgedruckt in: J. Schmidt, Ältere und neuere Gesetze, Ordnungen und Circular-Befehle für das Fürstenthum Weimar und für die Jenaische Landes-Portion bis zum Ende des Jahres 1799, Bd. 4, Jena 1802, S. 457-520.

12 Die Zahlen beziehen sich auf die rund 300 Verfahren des Jenaer Hofgerichts mit Frauenbeteiligung, die im Zeitraum von 1648 bis 1806 anhängig waren. Zur Einteilung der Streitgegenstände vgl. F. Ranieri, Recht und Gesellschaft im Zeitalter der Rezeption: eine rechts- und sozialgeschichtliche Analyse der Tätigkeit des Reichskammergerichts im 16. Jahrhundert, 2 Bde., Köln/Wien 1985.

dersetzungen um Erbfolge, Testamente und Nachlässe in der zweiten Hälfte
des 18. Jahrhunderts merklich zurück. Zusammen mit den Konflikten um
Schulden aus Darlehen, Bürgschaften und Kaufverträgen traten jedoch Auseinandersetzungen aus der Grund- und Bodenwirtschaft in den Vordergrund.
Die für den agrarischen Bereich typischen Konflikte der Grundherrschaft
und des Lehnswesens entfielen beim Jenaer Hofgericht, dessen Prozesse
eher das städtische Konfliktprofil widerspiegelten.

2. Mitgestaltung der Eigentumskultur durch Prozesse um Eigentum und Besitz

Den vielfältigen Formen des Eigentums entsprechend artikulierten sich die
von Frauen eingeklagten Ansprüche sowohl narrativ als auch prozessstrate-
gisch unterschiedlich. Individuelle oder ständische Dispositionen prägten
dabei spezifische Verhaltensmuster und konturierten somit auch die Eigentumskultur. Abgesehen von diesen noch zu leistenden Ausdifferenzierungen
soll im Folgenden anhand von einzelnen Rechtsverfahren die Art und Weise
der Teilhabe von Frauen an der Eigentumskultur exemplifiziert werden. Dabei ist anhand der drei wichtigsten Konfliktfelder zu zeigen, in welcher Weise die von den Frauen behaupteten Rechte zum Handeln motivierten, inwie-
weit und auf welcher Grundlage ihnen Rechte abgestritten bzw.
zugesprochen und sie zur Mitgestaltung der Eigentumskultur verpflichtet
wurden.

2.1 Abgrenzung von Eigentum

Klagten Frauen aus Weimar oder Jena vor dem Hofgericht, ging es zumeist
um baurechtliche Auseinandersetzungen, denen eskalierte Nachbarschafts-
konflikte zugrunde lagen. Gerade in diesem Konfliktbereich artikulierte sich
bei den Klägerinnen ein ausgesprochenes Eigentumsbewusstsein. Dieses
Bewusstsein motivierte dazu, das Rechtssystem mit seinem Instanzenzug
und Rechtsmitteln strategisch zu ihren Gunsten auszuschöpfen. Beispielhaft
ist dafür die Appellation Caroline Hennickes gegen ihren Nachbarn, den
Herzoglich-Sächsischen Amtskommissar Ludwig Carl von Hellfeld, aus
dem Jahre 1802.[13] Vor dem Stadtgericht hatte dieser erfolgreich eine Inhibi-
tion gegen einen nachbarlichen Bau erwirkt. Dagegen protestierte Caroline
Hennicke vor dem Hofgericht. Sie stellte zunächst klar, dass der vorinstanz-
lichen Entscheidung keine Rechtskraft zukommen könne:

---

13 Thüringisches Hauptstaatsarchiv Weimar (ThHStAW), Hofgericht Jena, Abt. Weimar, Nr. 488 a-b.

> „Ansonst aber mus ich noch exceptionisch vorbringen, daß nicht das erlassene interdictum prohibitorium, wol aber das Gesuch und novi operis nuntiatio gegen meinen Ehemann gerichtet, mich gar nicht angehet. Nicht mein Ehemann, sondern ich als Besizzerin des Scheunen Plazzes baue diese Scheune."[14]

Auch sei

> „quod notandum (...) des Herrn Amtscommissär von Hellfeld Gesuch, nicht gegen mich, sondern gegen meinen Ehemann, so wie auch die vermeintliche novi operis nuntiatio angebracht, diesen aber gehet die Sache und rechtschwebende Irrungen nichts an; mich hingegen gehet nun das Gesuch und das darauf erlassene Verbot nichts an."[15]

Das Hofgericht zog den Fall an sich und gab der Appellantin die Möglichkeit, mit Anwalt und *cum curatore* – aber ohne ihren Ehemann – für ihre Rechtsposition sowohl in der gütlichen Handlung als auch während der örtlichen Begehungen einzutreten. Dass am Ende wie in etwa 20 Prozent der Fälle eine außergerichtliche Einigung zustande kam, zeigt nicht zuletzt auch die strategische Nutzung des Gerichts in der Funktion eines Druckmittels und Katalysators der für eine face-to-face-Gesellschaft typischen nachbarschaftlichen Konflikte. Trotz des außergerichtlichen Konsenses bleibt bemerkenswert, dass die Appellantin ausdrücklich und mit Erfolg auf ihren eigenständigen Rechtsstatus verweist und mit der Formulierung „ich als Besizzerin" ihre Ansprüche beim Hofgericht einfordern konnte. Vor Gericht artikulierte sich demnach auch bei Frauen ein ausgesprochenes Rechts- und Eigentumsbewusstsein. Sie begriffen sich als Teil der Eigentumskultur und nutzten dementsprechend aktiv die rechtlichen Möglichkeiten, die sich ihnen aufgrund der Rechtsposition als Eigentümerinnen boten.

2.2 Partizipation am Eigentumstransfer

Eine der zentralen vor dem Jenaer Hofgericht verhandelten Konfliktbereiche waren Prozesse des Eigentumstransfers. Dabei erwies sich gerade der Bereich der unterschiedlichen Erbvorgänge als eine der hauptsächlichen Konfliktzonen im Vergabeprozess, in dem Frauen vielfach als benachteiligt galten. Am Jenaer Hofgericht gehörten Konflikte um testamentarische Eigentumsverteilung zu den häufigsten Prozessgegenständen, die damit einen neuralgischen Punkt im „komplexe[n] Prozess des Aushandelns von Lebensperspektiven"[16] markierten. Ob bei diesen Auseinandersetzungen die

---

14 Ebd., Nr. 488 a, Bl. 10r.
15 Ebd., Bl. 31r.
16 K. Gottschalk, Eigentum, Geschlecht, Gerechtigkeit. Haushalten und Erben im frühneuzeitlichen Leipzig, Frankfurt a. M./New York 2003, S. 33.

Kategorie ‚Geschlecht' gerichtliche Entscheidungen präfigurierte, soll ex-
emplarisch an einem Fall untersucht werden, in der die Testierfreiheit einer
Erblasserin intensiv auf den Prüfstand gestellt wurde. Die Witwe Maria Ca-
tharina Faber, die im April 1782 starb, hatte am 19. August 1777 beim Amt
Jena ein Testament errichtet.[17] Darin setzte sie ihren Neffen Johann Wilhelm
Sieber und dessen Kinder zu ihren Universalerben ein. Ein Jahr später änderte sie jedoch dieses Testament zugunsten ihrer beiden Nichten Maria Sophie
Hahnemann und Friederike Hüttich, die dadurch zusammen mit Johann Wilhelm Sieber Erben zu gleichen Teilen eines Vermögens von ungefähr 800
Reichstalern wurden. Daraufhin focht Sieber das geänderte Testament in einer förmlichen Nullitätsklage beim Amt Jena an.[18] Da die vom Amt Jena
eingeholten Gutachten der Schöppenstühle zu Jena, Leipzig, Halle und Er-
furt nicht im Sinne des Klägers urteilten und die Rechtsgültigkeit des zweiten Testamentes anerkannten, wandte er sich 1791 an das Jenaer Hofgericht.[19] In dem Appellationsschreiben an das Hofgericht explizierte der
Sieberische Anwalt Johann Friedemann Gottfried Salzmann in der *narratio
facti* die Klagemotive. Die Testierende hätte nach der Errichtung des ersten
Testamentes, in dem Johann Wilhelm Sieber als alleiniger Erbe eingesetzt
worden war, bei „guten Verstande und freiwillig" beschworen, dass „sie dieses Testament nicht umstosen wolle, sondern daß es dabei sein unabänderli-
ches Bewenden haben solle."[20] Allerdings sei diese dann „schwach an Verstande" geworden und hätte über „den Gebrauch ihres Verstandes und der
Vernunft nicht mehr" verfügen können.[21] Die Änderung des Testaments sei
nur aufgrund einer unlauteren Einflussnahme auf die verstorbene Witwe und
ihrer geistigen Verwirrung geschehen. Durch „Drohungen, und ungestümes
Bitten, und derbe Zudringlichkeiten, auch fürchterliche Vorstellungen"[22] ihrer Nichten Maria Sophie Hahnemann und Friederike Hüttich zu Golmsdorf
hätte Maria Catharina Faber das Testament vor dem Jenaer Amt widerrufen.
Allerdings sei sie von ihnen „wider ihren, der Faberin, Willen" zum Amt
Jena gefahren worden, um dort die Testamentsänderung vorzunehmen, „wo-
rinnen aber nicht bemerkt stehet, daß die Faberin bei guten und gesunden
Verstande gewesen" sei.[23] Damit rekurrierte Sieber auf einen Ausschluss-
katalog, durch den sich die Rechtsverbindlichkeit eines Testamentes wegen

---

17 ThHStAW, Hofgericht Jena, Abt. Weimar, Nr. 580 a-b.
18 Vgl. ebd. Nr. 580 a, Bl. 1r-5v sowie 6r-13v.
19 Vgl. ebd., Bl. 6r-13v.
20 Ebd., Bl. 6v.
21 Ebd.
22 Ebd.
23 Ebd., Bl. 6v, 7r.

Fragen der äußeren und inhaltlichen Ausgestaltung des Rechtsaktes aushebeln ließ: ein *sane mente* geschlossener (Erb-)vertrag, Geisteskrankheit sowie eine durch Gewalteinwirkung aufgesetzte fremdbestimmte Verfügung.[24] Neben der selbstbestimmten Erbeinsetzung durch den Erblasser war das Testament unabhängig von unzulässigen Einflüssen wie *vis*, *metus* und *dolus* zu verfassen. Unterschieden wurde dabei zwischen dem Fall, dass „der Erblasser von einem gesetzlich Berufenen oder bereits Eingesetzten gehindert worden ist, ein Testament zu machen bzw. zu ändern"[25], und der Erzwingung eines Testamentes zugunsten des Einwirkenden. Blieb im ersten Fall das Testament bei Einzug der Erbschaft zugunsten des Fiskus gültig, wurde eine erzwungene Verfügung seit dem 17. Jahrhundert nur beim fehlenden Willen des Erblassers unwirksam.[26]

Das Urteil des Jenaer Hofgerichts vom 24. Juni 1791 befand dementsprechend, dass die „erste Instanz wohl gesprochen [habe, d. Verf.] und übel appelliert" worden sei.[27] Daraufhin nahm Johann Wilhelm Sieber das Recht auf Leuterung wahr, in der er die Klagemotive verstärkt inhaltlich ausgestaltete: Sieber hätte sich „über 25 Jahr mit der närrischen Faberin plagen" müssen,[28] indem er und seine Familie sich um die Unterkunft und Nahrung der Witwe sorgten.

In den Mittelpunkt der gerichtlichen Auseinandersetzung trat nun auch die Frage eines *pactum de non mutando*. Dabei zitierte Faber die Erblasserin, die bei der Errichtung des ersten Testamentes den Schwur geleistet hätte: „Gott sollte sie strafen, wenn sie das Testament (...) de ao: 1777 (...) über den Haufen werfen werde (...) oder ändern wolle."[29] Die Gegenseite entkräftete die Argumentation des Leuteranten Sieber und bestritt die Rechtsverbindlichkeit dieser Formel. Die Beklagten befanden sich dabei auf dem Standpunkt, dass es der Witwe Faber durchaus „frey [stehe, d. Verf.], ihren letzten Willen nach Gefallen zu ändern."[30] Damit nahmen sie auf die Testierfreiheit Bezug, die als Grundprinzip des gemeinen Rechts galt und lediglich durch das Noterbrecht sowie das Näherrecht der nächsten Verwandten (Erb-

---

24 Vgl. P. Landau, Die Testierfreiheit in der Geschichte des Deutschen Rechts im späten Mittelalter und in der frühen Neuzeit, in: Zeitschrift der Savigny-Stiftung für Rechtsgeschichte 114 (1997), S. 56-72.

25 H. Coing, Europäisches Privatrecht, Bd. 1: Älteres Gemeines Recht (1500–1800), München 1985.

26 Vgl. ebd., S. 567.

27 ThHStAW, Hofgericht Jena, Abt. Weimar, Nr. 580 a, Bl. 124r.

28 Ebd., Nr. 580 b, Bl. 27r.

29 Ebd., Nr. 580 a, Bl. 72r.

30 Ebd., Nr. 580 b, Bl. 44r.

losung, *ius retractus consanguinitatis*) beschränkbar war.[31] In die Testierfreiheit war auch das Recht zur Änderung eines erklärten letzten Willen eingeschlossen.[32] Die Frage der Änderung eines Testamentes konnte allerdings in der Normenkonkurrenz zum heimischen Recht insofern problematisch werden, als hier die Bindung an ein einmal aufgesetztes Testament rechtlich stärker ausgestaltet war.[33] Die klagende Partei versuchte, diese Rechtsgestaltung für sich zu nutzen, die im 18. Jahrhundert allerdings zunehmend obsolet geworden war.

Das Urteil aus dem Leuterungsverfahren erhielt die letzte Entscheidung des Hofgerichts aufrecht, so dass Sieber die Unkosten des Verfahrens an Maria Sophie Hahnemann und Friederike Hüttich zu zahlen hatte. Für Sieber blieb somit als letztes der möglichen Rechtsmittel die Appellation an die Landesregierung, die er auch umgehend formulierte. Eine Prozessverlaufsbeschreibung des Hofgerichtes für Herzog Carl August vom 5. März 1792 fasst die eingebrachten Argumente zusammen und macht die Entscheidungsgründe des Gerichts deutlich.[34] Zentraler Punkt war für das Gericht die „Freyheit des Willen"[35] der Testierenden, die ihr revidiertes Testament beim Amt Jena *ad Protocollum* aktenkundig verwahren ließ. Die Landesregierung wies daraufhin die Appellation Johann Wilhelm Siebers ab.[36] Somit wurden also auch letztinstanzlich die Ansprüche des Klägers zurückgewiesen. Das Hofgericht akzeptierte das revidierte Testament als gültigen Rechtsakt, da er von der Testatorin unterschrieben, rechtlich korrekt dokumentiert und beim Amt Jena hinterlassen worden war. Dies entsprach den Regelungen des gemeinen Rechts und des Territorialrechts, in denen der *publicatio,* der Archivierung des Testaments in den Akten, die Beweiskraft einer Urkunde zukam.[37]

Insgesamt ist der Fall in mehrfacher Hinsicht ein aussagekräftiges Beispiel für eine Rechtspraxis, in der Frauen die Partizipation an Eigentum und Eigentumstransfer explizit zugesprochen wurde. Zum einen hatte der Kläger unter Nutzung aller Rechtsmittel von der ersten bis zur höchsten Gerichtsinstanz des Herzogtums die Testierfähigkeit und -freiheit einer Frau und damit das Erbe von zwei weiteren Frauen massiv in Frage gestellt. Zum anderen blieben die Interventionen des Klägers gegen das Testament und die Erbein-

31 Vgl. Coing, Privatrecht (Anm. 25), S. 566.
32 Vgl. ebd.
33 Vgl. ebd., S. 568.
34 ThHStAW, Hofgericht Jena, Abt. Weimar, Nr. 580 b, Bl. 156r-160r.
35 Ebd., Bl. 157v.
36 Ebd., Bl. 161r.
37 Vgl. O. Stobbe, Handbuch des Deutschen Privatrechts, Bd. 5, 2. Aufl., Berlin 1885, S. 37.

setzung der beklagten Frauen mit seiner durch vehementen rechtlichen Druck gekennzeichneten Justiznutzung sowie eines auf standes- bzw. geschlechtsspezifischen Topoi basierenden, stark emotiv-appellativen Argumentationsduktus erfolglos. Insofern das strittige Testament von allen Ebenen der Rechtsprechung als rechtsgültig anerkannt wurde, schützte das Rechtssystem nicht nur den Eigentümerwillen der Erblasserin. Darüber hinaus wurden auch die Rechtsposition der Erbberechtigten sowie die Rechtsverbindlichkeit der Eigentumsübertragung an zwei Frauen bestätigt. So wurden den Frauen nicht zuletzt auch die Zugangschancen zu ihrem ererbten Vermögen gesichert, das ihnen der Rechtslage nach zustand. Damit zeigt auch dieser Fall, dass in der Zivilrechtsprechung eines professionell agierenden Gerichtes eine Eigentumskultur konstituiert wurde, die Frauen trotz geschlechtsspezifischer Zuschreibungen und Exklusionen qua rechtliche Normen und gerichtliche Diskurse nicht ausgrenzte. Vielmehr wurde die Partizipation von Frauen an Eigentum und damit ihre Mitgestaltung der Eigentumskultur gesichert. Für die Rechtspraxis ist somit die These von der Ungleichheit von Frauen vor dem Eigentum zu relativieren.

2.3 Geschlechtliche Konnotierung der Eigentumskultur durch spezifisch weibliche Rechtsinstrumente?

Mit dem Einschluss von Frauen in die rechtspraktische Eigentumskultur verbanden sich jedoch nicht nur Rechte, sondern auch Verpflichtungen. Dies lässt sich etwa am Bereich der vielfältigen Schuldenklagen verdeutlichen. In der Kreditwirtschaft ging es durch die Rückbindung an dingliche Gegenwerte immer auch um die Verfügungsgewalt über Eigentum. Wurde in Schuldsachen diese Verfügungsgewalt über das Eigentum von Frauen eingeklagt, stand für die gerichtliche Argumentation vor allem der *Senatus consultum velleianum* (SCV) als klassisches weibliches Rechtsinstitut zur Verfügung.[38] Dies konnte bzw. sollte den Zugriff auf das Eigentum von Frauen verhindern, sofern sie nicht als Handelsfrauen auf diese Rechtswohltat[39] verzichtet hatten. Der im *Usus modernus* unter die Begriffe „Rechtswohltaten" oder „weibliche Freiheiten" subsumierte SCV war kein Bestandteil des mittelalterlich-deutschen Bürgschaftsrechts, sondern ging auf eine der wichtigsten Einschränkungsklauseln weiblicher Verpflichtungsfähigkeit zugunsten Dritter im römischen Recht des *Corpus Iuris* zurück. Sowohl die Debatten des 18. Jahrhunderts als auch aktuelle Forschungspositionen legen nahe, dass die

---

38 Dazu U. Mönnich, Frauenschutz vor riskanten Geschäften. Interzessionsverbote nach dem velleianischen Senatsbeschluß, Köln/Weimar/Wien 1999.

39 Vgl. G. Wesener, Art. Rechtswohltat, in: Handwörterbuch zur deutschen Rechtsgeschichte (= HRG), Bd. 4, Berlin 1990, Sp. 423-426.

„velleianischen Freyheiten" als ein gängiges anwaltliches Instrument – auch im sächsischen Rechtskreis – vor Gericht präsent waren.[40] Über die Verortungen des SCV als Rechtsschutz für Frauen oder als Faktor für Rechtssicherheit im Umgang mit Frauen hinaus begreifen die Forschungen David Sabeans zu Württemberg die „weiblichen Rechtswohltaten" vor allem als ein wichtiges strategisches Mittel von Frauen.[41] Danach konnten sich Frauen von abgeschlossenen Verträgen etwa wegen ihrer „velleianischen Freyheiten", eines fehlenden Geschlechtsvormundes oder insgesamt aufgrund ihrer rechtlich relevanten Geschlechtszuschreibung der *imbecillitas, fragilitas* und der *infirmitas sexus* entbinden.[42] Mit dem Blick auf die Rechtspraxis, in der die Bürgschaft bzw. Schuldhaftung von Ehegatten einer der wichtigsten und zugleich umstrittensten Anwendungsfälle der Interzessionsklausel darstellte, scheint sich dieser Eindruck zunächst zu bestätigen.[43] So hatten etwa der Jenaer HofadvokatJohann und dessen Ehefrau Johanne Christiane Hoffmann 1813 gemeinschaftlich eine Summe von 300 Reichstalern bei dem Seifensieder Christian Elze erborgt, die letzterer gerichtlich von beiden einforderte.[44] Das Stadtgericht wies jedoch die Klage gegen die Ehefrau mit dem Hinweis auf den velleianischen Ratschluss ab. In der Begründung des Urteils gegenüber dem Hofgericht ging das Stadtgericht davon aus, dass die Unterzeichnung eines Darlehens durch eine Ehefrau und ihren Ehemann als eine gesetzeswidrige Bürgschaft zu behandeln sei – entsprechend „der Praxis der hiesigen Herzog. Lande recipirte Meinung".[45] Daraufhin appellierte Elze an das Hofgericht. Zwar sei es

„unter den Rechtsgelehrten [eine, d. Verf.] sehr bestrittene Frage: ob eine Ehefrau, welche mit ihrem Ehemann eine Schuld contrahirt und den Schuldschein mit unterschreibt, nur als Bürgin für die Schuld des Mannes, oder aber als Hauptschuldnerin, und daher als zur Bezahlung der Hälfte der Schuld verbindlich, anzusehen sei."[46]

---

40 Zur Rezeption des SCV Mönnich, Frauenschutz (Anm. 38), S. 168 ff. sowie für den sächsischen Rechtskreis S. Schötz, Handelsfrauen in Leipzig. Zur Geschichte von Arbeit und Geschlecht in der Neuzeit, Köln 2004.

41 D. Sabean, Allianzen und Listen: Die Geschlechtsvormundschaft im 18. und 19. Jahrhundert, in: Gerhard (Hrsg.), Frauen (Anm. 2), S. 460-479.

42 Vgl. S. Weber-Will, Geschlechtsvormundschaft und weibliche Rechtswohltaten im Privatrecht des preußischen Allgemeinen Landrechts von 1794, in: Gerhard (Hrsg.), Frauen (Anm. 2), S. 452-459.

43 Vgl. A. Duncker, Gleichheit und Ungleichheit in der Ehe. Persönliche Stellung von Frau und Mann im Recht der ehelichen Lebensgemeinschaft 1700–1914, Köln/Weimar/Wien 2003, S. 992.

44 ThHStAW, Hofgericht Jena, Abt. Weimar, Nr. 578.

45 Ebd., Bl. 1v.

Allerdings hätte der Kläger und hofgerichtliche Appellant seine Klage auf Schuldbekenntnisse gegründet, die „auf beide unterschriebene Hofmannische Eheleute, als Empfänger der Darlehen, lauten, und von beiden Eheleuten schlechtweg unterschrieben sind."[47] Nach den Gesetzen seien lediglich die Interzessionen von Ehefrauen, nicht jedoch die Inanspruchnahme von Darlehen problematisch. Allerdings gehe diesbezüglich aus den Akten keineswegs hervor, dass

> „die Hofmannische Ehefrau für ihren Ehemann blos intercedirt, und sie die Schuldscheine blos als Bürgin für ihren Ehemann unterschrieben, eigentlich und an sich aber der Hofmannische Ehemann allein die Darlehen empfangen habe und der Hauptschuldner gewesen sei."[48]

Dass Frauen zusammen mit ihren Männern als Mitschuldnerinnen unter vorbehaltlicher Nutzung des SCV Darlehen aufnehmen konnten, war insbesondere wegen der Missbrauchsoptionen zuungunsten der Gläubiger ein umstrittenes Rechtskonstrukt.[49] Möglicherweise trennte das Hofgericht auch vor diesem Hintergrund – im Gegensatz zur ersten Gerichtsinstanz – eindeutig zwischen einer unter die Rechtsfolgen des *Senatus consultum velleianum* fallenden Bürgschaft im Interesse eines Dritten und einer aus einer Kollateralverbindlichkeit resultierenden Mitschuldnerschaft. Das Gericht votierte zugunsten des Appellanten gegen die Entscheidung der ersten Instanz und den Ratschluss als ausschlaggebender Rechtsgrundlage: Johanne Hoffmann wurde als Mitbeklagte und -schuldnerin anerkannt. Elze erhielt Zugriff auf ihr Vermögen, indem sie zur Zahlung ihres Anteils verurteilt wurde.[50] Hatte die Beklagte versucht, mit dem Verweis auf ihren Rechtsstatus die weiblichen Rechtswohltaten zu ihrem Vorteil einzubringen, wertete das Hofgericht die Unterschrift der Frau unter den Schuldschein nicht als Bürgschaft für ihren Ehemann, sondern als eigenständigen Rechtsakt der Schuldnerin. Damit wurde sie zwar rechtlich in die Pflicht genommen, erhielt jedoch wiederum die Möglichkeit, ihre Rechtsansprüche in einem gesonderten Prozess zu formulieren.[51] Dieser Fall, der als einer von wenigen Fällen aus dem Bereich der Schuldsachen die *exceptio* SCV bediente, war für das Agieren des

---

46 Ebd., Bl. 6v.
47 Ebd., Bl. 7r.
48 Ebd.
49 Vgl. Anonym, Nimmt die Frau, welche mit ihrem Manne ein Anlehn, als Mitschuldnerin, aufleihet, an der Rechtswohlthat des Vellejanischen Senatus Consults Theil?, in: Archiv für die theoretische und practische Rechtsgelehrsamkeit, Helmstedt 1788, S. 260-267.
50 ThHStAW, Hofgericht Jena, Abt. Weimar, Nr. 578, Bl. 8r.
51 Vgl. ebd., Bl. 3r.

Hofgerichts gegenüber dem Institut der weiblichen Rechtswohltaten sym-
ptomatisch. Zugunsten der Rechtssicherheit im geschäftlichen Umgang mit
Frauen wurden Schuldbeziehungen von Frauen ungeachtet der Option auf
geschlechtsspezifische Rechtsfiguren von der Rechtsprechung geschlechts-
neutral behandelt. Zumindest auf dieser Ebene der Gerichtsbarkeit war es
nicht nötig, auf geschlechtsspezifische Rechte zu rekurrieren, um Durch-
setzungschancen zu erhöhen. Insgesamt waren die prozessualen Handlungsspielräume von Frauen vor Gericht ausreichend genug, so dass spezi-
fisch weibliche ‚Privilegien' nicht als zentrale Argumentationsfigur dienen
mussten. Nicht zuletzt demonstriert dieser Fall deutlich, dass Frauen mit
den Rechten auch die Pflichten zur Teilhabe an der Eigentumskultur zugewiesen wurden.

3. Fazit

In den zivilrechtlichen Prozessen um Eigentum und Besitz bündelten sich
äußerst heterogene Elemente einer frühneuzeitlichen Eigentumskultur. Dies
gilt insbesondere für die Frage ihrer geschlechtlichen Konnotierung: So waren Rechtsnormen wie die des Schuld- bzw. Bürgschaftsrechts vor dem Hintergrund der eingeschränkten Interzessionsmöglichkeiten für Frauen ge-
schlechtsspezifisch determiniert. Eine geschlechtliche Konnotierung der
Eigentumskultur war darüber hinaus auch in den Argumentationsmustern der
Prozessparteien präsent. In den Rechtsverfahren um strittige Eigentums- und
Besitzrechte wurden mit Blick auf verhandelbare Rechtspositionen Ge-
schlechtszuschreibungen auf der Basis der tradierten Geschlechterordnung
eingebracht. Neben dieser eindeutigen geschlechtlichen Konnotierung von
Eigentumskultur gab es aber auch Elemente, in denen die Kategorie ‚Geschlecht' nicht wirksam wurde. So hatten geschlechtsspezifische Argumen-
tationsstrategien der Parteien auf die Entscheidungspraxis des Hofgerichts
keinen Einfluss. In einer professionalisierten, verwissenschaftlichen Rechtsprechung waren solche Argumentationsmuster entsprechend der jeweiligen
Rechts- und Beweisgrundlagen nicht justiziabel. Auch geschlechtsspezifische Rechtsnormen traten in der Rechtspraxis in den Hintergrund: Zwar
wurde auf normativer Ebene eine Eigentumskultur insoweit geschlechtlich
konnotiert, als Frauen in ihrem Zugang zu Eigentum Restriktionen unterlagen. In der Rechtspraxis wurde Eigentumskultur allerdings durch die Freiräume im Ehegüter- und Erbrecht geschlechterübergreifend ausgestaltet. Im
Konfliktfall konnten Frauen wie Männer die Option nutzen, eigentums-
bzw. besitzrechtliche Ansprüche zu formulieren, gerichtlich einzufordern
und erfolgreich durchzusetzen. Damit zeigt die Rechtspraxis des Jenaer
Hofgerichts, dass vor Gericht relevante Rechte in erster Linie Besitzende

unabhängig von ihrem Geschlecht einfordern konnten. Betonen kriminalitätshistorische Forschungen die Bedeutung frühneuzeitlicher Gerichte als herausragende gesellschaftliche Orte für die Konstruktion von Geschlecht und die Aushandlung der Geschlechterrollen, ist dieser Befund für die Zivilrechtspraxis eindeutig zu relativieren.[52] Im Bereich des Zivilrechts war die Rechtsposition des Eigentümers prädominant gegenüber anderen Faktoren wie Geschlecht oder Stand. Dabei bot das Gericht der ansonsten durch soziale und rechtliche Ungleichheiten charakterisierten ständischen Gesellschaft den Frauen aufgrund ihrer Rechtsposition als Eigentümerinnen ein Forum, an Rechtsgestaltungs- und Herrschaftsprozessen teilzuhaben. Eigentum mit dem ihm inhärenten Recht der Einklagbarkeit war somit das entscheidende Medium, durch das Frauen die in der Gesellschaft verankerte Geschlechterordnung zu ihren Gunsten relativieren konnten. Vor Gericht artikulierten sie dabei ihre Eigentumsansprüche zumeist auf der Basis eines ausgeprägten Rechts- und Eigentumsbewusstseins, in dem sie sich als selbstverständlichen Teil der Eigentumskultur begriffen.

Auf der Basis gerichtlich ausgetragener Eigentums- und Besitzrechtskonflikte konnten Frauen also in der Rechtspraxis in entscheidender Weise eine Eigentumskultur mitprägen, die ihnen als Rechtssubjekte auch Verpflichtungen zur Teilhabe zuwies. Eigentum und Besitz erscheinen somit als die zentralen Kategorien, die auch für Frauen Partizipationsmöglichkeiten an der Rechts- und Eigentumskultur und damit an der ständischen Gesellschaft des Alten Reiches bereithielten.

---

52 Vgl. U. Gleixner, „Das Mensch" und „der Kerl". Die Konstruktion von Geschlecht in Unzuchtsverfahren der Frühen Neuzeit (1700–1760), Frankfurt a. M./New York 1994 sowie die Aufsätze zu Frauen im Strafrecht in Gerhard (Hrsg.), Frauen (Anm. 2); zur Kriminalitätsgeschichte vgl. Blauert/Schwerhoff (Hrsg.), Kriminalitätsgeschichte (Anm. 3).

Ulrike Hindersmann

Weibliche Erbfolgen im Lehnsbesitz im Fürstentum Osnabrück[1]

Das Lehnswesen war seit seiner Entstehung in der Zeit der Karolinger bis weit in die Neuzeit hinein ein verfassungs- und sozialgeschichtliches Strukturelement von erheblicher Bedeutung.[2] Das Lehnsverhältnis begründete die Verpflichtung des Herrn zu „Schutz und Schirm", während der Vasall „Rat und Hilfe" leisten musste, d. h. für höfischen und vor allem militärischen Dienst zur Verfügung zu stehen hatte, für den wiederum das Lehen die materielle Sicherstellung gewährleisten sollte.

Angesichts dieses vorwiegend militärisch dominierten Kontextes, der bei der Entstehung des Lehnswesens auszumachen ist, erscheint die Tatsache zunächst überraschend, dass Frauen als Lehnsinhaberinnen wie auch als Lehnsherrinnen schon im Mittelalter nachzuweisen sind.[3] Gegenstand der folgenden Ausführungen sollen nun diese Lehen sein, in denen Frauen unter bestimmten Bedingungen folgeberechtigt waren, nachdem sich die Erblichkeit der Lehen während des hohen Mittelalters allmählich als Gewohnheitsrecht herausgebildet hatte.[4] Die sich in diesem Bereich eröffnenden Chancen der Frauen zur Partizipation an der Eigentumskultur sollen zunächst anhand einer Reihe von Beispielen aus dem Fürstentum Osnabrück vom Mittelalter bis zum 19. Jahrhundert konkretisiert werden. Anschließend wird nach Kon-

---

1 Die folgenden Ausführungen sind eine gekürzte Fassung eines Vortrages, der im Rahmen der Tagung vom 23.-25. Sept. 2004 zum Thema „Generationengerechtigkeit? Normen und Praxis im Erb- und Ehegüterrecht 1500–1850" am Zentrum für interdisziplinäre Forschung der Universität Bielefeld gehalten wurde.

2 K.-H. Spieß, Art. Lehnspflichten und Lehn(s)recht, Lehnswesen, in: Handwörterbuch zur deutschen Rechtsgeschichte (= HRG), Bd. 2, Berlin 1978, Sp. 1722-1741; F. L. Ganshof, Was ist das Lehnswesen? 2., rev. Aufl., Darmstadt 1967, S. 25-52. Zu den Formen der Belehnung kurz vor der gesetzlich geregelten Allodifikation der Lehen im Königreich Hannover: U. Hindersmann, Der ritterschaftliche Adel im Königreich Hannover 1814–1866, Hannover 2001, S. 303-306.

3 H. Mitteis, Lehnrecht und Staatsgewalt. Untersuchungen zur mittelalterlichen Verfassungsgeschichte, unveränd. Nachdruck der 1. Aufl. von 1933, Darmstadt 1958, S. 467 f.; R. Schröder, Lehrbuch der deutschen Rechtsgeschichte, 3., wesentl. umgearb. Aufl., Leipzig 1898, S. 412.

4 Schröder, Rechtsgeschichte (Anm. 3), S. 408; E. Koch, Art. Weiberlehen, in: HRG, Bd. 5, Sp. 1206-1209.

COMPARATIV 15 (2005), Heft 4, S. 46-59.

flikten gefragt, die diese Möglichkeiten gefährdeten oder ganz infrage stellten.

1. Definition und Rechtsnormen zu den „Kunkellehen"

Im Fürstbistum Osnabrück hießen „Weiberlehen" „Kunkellehen", nach der „Kunkel", der Spindel, auf die beim Spinnen der Faden gewickelt wurde.[5] Aegidius Klöntrup (1754-1830) formulierte dazu in seinem Handbuch der besonderen Rechte und Gewohnheiten des Hochstifts Osnabrück im Jahre 1799 unter dem Stichwort „Lehn":

> „Ein osnabrückisches Lehn wird erworben I durch Belehnung des Fürsten (...) II Durch Erbrecht ab intestato. Es folgt aber im Lehne der Regel nach der älteste Sohn und wenn keine Söhne da sind, die älteste Tochter; denn unsere Lehne sind Kunkellehne. (...) Die Schwestern des letztbelehnten gehen den entfernten Schwertmagen [= Agnaten] vor, und macht man dabey keinen Unterschied: ob die Lehne an Mannsstatt, Dienstmannsstatt, oder an anderen Clauseln gegeben worden. (...) Dies gilt auch von den münsterischen im Hochstifte Osnabrück belegenen Lehngütern. (...) Wie auch von den hieselbst belegenen Tecklenburgischen Lehnen."[6]

Einige Jahre vor Klöntrup hatte der Kanzleirat Justus Friedrich August Lodtmann (1743–1808) dem Phänomen der Kunkellehen in seiner zweibändigen Rechtsgeschichte, den „Acta Osnabrugensia" eine kurze Betrachtung gewidmet. Im zweiten Teil finden sich unter Kap. 19 „Von der Beschaffenheit der Fürstlich Osnabrückischen Lehne" folgende Ausführungen:

> „Es hat sich (...) die Praxis in Ansehung der Lehenfolge nach Maaßgabe der älteren Gewohnheiten dahin bestimmt, daß zuerst die Söhne, und nach Abgang derselben die Töchter, folgends, daß die Schwestern bey Abgang ihrer Brüder und Bruders Söhne, welche nach teutschen Rechten in deren Stelle treten, demnächst aber der Nähere im Grade, es sey derselbe weiblichen oder männlichen Geschlechts, zu den Lehnen so wie zu den übrigen Gütern gelangen. (...) Ebenfalls zeigen es die älteren Lehenprotocolle, daß die Weiber die Lehen selbst empfangen und getragen haben, und selbige werden auch jetzt überall in Person oder durch Bevollmächtigte zur eigenen Lehensempfahung gelassen. Man macht hierbei keinen Unterschied, ob die Lehen an Mannstatt, Dienstmannstatt, oder unter anderen Clauseln gegeben werden; sie werden in Ansehung der Erbfolge und Empfahung durchgängig gleich gehalten, und

---

5   M. Lexer, Mittelhochdeutsches Taschenwörterbuch, 35. Aufl., Stuttgart 1979, S. 118. Der mittellateinische Ausdruck für Kunkel war „conucula". E. Habel (Hrsg.), Mittellateinisches Glossar, 2. Aufl., Paderborn o. J., S. 85.

6   Art. Lehn, in: J. A. Klöntrup, Alphabetisches Handbuch der besonderen Rechte und Gewohnheiten des Hochstifts Osnabrück mit Rücksicht auf die benachbarten westfälischen Provinzen, Bd. 2, Osnabrück 1799, S. 258-261, Zitat S. 259.

dies mit gutem Grunde, weil keine Naturallehndienste mehr geleistet werden, sonst aber auch manche Mannsperson dazu ebensowenig tüchtig seyn (...) dürfte."[7]

2. Beispiele für Frauen als Lehnsträgerinnen im Fürstentum Osnabrück

Ein früher, jedoch nicht sicherer Hinweis findet sich in einer Urkunde des Klosters Gertrudenberg aus dem Jahre 1146, in der der Besitz einer Jungfrau Reimodis genannt wird, den sie „beneficiario iure" innegehabt hatte.[8]

Ein eindeutigeres Bild zeigen die mittelalterlichen Lehnbücher des Hochstifts. Bereits das erste Lehnbuch von 1350 nennt zahlreiche weibliche Vasallen, die am Lehntag des Bischofs Johann Hoet, am 27. September 1350, ihre Lehen erhielten, wie z. B. Anna Yserelinck, Alheydis de Veltmolen oder Alheydis, die Tochter Conrads von Varenholt.[9]

Das Lehnbuch des Bischofs Heinrich von Holstein aus den Jahren 1402 bis 1404 verzeichnet die Belehnung der Witwe Cunegundis de Haren zum Nießbrauch.[10] Desweiteren führt es die Belehnung der Mechthildis de Horst mit dem befestigten Haus (*castrum*) zu Witlage, mit einem halben Zehnten und weiteren Berechtigungen auf und nennt eine Ehefrau, die mit einem Hof belehnt wird: „Neze uxor Blambeken inf. est cum domo Johannis tor Lobeke."[11]

---

7 Acta Osnabrugensia oder Beyträge zur Rechts- und Geschichtskunde von Westfalen insonderheit vom Hochstifte Osnabrück, 2. Teil, Osnabrück 1782, S. 270-272, Zitat auf S. 272. Zu Lodtmann: R. Hehemann (Bearb.), Biographisches Handbuch zur Geschichte der Region Osnabrück, Osnabrück 1990, S. 185 f.
Mannlehen (*feuda jure homagii*) konnten weiter verlehnt werden und waren ursprünglich nur an Freie ausgegeben worden, während Dienstmannslehen (*feuda jure ministeriali*) an unfreie Dienstmänner gegeben worden waren und nicht weiter verlehnt werden konnten. Beim Tod eines Dienstmannes hatte der Lehnsherr Anspruch auf dessen Pferd und Rüstung, bei dem Inhaber eines Mannlehens jedoch nicht. Ferner gab es noch Burgmannslehen (*feuda jure castrensi*), deren Inhaber Militärdienst au den landesherrlichen Burgen leisten musste. H. Rothert, Die mittelalterlichen Lehnbücher der Bischöfe von Osnabrück, Osnabrück 1932, Einleitung S. 21 f.
8 Osnabrücker Urkundenbuch, Bd. 1: Die Urkunden der Jahre 772–1200, hrsg. von F. Philippi, Osnabrück 1892, Urkunde Nr. 272, S. 1145. In dieser Urkunde, die zu Osnabrück am 14. April 1146 ausgestellt worden war, bestätigte Bischof Philipp von Osnabrück dem Kloster Gertrudenberg eine Reihe von Schenkungen. Dazu: J. C. B. Stüve, Geschichte des Hochstifts Osnabrück bis zum Jahre 1508, 1. Teil, Osnabrück 1970 (= Nachdruck der Ausgabe von 1853), S. 57 f. Rothert, Lehnbücher (Anm. 7), S. 26.
9 Zu Form und Entstehung der Lehnbücher: ebd., S. 32-35. Sämtliche Lehnbücher, aus denen im Folgenden zitiert wird, sind bei Rothert abgedruckt. Zu den Frauen vgl. ebd., S. 5 f.
10 Vgl. ebd., S. 61.

Das Lehnbuch des Bischofs Otto von Hoya von 1410 bis 1424 notiert u. a. die Belehnung der Gertrudis, der Tochter des Alves de Gommersberch mit verschiedenen Berechtigungen in den Parochien Bramsche und Hagen, oder auch der Hillegundis de Varendorpe mit Höfen und einem Zehnt in den Pfarreien Hagen, Badbergen und Ankum für ihren Sohn Gothfridus.[12]

Auf dem Lehntag des Bischofs Johann von Diepholz am 25. Juni 1426 erhielt Alveke von den Broke die Wohnung zu Bruche, einen alten Rittersitz, mitsamt Zubehör als Leibzucht zu Lehen.[13]

Unter Bischof Konrad von Diepholz, dessen Lehnbuch die von 1455 bis 1482 erfolgten Belehnungen verzeichnete, erhielt etwa „Taleke de Ogenmeyersche" einen Zehnten und andere Lehnsstücke „an tokumpft eres sons Gerdes, de buten landes ys."[14]

Das Lehnbuch Erichs von Grubenhagen verzeichnet schließlich den Lehnbrief vom 16. September 1523 für die „eddelen und walgebornen Ermergart, dochter tom Rethberge und gravinnen to Teckneborch, unser besondern leven modder" mit verschiedenen Besitzungen im Kirchspiel Bissendorf.[15] Diese Lehngüter hatte die Gräfin von Tecklenburg zuvor mit Erichs lehnsherrlicher Zustimmung von dem Vorbesitzer Johann Ertmann angekauft.

Die Lehnbücher der Bischöfe von Osnabrück enthalten insgesamt zahlreiche Nachweise für die Belehnung von Frauen. Wie die angeführten Beispiele zeigen, konnten diese Lehen aus Grundbesitz, Häusern, Zehnten und grundherrlichen Berechtigungen über bäuerliche Höfe bestehen, und die Frauen erhielten als Erbinnen die Lehen sowohl für sich wie auch als Vormünderinnen oder Stellvertreterinnen für ihre Kinder, oder wenn sie Witwen waren, konnten ihnen Lehen als Leibzucht zum Nießbrauch übertragen werden. Für Ehefrauen erhielt dagegen sehr oft der Gatte die Belehnung.

1561 erfolgte schließlich die erste schriftliche Fixierung der Lehnrechtsordnung des Stifts Osnabrück und zwar nicht in Gesetzesform, sondern in der damals schon altertümlichen Form eines Weistums.[16] Bischof Johann IV von Hoya hatte dazu am 6. Oktober 1561 einen Lehnstag abhalten lassen, auf dem er zunächst durch seinen Kanzler die anwesende, unter freiem

---

11 Ebd., S. 80.

12 Vgl. ebd., S. 99 und S. 105.

13 Ebd., S. 128. Zu Gut Bruche: R. vom Bruch, Die Rittersitze des Fürstentums Osnabrück, Osnabrück 2004 (= Nachdruck der Ausg. v. 1930), S. 162-167.

14 Rothert, Lehnbücher (Anm. 7), S. 231.

15 Vgl. ebd., S. 245.

16 Der Text ist abgedruckt bei ebd., S. 275-286. Zu diesem Weistum auch: J. C. B. Stüve, Bemerkungen über das Osnabrückische Lehnswesen mit dem Lehnbuch von 1561, in: Mitteilungen des Historischen Vereins zu Osnabrück 3 (1853), S. 77-205.

Himmel versammelte Lehnsmannschaft eine Reihe von Urteilen fragen ließ, wonach dann die Vasallen ihrerseits dem Lehnsherrn und seinem Richter Fragen stellten und Antwort erhielten. Das so von allen Beteiligten gemeinsam „gefundene" Recht wurde dann in Protokollform als Weistum schriftlich festgehalten.

In dem hier zu behandelnden Kontext ist nun die Frage wichtig, die auf diesem Lehntag des Jahres 1561 von dem Sprecher der versammelten Vasallen, Lodewigh von Sulingen dem Lehnsrichter gestellt wurde: „oft nicht ok die dochter to belehenen". Darauf erfolgt der Spruch: „... dat na des stifts herkomen die dochter to belehenen sik geboer, so ferne nene sons vorhanden."[17] Damit war für die folgenden Jahrhunderte die weibliche Erbfolge im Lehnsbesitz als unangefochten gültiges Recht festgeschrieben, die Tochter eines Vasallen erbte das Lehn, wenn keine Söhne vorhanden waren.

Zahlreiche spätere Urteile und Atteste der Lehnsbehörden, der Ritterschaft und des Domkapitels berufen sich grundsätzlich auf dieses Weistum des Bischofs Johann von 1561.[18]

Etliche Nachweise für die Erbfolge von Töchtern im Lehnsbesitz lassen sich auch für die Zeit vom 17. bis zum 19. Jahrhundert finden. So bestätigte ein Attestat des Bischofs Ernst August vom 5. April 1694,[19] dass „nach uhralter Observantz" des Stiftes die Töchter im Lehn sukzedieren und den weiteren Agnaten vorgezogen werden. Als Beleg dafür folgen in diesem Attest eine Reihe von Beispielen, die den Lehnsprotokollen entnommen worden waren:

„Gestalt den auß hiesigigen Lehen – Protocollis zu ersehen und bekannt ist, daß als der von Ohr zum Hause Bruche verstorben, dessen Tochter vor des Vattern Brudern, dem annoch lebenden General-Lieutenant von Ohr, die Lehne in diesem Hochstifte erhalten. Wie imgleichen, als der von Lünink zu Langelage in Morea geblieben, dessen Schwester und mit derselben wohlgemt. General-Lieutenant von Ohr in denen Langelagischen Lehngütern succediret. (...) Also sind auch die Palsterkampischen, Lahrischen, Stockumbschen und andere Lehngüter in diesem Stifte durch Succession der Töchter mit Ausschluß der Agnaten auf andere Familien devolviret."[20]

Weitere überlieferte Einzelatteste ergänzen diese Beobachtung: Johann von Fullen bestätigte durch eine Erklärung vom 1. März 1666, dass die beiden

17 Rothert, Lehnbücher (Anm. 7), S. 284.
18 Z. B. in: Niedersächsisches Staatsarchiv zu Osnabrück (STAOS) Rep. 100 Abschnitt 147 Nr. 18: Manuskriptsammlung mit Abschriften von Attesten u. ä.
19 Abgedruckt in: G. S. Gruner, Über die Succession der Weiber in den Osnabrückischen Lehnen und einige dabei vorkommende Streitfragen, Osnabrück 1837, S. 27-29.
20 Ebd., S. 28 f.

Lehngüter Stockum und Drathum durch die Heirat seines Großvaters Friedrich von Fullen mit Agnese von Langen, „als eine Tochter so keine Brüder
gehabt" an seine Familie gekommen seien.[21]

Henrich von Böselager attestierte unter dem 7. Februar 1666, dass seine
Mutter keine Brüder gehabt habe und nach dem Tod ihrer beiden Schwestern
als einzige Tochter mit den Honeburgischen Lehen belehnt worden sei.[22]

Für die umfangreichen Ledenburgischen Lehen ist mehrfach weibliche
Lehnsfolge ab 1600 festzustellen.[23] Nicht nur bei bedeutendem Rittergutsbe-
sitz wie den oben genannten Beispielen profitierten Frauen, sondern auch bei
anderen, z. T. sehr verstreut liegenden Lehnsparzellen sind sie als Erbbe-
rechtigte feststellbar. Ein Lehnbrief des Osnabrücker Bischofs Friedrich von
Yorck vom 13. Juli 1785 für Thedel Wilhelm von Cramm auf Oelber führt
sehr umfangreichen Lehnsbesitz auf, der aus Zehntrechten, Grundstücken
und grundherrlichen Berechtigungen bestand, die sich auf etliche Kirchspiele
im Fürstbistum Osnabrück verteilten, auch ein Haus in der Stadt Osnabrück
gehörte dazu. In diesem abschriftlich erhaltenen Lehnbrief ist auch die Folge
der Vorbesitzer seit dem 17. Jahrhundert aufgeführt, zu denen die von Lede-
bur, von Ketteler und von Münnich zur Wehrburg zählten, nach dem Tode
des zuletzt im Jahre 1765 belehnten Philipp von Münnich war der Besitz auf
den Vater des jetzigen Vasallen, August Friedrich von Cramm übergegan-
gen, da dessen Großmutter Eva von Münnich, verehelichte von Cramm,
Lehnserbin gewesen war.[24]

Die Witwe des Thedel Wilhelm von Cramm, geb. von Issendorf, die dann
für ihre Kinder als Vormünderin mit dem Besitz belehnt worden war, musste
1809 zahlreiche Dokumente über ihren Lehnsbesitz vorlegen, da in der napoleonischen Zeit die Behörden des Königreiches Westfalen die Allodifikation der Lehne planten.[25] Im Kontext der administrativen Vorbereitung der
Allodifikationen nach dem Dekret vom 28. März 1809 ist eine umfangreiche
Serie von Akten entstanden, welche die Verhältnisse der Lehen im Hochstift

---

21 Ebd., S. 38.
22 Ebd., S. 39.
23 Vom Bruch, Rittersitze (Anm. 13), S.116-119.
24 STAOS Rep. 330 II Nr. 137, der Lehnbrief als Anlage zu einem Schreiben des An-
    waltes der Frau von Cramm, Dr. Vezin vom 12. Nov. 1809. Friedrich von York
    (1763-1827), der Sohn Georgs III. von Großbritannien, war 1764 zum Bischof von
    Osnabrück gewählt worden. Die Regierungsgeschäfte wurden bis zu seiner Volljäh-
    rigkeit von einer Vormundschaftsregierung geführt, in der der Geheime Rat Justus
    Möser den bestimmenden Einfluss ausübte.
25 STAOS Rep. 330 II Nr. 135 u. Nr. 137, in STAOS Rep. II Nr. 138 die Korrespon-
    denz des Anwaltes Dr. Vezin mit dem Distriktsgericht zu Osnabrück, dort auch
    abschriftliche Dokumente zum Lehnsbesitz.

Osnabrück sehr detailliert verzeichnet.[26] Die in tabellarischer Form erfolgte Erfassung der Lehen enthält u. a. zahlreiche Beispiele für weibliche Lehnsträgerinnen auch im Bereich der bäuerlichen Lehen.

Zu nennen sind hier etwa Anna Katharina Thiemann, die Ehefrau des Ackermanns Johann Bernd Sundermann, die mit Thiemanns Erbe zu Icker belehnt worden war, Anne Adelheid Bökerings *sive* Bödekers, die einen Garten und 15 Scheffelsaat Land zu Lehn innehatte, Catharine Margarethe Brunderd *sive* Rössmann, deren Lehnsbesitz aus einem Zehnten und einem Erbe bei Quakenbrück bestand, ferner Eleonore Wilhelmine Baumeister, Witwe des Kanzleidirektors und Konsistorialrates Dr. Gruner, die als Vormünderin ihrer Kinder die Belehnung mit den osnabrückischen, vormals der Familie von Westram verliehenen Lehne erhalten hatte, oder auch Helene Adelheid Thormann *sive* Stigmann, Ehefrau Willens, die mit Stigmanns Erbe, einer Leibzucht und 1 Malter und 12 Scheffelsaat Land bei Quakenbrück belehnt worden war. Der jüngste Lehnbrief hierüber datierte vom 20. November 1800. Bei dieser letztgenannten fand sich zusätzlich noch die Anmerkung: „dieses Erbe erbt die Frau des Col. Stichtmann, Helene Adelheid Willens. Sollte diese ohne Kinder sterben, so succedirt deren Bruder, Johann Gerd Wille, und demnächst dessen Tochter."[27]

Unter den Bauernlehen fällt der Besitz der Witwe Catharina Margarethe Dresing besonders auf. Die Witwe Dresing wurde durch den Lehnbrief vom 18. April 1765, ausgestellt von Georg III. als Vormund des noch minderjährigen Friedrich von Yorck, *ex nova gratia* belehnt „In Dienstmanns Statt". [28] Gegenstand der Belehnung war das Dresings Erbe, das nach einer beigefügten Aufstellung aus Ackerland, Wiesengrund und Garten im Umfang von neun Maltern, sieben Scheffeln bestand und mit einem jährlichen Ertrag von 111 Reichstalern veranschlagt war. Der Lehnbrief nennt wie immer auch die Vorbesitzer des Erbes, unter denen als erstes die von Varendorf zur Horst genannt werden. Nach weiteren Besitzerfolgen führt der Lehnbrief den Freikauf von Dresings Erbe durch Hermann Heinrich Dresing im Jahre 1755 auf. Mit anderen Worten: Es hatte hier der vollständige Freikauf eines eigenbehörigen Hofes stattgefunden, der zehn Jahre später dem Landesherrn wie-

---

26 Überliefert in STAOS Rep. 330 II Nr. 33 u. 34, aber auch in einer Folge von über 200 Einzelakten in STAOS Rep. 330 II ab Nr. 102. Die Tabellen enthalten genaue Beschreibung der Lehne mit Umfang, Lage, Erträgen wie Belastungen, Angaben zu den Vasallen, die Daten der letzten Belehnungen sowie Anmerkungen zur Qualität der Lehen und zu den Lehnsfolgeberechtigten. Neben den Gütern der Adligen stehen hier auch sogenannte Bauernlehen in den Listen.

27 Alle Beispiele aus STAOS Rep. 330 II Nr. 34.

28 Abschrift des Lehnbriefes in STAOS Rep. 330 II Nr. 147, dort auch eine Aufstellung der Erträge und Belastungen des Dresing Erbe.

derum zu Lehen aufgetragen wurde und zwar von der dort ansässigen Bauernfamilie.[29]

Die Erfassung der Lehen aus der Zeit der französischen Besetzung führt aber nicht nur die osnabrückischen Lehen auf, sondern auch die von auswärtigen Lehnskurien relevierenden, aber im Hochstift Osnabrück gelegenen Lehen. Hierzu gehören z. B. Münsterische, Tecklenburgische, Mindener, Ravensbergische, Lippische, Herforder, Rietberger oder Diepholzer Lehen. Unter diesen finden sich wiederum einige, deren Qualität als Kunkellehen vermerkt ist und die tatsächlich im Besitz von Frauen waren. Die Witwe Beckermann geb. Elisabeth Havickhorst zu Wulften hatte das Münsterische Kunkellehn Gut Havickhorst in der Bauerschaft Wulften inne. Margarethe Marie Wulfert, Ehefrau des Colonen Johann Arend Wulfert, war belehnt mit Wulferts Erbe in der Bauerschaft Mimmelage, einem Tecklenburger Lehn, das ausdrücklich als Kunkellehn bezeichnet war. Das ebenfalls Tecklenburgische Lehn Gut Schleppenburg, das derzeit der Kammerherr Clemens August von Korff innehatte, wird ebenfalls als Kunkellehn bezeichnet und es findet sich der Vermerk, das dieses Gut durch „Anheyrathung eines weiblichen Geschlechts als Lehnsträgerin an diesseitige Familie gekommen."[30]

Auch im 19. Jahrhundert sind Frauen als Lehnsträgerinnen präsent. Ein von 1832 datierendes Verzeichnis der Belehnungen, die nach dem Tode Georgs IV erforderlich geworden waren, enthält unter insgesamt 208 Lehnsträgern 14 Frauen.[31]

Die Belehnung von ledigen, verheirateten oder verwitweten Frauen, die als Erbinnen den Besitz für sich selbst oder auch als Vormünderinnen ihrer Kinder erhielten, lässt sich somit im Gebiet des Hochstifts Osnabrück über Jahrhunderte vom hohen Mittelalter bis zum 19. Jahrhundert nachweisen Die „Kunkellehne" waren nicht nur theoretische Möglichkeit, sondern rechtliche Realität. Zu fragen ist jedoch, wie diese Realität von den Zeitgenossen wahrgenommen wurde und welche Konflikte sich im Kontext der weiblichen Erbfolgen erkennen lassen.

3. Konflikte um die weibliche Erbfolge

Das Erbrecht der Tochter, sofern sie keine Brüder hatte, war durch das Weistum von 1561 eindeutig festgeschrieben. In diesem Fall hatten noch vorhandene männliche Verwandte, wie z. B. Brüder oder Neffen des Vaters das

---

29 Dieses Phänomen lässt sich häufiger nachweisen, so auch z. B. für die Freikäufe einiger Bauern der von Bar im ausgehenden 18. Jahrhundert, die ihre Höfe zu Lehen auftrugen (STAOS Rep. 330 II Nr. 34).
30 Alle drei Beispiele aus STAOS Rep. 330 II Nr. 33.
31 STAOS Rep. 330 II Nr. 12, die Lehen selbst sind hier nicht weiter beschrieben.

Nachsehen. Die oben angeführten Beispiele illustrieren die tatsächliche Umsetzung dieser lehnsrechtlichen Norm.

Streitigkeiten traten jedoch dann auf, wenn der Vasall ohne Kinder starb und die Frage entschieden werden musste, welche Seitenlinien und Verwandtschaftsgrade erbberechtigt waren, insbesondere ob die Schwestern des Verstorbenen, gleich den Töchtern, entferntere männliche Agnaten ausschließen konnten. Hierzu finden sich in dem mehrfach erwähnten Weistum keine Aussagen.

Zu der so beschriebenen Konfliktkonstellation ist eine Reihe von Prozessen überliefert. Im Fall der Gevettern Jasper Philipp und Rabe Heinrich von Quernheim gegen die Schwestern des kinderlos verstorbenen Conrad von Quernheim entschied die Osnabrückische Land- und Justizkanzlei als zuständige Behörde 1667 endgültig zugunsten der männlichen Erben und bestätigte damit ein erstes, gleichlautendes Urteil von 1663.[32]

Diese Konfliktsituation scheint die erste ihrer Art gewesen zu sein, die vor Gericht ausgetragen wurde, denn beide Parteien versuchten durch Gutachten, sich eine jeweils zu ihren Gunsten sprechende Observanz attestieren zu lassen.

Die Schwestern des Erblassers bemühten hierfür die Osnabrückische Ritterschaft, die ihnen unter dem Datum vom 15. Februar 1664 bestätigte: „Ist per vota collegiatim concludirt, daß caeteris paribus in hisce feudis promiscuis Osnabrugensibus die Schwestern des Vatters Brüdern, und derer Söhnen, in successione zu praeferiren, de quibus exempla."[33] Da die Ritterschaft jedoch offenbar den Eindruck hatte, dass ein einfaches Votum der Korporation vor Gericht nicht ausreichend sein würde, stellte man ein zweites Attest am 4. September 1664 aus, in dem einige Beispiele für den aufgestellten Satz angeführt wurden, „daß des Letztverstorbenen Vasalli Schwestern tanquam gradu proximiores des Vatters Brüdern, undt deren Söhnen in Successione feudali vorzuziehen seyn."[34]

Die von der Ritterschaft genannten Beispiele bewiesen jedoch genau diesen Satz nicht, da sie nur die unumstrittene Erbfolge von Töchtern eines Vasallen beschrieben, wie das von der Gegenseite eingeschaltete Osnabrücker Domkapitel nachweisen konnte. Das Domkapitel attestierte dann in einem Gegengutachten, „daß uns nicht wissend noch jemalen fürkommen, daß in diesem Stift wegen jetzt vorhero inserirten Casus einige sonderliche Obser-

---

32 Beide Erkenntnisse sind abgedruckt in: Berichtigender Beytrag zur Bestimmung der weiblichen Erbfolgeordnung in den Osnabrückischen Lehngütern, Osnabrück 1808, S. 28-31.

33 Das Attest ist abgedruckt bei Gruner, Succession (Anm. 19), S. 24.

34 Das zweite Attest ebenfalls bei ebd., S. 24-26, Zitat S. 25.

vanz oder deswegen etwas per consuetudinem oder sonsten introducirt sey, sondern halten dafür, daß hierinnen den gemeinen Lehen – Rechten nachgegangen werden müsse."[35] Das bedeutete nichts anderes als die Bevorzugung der Agnaten.

Ein ähnlich gelagerter Streitfall wie bei den von Quernheimschen Lehen entspann sich um die Erbfolge des Rittergutes Astrup. Hier beanspruchten nach dem Tod des 1680 kinderlos verstorbenen Vasallen Dietrich Wennemar von Heyden sowohl die entfernteren Vettern Bernhard und Ernst Wilhelm von Heyden die Einsetzung in das Lehn wie auch dessen Schwester Anna Agnes, verehelichte von Dinklage, und die Tochter der zweiten, schon 1678 verstorbenen Schwester Gertrud, Catharine Gertrud Sibylle von Bar. Auch in diesem Fall fiel das 1685 gesprochene und 1686 bestätigte Urteil zugunsten der Agnaten aus, die Auseinandersetzung endete jedoch mit einem Vergleich zwischen beiden Parteien.[36] Die von Heyden erhielten 4700 Taler als Abfindungssumme und somit wurde dann tatsächlich nach dem inzwischen erfolgten Tod der Frau von Dinklage, Catharine Gertrud Sibylle von Bar, später verehelichte von Dellwig († 1727), Besitzerin des Gutes Astrup.[37] Sie fand später zwei Söhne aus ihrer ersten Ehe mit dem Oberstleutnant von Ripperda mit je 15.000 Talern ab und setzte als Erbin von Astrup ihre aus dritter Ehe stammende Tochter Sophie ein.

Ein anderes Beispiel für Erbfolgekonflikte liefert der Fall des emsländischen Gutes Schwakenborg, das aus münsterischen wie auch osnabrückischen Lehnsstücken bestand.[38] Hier stritten sich zwei Frauen um das Lehn, Emerentiana Schipp, die Witwe des 1716 verstorbenen Goswin Caspar Henderson, der das Gut von seinem Onkel Franz Wilhelm von Kobolt († 1713) bekommen hatte, und die Tochter der Schwester des letztgenannten, Bernhardine Margarethe von Reede, die 1716 von der Osnabrücker Lehnkammer belehnt worden war.[39] Beide Frauen gingen äußerst robust in den Auseinandersetzungen um die Behauptung des Besitzes vor. Leidtragende waren dabei vor allem die Bauern, deren Abgaben einmal von der einen, einmal von der anderen gewaltsam sichergestellt wurden.

Frau von Reede hatte zwar das Recht auf ihrer Seite, die Witwe Henderson, die mehrere Prozesse bis hin zum Reichskammergericht in Wetzlar geführt und verloren hatte, war jedoch skrupelloser in der Durchsetzung ihrer

---

35 Das Attest des Domkapitels findet sich bei ebd., S. 37 f., Zitat S. 38. Es folgen S. 38 f. weitere Dokumente, die zur Widerlegung der von der Ritterschaft angeführten Beispiele für das Recht der Schwestern dienten.
36 Beide Urteile abgedruckt bei ebd., S. 40 und S. 41.
37 Vom Bruch, Rittersitze (Anm. 13), S. 130.
38 Für das Folgende: ebd., S. 97-99.
39 Prozessunterlagen auch in STAOS Rep. 105 I Nr. 122.

Ansprüche. Sie hatte zwei Jahre nach dem Tode ihres Mannes den Fähnrich eines in Haselünne liegenden Regimentes, Ferdinand Josef von Bönninghausen, geheiratet und ließ durch 18 Bewaffnete, die unter seinem Befehl standen, Zehnte und Abgaben eintreiben. Die Gegenseite setzte daraufhin ebenfalls Bewaffnete ein und der Konflikt eskalierte in den 1720er Jahren. Das Ganze endete nach dem Tod der beiden Kontrahentinnen mit dem weitgehenden Ruin des Gutes Schwakenborg.

Ein letzter Fall mag an dieser Stelle angeführt werden, die Klage der völlig verarmten Witwe Engel Voß zu Wallenhorst gegen die Kinder ihres Onkels Johann Henrich von Clevorn und die Herren von Bothmer und von Hanxleben um Mitbelehnung über die von Münnichschen, nachher von Dumstorfschen Lehen. Die Auseinandersetzung vor dem Lehnhof zog sich von 1779 bis 1781 hin und endete mit der Abweisung der Klage von Engel Voß, da man sich auf die Observanz berief, nach der bei gleichem Verwandtschaftsgrad den Männern der Vorzug in der Lehnsfolge gebühre.[40] Beachtung verdient in diesem Kontext die Argumentation ihres Anwalts, des Prokurators Johann Heidsieck, der sich mit so großer Hartnäckigkeit für seine Mandantin einsetzte, dass die Lehnkammer ihm zuletzt drohte, „sich des unnützen Schreibens in dieser Sache bey zwey Rthlr Strafe zu enthalten".[41]

Wichtig sind Heidsiecks Ausführungen zu der Frage, ob Frauen bei gleichem verwandtschaftlichem Grade zum letzten Vasallen gleiche Rechte wie die männlichen Erben in der Lehnsfolge haben sollten. Heidbrink, der diese Frage im Gegensatz zur feststellbaren vorherrschenden Rechtspraxis des 18. Jahrhunderts bejahte, argumentierte folgendermaßen:

> „Auch leben wir nicht mehr in jenen alten Zeiten wo jeder Vasall sein Lehn loco salarii für Kriegsdienste unter hatte, wo er wichtige secreta des Lehns Herrn erfuhr, und also besonders verschwiegen seyn mußte, wo keine Frauenspersonen in öffentlicher Versammlungen und auf der Lehns Curien erscheinen durften, und wo die alten Gesetze diese überhaupt von aller Erbfolge ausgeschlossen, indem sie keine immobilia besitzen konnten. Alles dieses passet nicht auf unsere heutige Lehen, und es sind jetzt die Frauens Personen in diesen Falle so gut, wie die Manns Personen."

Diese Ausführungen offenbaren einen durchaus aufklärerischen Impetus, der die alten Zeiten mit ihren rückständigen Verhältnissen überwinden will, ungeachtet der Tatsache, dass der Verfasser wenig genaue Kenntnisse über die tatsächlichen Möglichkeiten der Frauen im ausgehenden Mittelalter und der Frühen Neuzeit hatte.

---

40 Unterlagen in STAOS Rep. 105 I Nr. 137.
41 Antwortvermerk auf dem letzten Schreiben des Anwalts, das am 13. Juli 1781 bei der Lehnkammer eingegangen war. (Vgl. ebd.).

Ähnlich wie Heidbrinck hatte auch schon Lodtmann 1782 in seinen Acta Osnabrugensia argumentiert. Bei Lodtmann taucht aber noch ein weiteres Moment auf: Er wendet sich als Befürworter weitergehender weiblicher Erbfolgerechte sehr dezidiert gegen „das fremde und Longobardische Lehnrecht", gegenüber dem die Vorfahren sich verwahrt und an dem alten Rechte festgehalten hätten. Auch das Erbfolgerecht der Töchter rechnet er zu dem alten einheimischen Recht.[42] Die unterschiedlichen Erklärungen und Urteile in Lehnsfolgeprozessen der jüngeren Zeit schreibt er der „minderen Kenntniß der älteren Lehnsnachrichten" zu und bemängelt, es sei freilich leichter, „auf die geschriebenen fremden Lehnrechte zurück zu gehen, wo überall vorgearbeitet ist" als selbst die alten Urkunden und Nachrichten zu studieren.[43]

Lodtmann bezieht sich damit auf das sogenannte Langobardische Lehnrecht, das mit der im letzten Drittel des 12. Jahrhunderts in Bologna entstandenem Lehnrechtskompilation, den Libri Feudorum, großen Einfluss auf die deutschen Verhältnisse erlangt hatte.[44]

Indem der Osnabrücker Kanzleirat das vermeintlich fremde Recht ablehnte und dazu aufforderte, das einheimische „alte" Recht durch genaues Quellenstudium zu finden und diesem vor Gericht wieder Geltung zu verschaffen, formulierte er Positionen, die dreißig Jahre später von dem Begründer der historischen Schule der Rechtswissenschaft, Friedrich Carl von Savigny, systematisiert wurden und in der wissenschaftlichen Öffentlichkeit breite Resonanz finden sollten.[45] Auf diese von Lodtmann kritisierten Libri Feudorum, synonym auch als gemeines Lehnrecht bezeichnet, rekurrieren dann tatsächlich nicht nur die Prozessgegner der Witwe Engel Voß, sondern z. B. auch das Gutachten des Osnabrücker Domkapitels von 1666,[46] das Attestat der Osnabrückischen Regierung von 1705,[47] ebenso ein Beitrag des Konsistorialrates Dr. Vezin von 1808, in dem dieser erklärt, dass die Osnabrücki-

---

42 Vgl. Acta Osnabrugensia (Anm. 7), S. 270.

43 Vgl. ebd., S. 271.

44 Schröder, Rechtsgeschichte (Anm. 3), S. 682, 684. Im Mittelpunkt der Libri Feudorum stehen die Lehnsgesetze Konrads II., Lothars III. und Friedrichs I.

45 K. Kroeschell, Deutsche Rechtsgeschichte, Bd. 3 (seit 1650), Opladen 1989, S. 129-132. Savignys programmatisches Hauptwerk erschien 1814 unter dem Titel: „Vom Beruf unserer Zeit für die Gesetzgebung und Rechtswissenschaft". Folgenreich waren Savignys Schriften vor allem für die Gebrüder Grimm, wie auch für die Deutsche Romantik allgemein. In Osnabrück fand die Historische Rechtsschule, vermittelt durch Karl Friedrich Eichhorn insbesondere bei Johann Carl Bertram Stüve, dem Bürgermeister, „Bauernbefreier" und hannoverschen Märzminister, einen prominenten, politisch engagierten Vertreter.

46 Vgl. Gruner, Succession (Anm. 19), S. 37 f.

47 Vgl. ebd., S. 41-43.

schen Lehne „nach dem Longobardischen Lehnrechte gerichtet werden" und nach diesem „die Weiber in der Regel von der Erbfolge ganz ausgeschlossen" seien.[48] Der Celler Oberappellationsrat Dr. Gruner stellt in seiner Abhandlung von 1837 gleichermaßen fest, dass das „Longobardische Lehnrecht" im Fürstentum Osnabrück als gemeines Lehnrecht rezipiert sei und daher ein Vorzugsrecht der Schwestern und übrigen näher verwandten Frauen vor den entfernteren Agnaten bei der Erbfolge in den Osnabrücker Lehen nicht existiere.[49]

Die Darstellungen Vezins und Gruners offenbaren eine zunehmend schärfere Ablehnung weiblicher Rechte in der besagten Konfliktfrage, die bei beiden sogar soweit geht, jegliche weibliche Erbfolge, auch das jahrhundertelang unumstrittene Erbrecht der Töchter beim Fehlen von Söhnen als offensichtlich höchst unerwünschten Sonderfall, als bedenkliche Abweichung von der Norm zu betrachten. „Weiter aber als auf die Töchter hat man die Begünstigung der Weiber, hat man die Ausnahme von der Regel (...) nicht bringen können"[50], schreibt Vezin 1808, und seinem patriarchalischen Weltbild entsprach der Satz „Die Vermuthung streitet also immer für die Ausschließung der Weiber."[51]

4. Fazit

Blickt man zurück auf die Quellen, die zur weiblichen Erbfolge im Lehnsbesitz Aussagen ermöglichen, so lassen sich doch unterschiedliche Phasen der Wahrnehmung und Beurteilung dieses rechtlichen Phänomens ausmachen. Das Mittelalter hatte das Erbrecht der Töchter als Gewohnheitsrecht ganz offensichtlich aus pragmatischen Gründen praktiziert, um die Lehen nicht an den Lehnsherrn anheimfallen zu lassen, sondern in der Familie zu halten. Auch spielte die Verpflichtung zum persönlich zu leistenden Dienst mit der Waffe bei der Vergabe der Lehen bald keine vorrangige Rolle mehr und in einem geistlichen Wahlfürstentum, wie es das Hochstift Osnabrück war, ließ sich dynastischer Ehrgeiz, den eine berittene Lehnsmannschaft schlagkräftig hätte unterstützen sollen, ohnehin nicht verwirklichen. Die folgenden Jahrhunderte lassen, soweit hier überhaupt ein Gesamteindruck formuliert werden kann, die üblichen Interessenkonflikte um Lehnsfolgen in den Familien erkennen, genau wie es unter mehreren potentiellen männlichen Lehnsfol-

---

48 Beytrag (Anm. 32), S. 5. Der Verfasser führt dann sehr detailliert aus, in welchen Fällen eventuell doch Frauen in der Erbfolge Vorrang vor männlichen Erben haben könnten.
49 Vgl. Gruner, Succession (Anm. 19), S. 5.
50 Beytrag (Anm. 32), S. 13.
51 Ebd., S. 6.

gern Konflikte gab, fanden Prozesse zwischen Männern und Frauen wie auch unter Frauen um das Erbe statt.

Im Verlauf des 18. Jahrhunderts gewann dann die Diskussion über das weibliche Erbfolgerecht an Vehemenz und wurde mit allgemeinen Vorstellungen über die Rolle der Frauen verknüpft. Insbesondere zu Beginn des 19. Jahrhundert finden sich schließlich bei bürgerlich konservativen Juristen dezidiert patriarchalische Vorstellungen über die Lehnsfolgen der Frauen, die nunmehr als Sonderfall, als Abweichung von der Norm verstanden wurden und damit weit verbreiteten Rollenvorstellungen des 19. Jahrhunderts entsprachen. Die Kunkellehne wurden für die rechtsgelehrte Diskussion zum Problem an sich, bevor die Allodifikation der Lehen im Verlauf des 19. Jahrhunderts andere rechtliche Rahmenbedingungen schuf.

Die vorstehenden Ausführungen, die als erste Bestandsaufnahme zum Thema zu betrachten sind, zeigen, dass die Kunkellehne nicht nur als Rechtstheorie existierten. Sie besaßen, wie die zahlreichen Beispiele aus dem Fürstentum Osnabrück deutlich gemacht haben, auch in der Rechtspraxis Gültigkeit.

Vom Mittelalter bis zum 19. Jahrhundert nahmen Frauen die ihnen rechtlich verbriefte Möglichkeit der Erbfolge im Lehnsbesitz wahr, kämpften aktiv vor Gericht für ihre Ansprüche und zeigten dabei große Hartnäckigkeit und gelegentlich auch Militanz, wie der Lehnsfolgestreit um das Gut Schwakenborg belegt.

Die aktive Partizipation weiblicher Lehnsträgerinnen an der Eigentumskultur wurde von den zeitgenössischen Juristen allerdings unterschiedlich kommentiert. Weitere Forschungen sind hier notwendig, um das sichtbar werdende Konfliktpotential unter geschlechtergeschichtlicher Fragestellung präziser zu analysieren.

Gianna Ostinelli-Lumia

Frauen, Recht und Eigentum: Erbrecht und Erbpraxis in Oberitalien (15.-18. Jahrhundert)*

Das Verhältnis zwischen Geschlecht und Eigentumskulturen in der Frühen Neuzeit bietet höchst unterschiedliche Zugangsweisen. Die hier gewählte Forschungsperspektive nimmt Bezug auf die aktuelle Debatte in Italien, wo der Themenkomplex Geschlecht/Eigentum in zwei Richtungen vertieft wird. Auf der einen Seite werden seit einigen Jahrzehnten die Modalitäten der Vermögensübertragung von einer Generation zur nächsten untersucht, um die Stellung der Frauen in den Erbschaftsprozessen und in den Familienverbänden zu erfassen.[1] Auf der anderen Seite werden die Eigentums- und Besitzrechte der Frauen analysiert.[2]

Aus dieser doppelten Perspektive werden im Folgenden insbesondere das Erbrecht und die Erbpraxis als konvergierende Komponenten der Erbschaftsprozesse dargestellt. Norm und Praxis dürfen nämlich in diesem Zusammenhang nicht in strenger Opposition begriffen werden. Die rechtlichen Bestimmungen und die konkreten Entscheidungen und Handlungen der Akteure bilden keineswegs getrennte oder gegensätzliche Aspekte des Phänomens, sondern konstituierende Bestandteile, die sich gegenseitig beeinflussen und zueinander in einer komplexen Beziehung stehen.[3]

---

* Für die Lektüre und für die Korrektur der deutschen Fassung dieses Textes danke ich PD Dr. Jon Mathieu (Bern/Lugano) und meinem Mann, PD Dr. Paolo Ostinelli.
1 Die anregendsten Studien zum Thema sind in den folgenden Sammelwerken erschienen: G. Calvi/I. Chabot (Hrsg.), Le ricchezze delle donne. Diritti patrimoniali e poteri familiari in Italia (XIII-XIX secc.), Turin 1998; A. Groppi/G. Houbre (Hrsg.), Femmes, dots et patrimoines (= Clio. Histoire, Femmes et Sociétés, 7) Toulouse 1998; A. Arru (Hrsg.), Gestione dei patrimoni e diritti delle donne (= Quaderni Storici, 33/2), Bologna 1998.
2 S. zuletzt R. Ago, Ruoli familiari e statuto giuridico, in: dies. (Hrsg.), Diritti di proprietà (= Quaderni Storici, 30/1), Bologna 1995, S. 111-134; Dies., Universel/particulier: femmes et droits de propriété (Rome, XVIIe siècle), in: Femmes (wie Anm. 1), S. 101-116; S. Feci, 'Sed quia ipsa est mulier'. Le risorse dell'identità femminile a Roma in età moderna, in: Femmes (wie Anm. 1), S. 275-300; A. Arru/L. di Michele/M. Stella (Hrsg.), Proprietarie. Avere, non avere, ereditare, industriarsi, Neapel 2001; S. Feci, Pesci fuor d'acqua. Donne a Roma in età moderna: diritti e patrimoni, Rom 2004.
3 Dieser Forschungsansatz wurde zuerst von Rechtshistorikern entwickelt und dann von der italienischen Historiographie angenommen: s. z. B. T. Kuehn, Law, Family

Durch die Herstellung des Zusammenhangs von Erbrecht und Erbpraxis wird sodann versucht, einige Überlegungen zum Thema Eigentum/Eigentumskulturen und Geschlecht zu formulieren. Vermögensübertragung und Erbrecht bildeten eine existenzbestimmende Grundlage für die Familie und stellten zugleich einen bedeutenden Teil der Eigentumskulturen einer Gesellschaft dar. Dementsprechend werden im Folgenden das Verhältnis zwischen Geschlecht und Eigentum und vor allem die Frage des weiblichen Zuganges zum Eigentum durch die Analyse der Stellung von Frauen im Prozess des Erbens bzw. des Vererbens betrachtet. Maßgebliche Quellenbasis sind einerseits die Statuten und die gewohnheitsrechtlichen Regelungen, welche die Erbschaftsansprüche der Frauen und ihre Rolle in der Vermögensübertragung fixierten, und anderseits die testamentarischen Entscheidungen, in denen sich die Absichten breiter Bevölkerungsteile widerspiegeln.

Die folgenden Betrachtungen konzentrieren sich in vergleichender Weise auf einen städtischen Kontext (Siena) und auf ein ländliches Gebiet (den Bezirk um Mendrisio, im südlichen Teil der heutigen Schweiz). Die Stadt Siena und die Landvogtei Mendrisio gehörten zur selben Rechtstradition, die aus dem römischen Recht stammte, aber sie unterschieden sich in Bezug auf die Stellung der Frauen in der Vermögensübertragung.[4]

1. Das Recht: Statuten und Gewohnheitsrecht

1.1 Die unterschiedliche Stellung von Söhnen und Töchtern

Bei den Erbschaften ohne Testamente wurden im ganzen oberitalienischen Raum die Männer und die männliche Linie der Familie den Frauen und ihren weiblichen Nachkommen klar bevorzugt. Der Grundsatz des *privilegium agnationis* wurde in die lokalen Gesetzessammlungen aufgenommen und bewirkte seit dem Spätmittelalter den durch die sogenannte *exclusio propter dotem* bedingten Ausschluss der Töchter von der Erbschaft. Das Familien-

---

and Women. Toward a Legal Anthropology of Renaissance Italy, Chicago 1991 und die gesammelten Beiträge in: R. Ago (Hrsg.), Diritti di proprietà (wie Anm. 2).

4 Die Stadt Siena verlor ihre kommunale Autonomie im Jahr 1555, als sie in das Großherzogtum Toskana eingegliedert wurde. Die älteste Statutensammlung wurde schon am Ende des 12. Jahrhunderts veröffentlicht. 1262, 1310, 1339 wurden die Statuten überarbeitet, und die letzte Sammlung stammt von 1545. Der Distrikt Mendrisiotto war hingegen nie autonom. Im späten Mittelalter gehörte er der Stadt Como, nach 1335 wurde er Teil des mailändischen Regionalstaates und von 1513 bis 1798 unterstand er als Vogtei der schweizerischen Eidgenossenschaft. Die einzige noch erhaltene Statutensammlung für dieses Gebiet stammt in ihren Kernteilen aus dem 15./16. Jahrhundert und wurde 1788 von den eidgenössischen Orten bestätigt.

vermögen, vor allem die Grundstücke und die Häuser, blieben den Söhnen und ihren Nachkommen vorbehalten, die Töchter wurden lediglich mit der Mitgift ausgestattet und ihre Nachfahren hatten somit keine Erbschaftsansprüche.[5] In den Statuten der einzelnen Städte und Landschaften Oberitaliens wurden die *exclusio propter dotem* und die damit verbundene patrilineare Erbfolge unterschiedlich betont. In bestimmten Städten durften die Töchter das väterliche Vermögen erben, wenn der Familienvater keine Söhne hatte. Dagegen durften die Töchter in anderen Kommunen auf keinen Fall erben, solange die ganze männliche Linie und alle männlichen Verwandten nicht ausgestorben waren.

Gemäß den Statuten der Stadt Siena und der Landvogtei Mendrisio, die sich in diesem rechtlichen Kontext entwickelten,[6] waren die väterlichen Güter grundsätzlich den Söhnen und ihren männlichen Nachkommen vorbehalten und die Töchter durften nur die Mitgift als Erbschaftsanteil bekommen. Falls der Vater keine männlichen Nachkommen hatte, wurde seine Erbschaft allen Töchtern (d. h. den ausgestatteten und den noch nicht ausgestatteten) zugewiesen.

---

5 Zum oberitalienischen Erbrecht im Allgemeinen vgl. F. Niccolai, La formazione del diritto successorio negli statuti comunali del territorio lombardo-tosco, Mailand 1940. Zur Stellung der Frauen vgl. M. Bellomo, La condizione giuridica della donna in Italia. Vicende antiche e moderne, Turin 1970; M. T. Guerra Medici, Diritto statutario e condizione della donna nella città medievale dei secoli XII-XIV, in: Rivista di storia del diritto italiano 65 (1992), S. 319-336; C. Vernelli, Note sulla condizione femminile negli statuti comunali dell'Italia centrale, in: Proposte e ricerche. Economia e società nella storia dell'Italia centrale 31 (1993), H. 2, S. 187-202. Zum Rechtsinstitut der Mitgift vgl. F. Ercole, L'istituto dotale nella pratica e nella legislazione statutaria dell'Italia superiore, in: Rivista italiana per le scienze giuridiche 45 (1909), H. 2-3, S. 193-302; 46 (1910), H. 1-3, S. 167-257.

6 Zur Erleichterung der Lektüre dieses Textes wird hier auf die Ausführung der einzelnen statutarischen Kapitel über das Erbrecht verzichtet. Diese Bestimmungen werden in folgenden Arbeiten im Detail analysiert: G. Lumia Ostinelli, "Ut cippus domus magis conservetur ". La successione a Siena tra statuti e testamenti (XII-XVII secolo), in: Archivio Storico Italiano 161 (2003), H. 1, S. 3-51; G. Lumia, I legami familiari nello specchio della trasmissione dei beni: statuti e testamenti nei baliaggi di Lugano e Mendrisio (XVII secolo), in: Bollettino Storico della Svizzera Italiana 104 (2001), H. 1, S. 25-56. Weitere Studien über die rechtliche Stellung der Frauen und das Erbrecht in beiden Gebieten: D. Bizzarri, Il diritto privato nelle fonti senesi del secolo XIII, in: dies., Studi di storia del diritto italiano, Turin 1937, S. 337-503; E. S. Riemer, Women in the Medieval City: Sources and Uses of Wealth by Sienese Women in the Thirteenth Century, phil. Diss. New York University 1975; F. Chicherio, Sulla condizione giuridica della donna nel Canton Ticino, in: Repertorio di giurisprudenza patria 5 (1898), S. 192-224; C. Pometta, La successione legittima secondo gli statuti ed i codici ticinesi, Bern 1921.

Siena und das Mendrisiotto regelten also die rechtliche Übertragung des väterlichen Vermögens in derselben Weise. Hinsichtlich der mütterlichen Erbschaft bestand aber ein wesentlicher Unterschied zwischen den beiden Statuten. In Siena durften die Töchter die mütterlichen Güter nicht erben, falls sie mit der Mitgift (vom Vater, vom Bruder oder vom väterlichen Onkel) ausgestattet waren und ihre Mutter Söhne oder Enkel hatte. Im Gegensatz zur römisch-rechtlichen Tradition herrschte dort also die *exclusio propter dotem* in Bezug auf alle Erbschaften der Familie, d. h. bezogen auf die väterlichen *und* auf die mütterlichen Güter. Im Mendrisiotto hingegen durften gemäß der lokalen, auf dem Gewohnheitsrecht basierenden Regelung alle Kinder einer Frau Erben ihrer Mutter sein – unabhängig von ihrem Geschlecht.

Ein solcher Unterschied hatte eine große Bedeutung für die Stellung der Töchter in der Erbfolge. In Siena war das ganze Familiengut den Söhnen und ihren männlichen Nachkommen vorbehalten, weil die Statuten das Prinzip der *exclusio propter dotem* auch für die mütterlichen Güter gelten ließ. Da die Mütter selbst ihre Töchter nicht mit der Mitgift ausstatten sollten, durften also ihre weiblichen Nachfahren keinen Anteil der mütterlichen Erbschaft erhalten, und somit konnte das ganze Familienvermögen innerhalb der agnatischen Linie übertragen werden. Die Sieneser Statuten verhinderten die weibliche Vermögensübertragung fast gänzlich. Im Mendrisiotto schloss die Mitgift dagegen nicht automatisch die mütterliche Erbschaft aus. Die rechtlichen Bestimmungen waren zwar auch hier durch eine patrilineare Auffassung der Familie geprägt, aber die mütterliche Linie war nicht so stark benachteiligt und die Töchter durften in verschiedenen Fällen einen Teil der Güter ihrer Mutter erben.

1.2 Das Ehegüterrecht und die rechtliche Stellung der Witwen

In Oberitalien war die Gütergemeinschaft unter Eheleuten nicht üblich. Anhand des geltenden Ehegüterrechts wurde die Mitgift (*dos*) an den Ehemann übergeben, damit er den Unterhalt der Familie sichern konnte. Er selbst schenkte seiner Gattin die sogenannte *donatio propter nuptias*, die der Ehefrau nach dem Tod ihres Mannes zur freien Verfügung stand.[7] Dem Umfang

---

7   Umfassende Analysen des Ehegüterrechts in M. Bellomo, Ricerche sui rapporti patrimoniali tra coniugi. Contributo alla storia della famiglia medievale, Mailand 1961; P. Caroni, Le développement des régimes matrimoniaux dans la Suisse Italienne du XVIe au XIXe siècle, in: Mémoires de la Société pur l'Histoire du Droit et des Institutions des anciens pays bourguignons, comtois et romands 27 (1966), S. 39-64; G. P. Massetto, Il lucro dotale nella dottrina e nella legislazione statutaria lombarde dei

dieser Hochzeitsgeschenke, deren Ursprung ins römische Recht zurück-
reicht, wurde in den Statuten vieler Kommunen ab der Mitte des 12. Jahrhunderts eine Obergrenze gesetzt. War in den Sieneser Statuten eine solche
Bestimmung nicht zu finden, durfte in Mendrisio die *donatio propter nuptias*
höchstens die Hälfte der Mitgiftsumme betragen.

Die Ehefrau war Eigentümerin ihrer Mitgift, aber für die Dauer der Ehe
war der Ehemann alleiniger Besitzer. Er durfte über die *dos* verfügen, wenn
auch nicht unbeschränkt: Er musste sie durch sein eigenes Vermögen absi-
chern und konnte sogar die Verfügungsgewalt darüber verlieren, wenn durch
ihn der finanzielle Ruin der Familie drohte.

Gemäß Gewohnheitsrecht waren die Kinder die bevorzugten Erben und
Erbinnen einer ohne Testament verstorbenen Frau, während der Witwer das
Nutzungsrecht über ihre Mitgift weiterhin genoss, solange die Kinder min-
derjährig waren. Bei kinderlosen Paaren war in mehreren italienischen Statuten ein *lucrum dotis* vorgesehen, das dem Witwer den rechtlichen Anspruch
zuerkannte, die ganze Mitgift oder zumindest einen beträchtlichen Teil davon zu behalten: In Siena betrug das *lucrum dotis* die Hälfte der Mitgift, in
Mendrisio erhielt der Witwer hingegen die ganze Mitgift seiner verstorbenen
Frau.

Beim Tod des Ehemannes hingegen musste die Mitgift mitsamt den
Hochzeitsgeschenken an die Witwe zurückerstattet werden. Falls die Frau
nicht wieder heiratete, durfte sie auch ein lebenslanges Wohn- und Unter-
haltsrecht im Haus des ehemaligen Mannes verlangen, wobei sie in diesem
Fall ihre Ansprüche auf die Rückgabe der Mitgift verlor. Allerdings durften
die Eheleute nicht das Erbe ihrer Ehepartner antreten. Sie waren beim Tod
ohne Testament von dem Erbe ausgeschlossen und durften nicht in diesem
Sinne testamentarisch verfügen. Es war ihnen höchstens erlaubt, ein Bar-
geldlegat zuzuweisen, wie die Statuten von Mendrisio explizit festhielten.

Die meisten Statuten erwähnen zudem, dass der Ehemann seine Frau testamentarisch zur *donna et madonna* und zur Tutorin der Kinder ernennen
durfte. Gemäß Gewohnheitsrecht entsprach die Stellung der *donna et madonna* etwa derjenigen des Familienoberhauptes, so dass sie Nutznießerin
der Erbmasse ihres Ehemannes war und die Verfügungsgewalt darüber hatte.
Seit dem 13. Jahrhundert schränkten aber die italienischen Statuten diese
ursprünglich weit gefassten Vorrechte mehr und mehr ein. In Mendrisio
wurde die Verfügungsgewalt der Frau durch den Anspruch auf die Nutznie-
ßung und auf den Unterhalt im Haus des ehemaligen Ehemannes ersetzt,
wenn das Ehepaar Kinder oder Nachkommen hatte. In Siena galt diese Regel

---

secoli XIV-XVI, in: Ius Mediolani. Studi di storia del diritto milanese offerti dagli
allievi a Giulio Vismara, Mailand 1996, S. 189-364.

auch, wenn der Erblasser nur Brüder, Nichten und andere Blutsverwandten hatte.

Bei der Vormundschaft über die Kinder sahen viele Statuten vor, dass die Mutter Tutorin ihrer Kinder sein durfte, falls sie nicht wieder heiratete. In Mendrisio durfte die Witwe diese Rolle annehmen und dadurch die Verfügungsgewalt über die männliche Erbschaft bekommen. Voraussetzung dafür war, dass sie eine richterliche Bestätigung erhielt und ein Inventarium der Erbmasse vorlag. In Siena war die Mutter die bevorzugte Tutorin – allerdings nur bis zur Mitte des 16. Jahrhunderts. Gemäß den Statuten von 1545 durfte sie die Vormundschaft ausüben, wenn keine männlichen Verwandten in aufsteigender Linie des verstorbenen Gatten am Leben waren. Allerdings spielten in diesem Zusammenhang die Brüder des Vaters oder die volljährigen Söhne eine immer wichtigere Rolle.

1.3 Die Testierfreiheit

Einen wesentlichen Teil der rechtlichen Bestimmungen zur Vermögensübertragung stellten die Regelungen zur Testierfreiheit dar, welche das männliche und das weibliche Übereignungsverhalten hinsichtlich der letztwilligen Verfügungen stark beeinflussten. Bei der Testierfreiheit gab es geschlechtsspezifische Differenzierungen, wobei für Männer im Unterschied zu Frauen weniger umfangreiche Einschränkungen galten. Dabei mussten sie auf jeden Fall einen Teil ihrer Güter (die sogenannte *legittima*) an die Kinder vererben und durften diese nur in bestimmten Fällen enterben. Im Gegensatz dazu beschränkten viele kommunalen Statuten die Fähigkeit der Frauen, ein Testament zu machen, obwohl diese gemäß den gewohnheitsrechtlichen Traditionen eine Selbstverständlichkeit hätte sein sollen. Die Frauen durften nur mit der Zustimmung (oder in Anwesenheit) des Ehemannes testieren. Einige Statuten bestimmten darüber hinaus auch den maximalen Anteil des Vermögens, der einer verheirateten Frau mit Kindern zur freien Verfügung stand. Im Gegensatz zu den Statuten von Mendrisio, die keine expliziten Bestimmungen in diesem Sinne enthielten, durften die Mütter in Siena lediglich über ein Viertel ihrer Güter verfügen, denn ihre Erbschaft sollte möglichst ungeschmälert in die Hände ihrer Söhne übergehen. Außerdem durften die ledigen Frauen ihre Güter nicht zum Nachteil etwaiger späterer Kinder verwenden.

2. Die Erbpraxis: die letztwilligen Verfügungen (17. Jahrhundert)

Die Erbpraxis zeigt ein viel differenzierteres Bild der Erbverhältnisse als die rechtlichen Bestimmungen, obwohl die Entscheidungen der Testatorinnen und Testatoren nur selten im Gegensatz zu den statutarischen Regeln standen. Im Allgemeinen stimmten die letztwilligen Verfügungen mit dem Erbrecht überein, so dass die Söhne meistens als Erben gewählt wurden und die Töchter sich lediglich mit der Mitgift begnügen mussten. Trotzdem kann die Untersuchung der testamentarischen Verfügungen die persönlichen Beziehungen innerhalb der Familie und die Vielfalt der Formen der Vermögensübertragung zum Vorschein bringen, wenn die rechtlichen Bestimmungen und die letztwilligen Entscheidungen der Testierenden verglichen werden. Es sollen dabei nicht einfach die Abweichungen oder die Übereinstimmungen gesucht, vielmehr soll der rechtliche Hintergrund als Instrument für die Analyse der Erbpraxis angewendet werden. Die Betrachtung des Familienstandes der Testatorinnen und Testatoren in Siena und in Mendrisio zeigt die Ergiebigkeit eines solchen Forschungsansatzes.[8]

Tabelle 1: Familienstand der Testatoren/innen

	Verheiratete Testatoren	verwitwete Testatoren	verheiratete Testatorinnen	verwitwete Testatorinnen
Siena	103 (68,2%)	22 (14,6%)	36 (34,6%)	53 (51%)
Mendrisio	150 (62,5%)	53 (22,1%)	17 (12,6%)	76 (56,3%)

Sowohl in Siena als auch in Mendrisio waren die meisten Testatoren verheiratet (68% in Siena, 62% in Mendrisio) und die meisten Testatorinnen verwitwet (51% in Siena, 56% in Mendrisio), während nur ca. 13% der Frauen in Mendrisio und ca. 35% in Siena verheiratet waren. In ganz Oberitalien war es üblich, dass die verheirateten Frauen seltener testierten als die verwitweten.[9] Die Witwen genossen nämlich eine bessere Rechtsstellung, da sie

---

8 Die folgenden Betrachtungen beruhen auf einer Stichprobe aus 255 Sieneser Testamenten aus den Jahren 1585 bis 1695 (151 Testamente von Männern, d. h. 59,2%, und 104 Testamente von Frauen, d. h. 40,8%), und aus 375 Testamenten, die in der Landvogtei Mendrisio in den Jahren 1655 bis 1675 verfasst wurden (mit 240 Testatoren, d. h. 64%, und 135 Testatorinnen, d. h. 36%). Vgl. dazu G. Lumia, Morire a Siena. Devoluzione testamentaria, legami parentali e vincoli affettivi in età moderna, in: Bullettino Senese di Storia Patria 103 (1996), S. 103-285; Lumia, I legami familiari (wie Anm. 6).

9 Die verwitweten Frauen stellten die Hälfte der Testatorinnen in Bologna (1620 - 1640) sowie im Piemont (1650-1710); s. A. Pastore, Rapporti familiari e pratica testamentaria nella Bologna del Seicento, in: Studi Storici 25 (1984), H. 1, S. 153-168, bes. S. 154-155; S. Cavallo, Proprietà o possesso? Composizione e controllo dei beni da parte delle donne a Turin (1650–1710), in: G. Calvi/I. Chabot (Hrsg.), Le ricchezze delle donne (wie Anm. 1), S. 193-194. In Florenz waren die Testatorinnen im 13.-14. Jahrhundert fast zu 80% verwitwet und zu 14,5% verheiratet [I. Chabot, La dette des familles. Femmes, lignage et patrimoine à Florence (XIVe-XVe siècles),

aus der Gewalt des Vaters (durch die Ehe) und des Ehemannes (durch seinen Tod) entlassen waren, im vollen Besitz ihrer Mitgift standen und selbstständig Verträge abschließen durften. Verheiratete Frauen standen hingegen unter der Obhut ihrer Männer, wodurch ihre Handlungs- und Entscheidungsfreiheit eingeschränkt war.[10] Der geringere oder größere Anteil der verheirateten Testatorinnen wurde oft als Beweis für eine vermeintliche Autonomie und Verfügungsfreiheit der Frauen und sogar für die Stärke bzw. für die Schwäche des patrilinearen Familienverständnisses interpretiert. Eine solche pauschale Erklärung ist aber unbefriedigend, weil sie das persönliche Profil der Testierenden nicht genug berücksichtigt und die rein numerischen Daten nicht vor dem rechtlichen Hintergrund betrachtet.[11]

Tabelle 2: Anzahl der Kinder

	Testatoren mit Kindern	Testatoren ohne Kinder	Testatorinnen mit Kindern	Testatorinnen ohne Kinder
Siena	78 (62,4%)	47 (37,6%)	26 (29,2%)	63 (70,8%)
Mendrisio	182 (75,8%)	58 (24,2%)	64 (47,4%)	71 (52,6%)

In Siena und in Mendrisio hatte die Mehrheit der verheirateten oder verwitweten Testatoren ein oder mehrere Kinder (62% in Siena, 76% in Mendrisio), und nur ein Drittel bzw. ein Viertel von ihnen war kinderlos (37% in Siena, 24% in Mendrisio). Eine solche Parallelität der Daten in den beiden

---

Rom, École française de Rome (im Druck)]. In Venedig hingegen waren im 13. Jahrhundert die Testatorinnen zu 53%-56% verheiratet, und nur zu 33%-35% verwitwet. Vgl. L. Guzzetti, Venezianische Vermächtnisse. Die soziale und wirtschaftliche Situation von Frauen im Spiegel spätmittelalterlicher Testamente, Stuttgart/Weimar 1998, S. 57.

10 Vgl. dazu die in den Anm. 1 und 2 zitierten Studien, sowie einige sehr präzise Analysen des Verhältnisses zwischen Recht und Praxis: J. Kirshner, Donne maritate altrove. Genere e cittadinanza in Italia, in: S. Seidel Menchi/A. Jacobson Schutte/T. Kuehn (Hrsg.), Tempi e spazi di vita femminile tra medioevo ed età moderna, Bologna 1999, S. 377-429; T. Kuehn, Figlie, madri, mogli e vedove. Donne come persone giuridiche, in: ebd., S. 431-460; Ders., Person and Gender in the Laws, in: J. C. Brown/R. C. Davis (Hrsg.), Gender and Society in Renaissance Italy, London/New York 1998, S. 87-106.

11 S. Cohn erklärt auf dieser Weise die ziemlich große Anzahl von verheirateten Testatorinnen in Siena: Vgl. S. Cohn, Death and Property in Siena, 1205-1800. Strategies for the Afterlife, Baltimore/London 1988; Ders., Donne e controriforma a Siena: autorità e proprietà nella famiglia, in: Studi Storici 30 (1989), H. 1, S. 203-224; Ders., Le ultime volontà: famiglia, donne e peste nera nell'Italia centrale, in: Studi Storici 32 (1991), H. 4, S. 859-875; Ders., The Cult of Remembrance and the Black Death. Six Renaissances Cities in Central Italy, Baltimore/London 1992.

Gebieten bestand nicht in Bezug zu den weiblichen Testierenden. Die Gruppe der verheirateten oder verwitweten Frauen von Mendrisio kann in zwei ungefähr gleich große Untergruppen eingeteilt werden (47% mit Kindern, 52% kinderlos), während in Siena die Mehrheit der verheirateten oder verwitweten Testatorinnen kinderlos war (71%). Diese unterschiedlichen Profile der Testatorinnen spiegelten die unterschiedlichen Rechtskontexte wider. In Siena waren die Mütter nämlich verpflichtet, drei Viertel ihrer Güter den eigenen Kindern zu vererben, während die Statuten von Mendrisio keine Beschränkungen ihrer Testierfreiheit vorsahen. Deswegen wurden dort die letztwilligen Verfügungen der Frauen nicht vom Vorhandensein von Kindern beeinflusst.

Die Vermögensübertragung in der Rechtspraxis war von verschiedenen Faktoren abhängig, weshalb sie dem Bild des Erbrechts nicht gänzlich entsprechen konnten. Wie die Tabellen 1 und 2 deutlich zeigen, hatten zum Beispiel Frauen und Männer unterschiedliche Motive, ein Testament zu errichten. Die einzelnen Entscheidungen waren auch direkt oder indirekt mit der sozialen Gruppenzugehörigkeit, mit der numerischen Größe des familiären Verbandes und mit der Art der Beziehungen der Frauen untereinander verbunden. Diese Vielfalt der möglichen Implikationen lässt sich insbesondere an der Stellung der Töchter und Ehefrauen zeigen.

2.1 Die Töchter

Obwohl in Siena und in Mendrisio die männlichen Verwandten – Söhne und Brüder – die bevorzugten Erben waren, konnten die Töchter als Erbinnen benannt werden, wenn keine weiteren engen Verwandten (insbesondere keine Söhne) am Leben waren. Eine solche Entscheidung wurde vor allem von den Müttern gefällt, wie Tabelle 3 zeigt.

Tabelle 3: Die Töchter als Erbinnen der Eltern[12]

	Väter	Mütter
Siena	16 (37,2%)	13 (72,2%)
Mendrisio	24 (15,1%)	23 (41,1%)

Trotz der rechtlichen Verbote traten also in der Praxis relativ viele Töchter das väterliche und mütterliche Erbe an. Dabei konnte sogar die von den Sie-

---

12 Die Zählung der Testierenden mit Töchtern ergibt folgende Resultate: 43 Väter in Siena (= 55% der Testatoren mit Kindern) und 159 in Mendrisio (= 87% der Testatoren mit Kindern), 18 Mütter in Siena (= 69% der Testatorinnen mit Kindern) und 56 in Mendrisio (= 87,5% der Testatorinnen mit Kindern).

neser Statuten unerlaubte Vermögensübertragung von Frau zu Frau verwirklicht werden. Darüber hinaus kam es auch vor, dass die Testierenden eine Verbesserung der rechtlichen Stellung ihrer Töchter anstrebten. Nur wenige Mütter benachteiligten zwar die eigenen Söhne, um die Töchter zu begünstigen, aber nicht wenige Eltern ernannten alle Kinder als Erben, unabhängig von ihrem Geschlecht.[13]

Die letztwilligen Verfügungen von Vätern und Müttern zeigen außerdem, wie wichtig die persönlichen Beziehungen bei der Entscheidungsfindung im Hinblick auf familiäre Zukunftsregelungen sein konnten. Alle Väter erwähnten die Erbschaftsansprüche der Töchter und vermachten ihnen eine Geldsumme als Mitgift. Einige von ihnen ordneten außerdem die Übergabe von Geschenken an, wie z. B. die in Siena oft vorkommenden Geldsummen, die als Dank für Dienstleistungen bei Krankheiten verstanden wurden. In Mendrisio versuchten viele Männer, insbesondere die ledigen Töchter zu schützen, damit sie weiterhin im väterlichen Haus wohnen konnten, solange sie nicht heirateten oder ins Kloster eintraten. Die Mütter waren ihrerseits nicht verpflichtet, ihre Töchter mit der Mitgift auszustatten, und deswegen war das Spektrum ihrer Legate viel breiter und vielfältiger. Da sie in diesem Bereich relativ frei entscheiden durften, spiegeln ihre testamentarischen Vermächtnisse an die Töchter ihre Wünsche, ihre persönliche Situation und ihre Einstellung zur Familie viel genauer wider als die Entscheidungen der Väter, welche die Grundregeln der männlichen Übertragung zu beachten hatten.

2.2 Die Ehefrau

Die Testamente der Ehemänner waren von großer Bedeutung im Hinblick auf die Zukunft der Witwen. Wenn der Testator ausdrücklich betonte, dass seine Gattin die Rückbezahlung der Mitgift bekommen und dass sie Nutznießerin der Familiengüter sein sollte, konnte die Frau ihre Ansprüche viel leichter durchsetzen.

In Siena und Mendrisio wurden nicht selten die Ehefrauen im Testament ihrer Männer dadurch begünstigt, dass sie mit der Vormundschaft über die Kinder und mit der Verwaltung des Erbgutes betraut wurden. In der Regel übertrugen die Ehemänner diese Funktionen den zukünftigen Witwen unter der Voraussetzung, dass sie weiterhin zusammen mit den Kindern wohnten und nicht wieder heirateten. Persönliche Wünsche und Gefühle konnten solchen Verfügungen zugrunde liegen, aber auch die materiellen Interessen

---

13 In Siena trafen drei Mütter eine solche Entscheidung (= 50% der Müttern mit Töchtern und Söhnen) und in Mendrisio ebenfalls drei (= 7,5%); bei den Vätern waren es drei in Siena (= 11,5% der Väter mit Töchtern und Söhnen) und zehn in Mendrisio (= 7%).

wurden berücksichtigt, da die eventuelle Rückerstattung der Mitgift eine Verringerung des an die Kinder zu übertragenden Vermögens bedeutete.

Die Testamente der Sieneser Ehemänner zeigen, wie groß die Vielfalt der Einstellungen gegenüber ihren Familien und ihren Frauen sein konnte. Einerseits ging es ihnen um die Kontinuität der Familie und der Erhaltung ihres Vermögens, andererseits wollten sie die weitere Existenz der Witwen schützen. Um dieses doppelte Ziel zu erreichen, standen mehrere Wege offen: Fast alle Testatoren, die Kinder hatten, setzten ihre Gattinnen als *donna et madonna* (d. h. als Verwalterin) und als Tutorinnen ein, obwohl diese Entscheidung eine explizite Abweichung von den rechtlichen Bestimmungen bedeutete. Die diesbezüglichen Verfügungen der kinderlosen Ehemänner unterschieden sich hingegen nach der sozialen Schicht: Die adeligen und die wohlhabenden Männer setzten ihre Ehefrauen als *donna et madonna* ein, während die Handwerker ihr gesamtes Erbe an die Witwen übertrugen. In diesem Zusammenhang war nämlich die Handlungsfreiheit der Männer aus den unteren Gesellschaftskreisen viel größer als diejenige der Patrizier, die das Familiengut nicht direkt an die Frauen vererben durften und deswegen einen Umweg suchen mussten, um ihre Absichten realisieren zu können.

Auch in Mendrisio kümmerten sich die Ehemänner um die Zukunft ihrer Familie und ihrer Frauen. Dort passten sich aber die letztwilligen Verfügungen fast ausnahmslos an den Wortlaut der statutarischen Regeln an. Viele Witwen wurden zwar zur *donna et madonna* ernannt, aber gemäß den Statuten durften sie die persönliche Verantwortung für die Verwaltung der Erbschaft nur dann übernehmen, wenn sie ausdrücklich auch mit der Vormundschaft über die Kinder betraut wurden.

Die häufige Bestimmung der Testatoren (vor allem des *pater familias*), dass die Witwen weiterhin im Haus zu wohnen hatten, diente einem doppelten Zweck. Erstens sollten dadurch den Kindern größere Schwierigkeiten erspart bleiben; zweitens sollte die Auszahlung der Mitgift vermieden werden, damit die Nachkommen das ganze Vermögen erben konnten. Zum Schutz der Frauen sorgten außerdem verschiedene Testatoren für den Fall vor, wenn ihre Witwen aus ihren Häusern vertrieben wurden. Damit diese weiterhin ein würdiges Leben führen konnten, bekamen sie entweder das Wohnrecht im Familienhaus mit getrennten Haushalten oder die jährliche Bezahlung einer bestimmten Geldsumme.

3. Schlussbetrachtung

Die italienischen Statuten des Spätmittelalters und der Frühen Neuzeit schränkten die Erbansprüche der Frauen und folglich ihre Eigentumsrechte ein. Trotz ihrer Begrenztheit wurden aber diese Ansprüche nie grundsätzlich in Frage gestellt, so dass insbesondere das Anrecht der Töchter auf die Mitgift allgemeine Anerkennung fand und überall beachtet wurde. Die Rechtspraxis zeigt darüber hinaus, wie Frauen tatsächlich in Besitz von Gütern und Rechten gelangten und auch für die Übernahme gewisser Funktionen designiert wurden, die in den rechtlichen Bestimmungen nicht vorgesehen oder sogar verboten waren. Nicht nur das Recht beeinflusste die letztwilligen Entscheidungen von Frauen und Männern, sondern auch (und dies in einem manchmal größeren Ausmaß) die Konfiguration des Familienverbandes, die persönlichen Neigungen, das soziale Milieu und die demographische Konjunktur.

Die Betrachtung der Testamente als wichtige Bestandteile des Erbschaftsprozesses zeigt die Notwendigkeit einer differenzierten Analyse des Verhältnisses zwischen Norm und Praxis, um ein angemessenes Verständnis der Vermögensübertragung entwickeln zu können. Erbrecht und Erbpraxis standen also in einer komplexen Beziehung, wie das Fallbeispiel Siena beweist. Einerseits zeigt der Umstand, dass nur die kinderlosen Frauen gewissermaßen autonom testieren konnten, den Einfluss der rechtlichen Bestimmungen auf die Entscheidungen der Frauen. Andererseits suggerieren aber die letztwilligen Verfügungen der Männer hinsichtlich ihrer Ehefrauen wie die häufigen, von den Statuten abweichenden Einsetzungen der Gattinnen als *donna et madonna* und Tutorinnen, dass die Frauen im Unterschied zu den statutarischen Paragraphen in der Praxis eine bessere rechtliche Stellung hatten.

Trotz aller rechtlichen Beschränkungen partizipierten die Frauen an den lokalen Eigentumskulturen und sie hatten Zugang zum Eigentum. Frauen diktierten ihre Testamente, vermachten und bekamen Güter und Rechte. Dadurch war das Bewusstsein um ihre rechtliche Stellung und ihre (beschränkten) Handlungsmöglichkeiten grundlegend im sozialen Wissen verankert. Die Frauen aus fast allen sozialen Schichten waren imstande, diese zu nutzen, obwohl sich ihre Zugangsmöglichkeiten und ihre Verhaltensweisen zum Eigentum von denjenigen der Männer unterschieden.

Martina Winkler

Frauen, Männer, Eigentum: Russland, 17.–19. Jahrhundert

Geschlecht und Eigentum in Russland

Im Jahre 1806 gab die Engländerin Catherine Wilmot auf ihrer Reise durch Russland ihrer Verwunderung über die besondere wirtschaftliche und rechtliche Situation der russischen adligen Frauen Ausdruck: „You must know that every Woman has the right over her Fortune totally independent of her Husband [...]. This [...] to a meek English Woman appears prodigious independence in the midst of a Despotic Government!"[1]

Ähnliches Erstaunen findet sich nicht nur in anderen Berichten von Reisenden im Moskauer und Petersburger Russland, sondern auch in der Forschung wieder. In der russischen Frauengeschichte spielen die materielle Unabhängigkeit, die Erb- und Rechtsfähigkeit russischer adliger Töchter, Ehefrauen und Witwen eine zentrale Rolle.[2] Die Berechtigung von Frauen, über Land zu verfügen und Güter zu verwalten, wird dabei zum einen mit der in fast jeder anderen Hinsicht benachteiligten rechtlichen und sozialen Stellung der Frau konfrontiert, zum anderen in einen – noch längst nicht ausreichend erarbeiteten – Vergleich mit Frauen im frühneuzeitlichen Westeuropa gestellt.

Die zentrale Frage, die sich aus dieser Betrachtungsweise ergibt, zielt auf eine Klärung des scheinbaren Widerspruchs, dass Frauen, die in Bereichen wie Straf- und Eherecht so unterprivilegiert waren, in einem so wichtigen

---

1 M. Wilmot Bradford, The Russian Journals of Martha and Catherine Wilmot, 1803–1808, London 1935, S. 234.

2 Vgl. u. a. B. Alpern Engel, Women in Russia, 1700–2000, Cambridge 2004. N.L. Pushkareva, Women in Russian History: From the Tenth to the Twentieth Century, Armonk 1997. C. Goehrke, Die Witwe im alten Russland, in: Forschungen zur osteuropäischen Geschichte 38 (1986), S. 64-96. N. Boškovska, Die russische Frau im 17. Jahrhundert, Köln/Weimar/Wien 1998 sowie ihr etwas übertrieben optimistischer Artikel Muscovite Women during the Seventeenth Century: At the Peak of the Deprivation of Their Rights or on the Road towards New Freedom?, in: Von Moskau nach St.Petersburg: Das russische Reich im 17. Jahrhundert. Forschungen zur osteuropäischen Geschichte 56 (2000), S. 47-62. G. Weickhardt, Legal Rights of Women in Russia, 1100–1750, in: Slavic Review 55 (1996), S. 1-23. Entscheidend in den letzten Jahren: M. Marrese, A Woman's Kingdom. Noblewomen and the Control of Property in Russia 1700–1861, Ithaca 2002.

Punkt wie dem Eigentumsrecht rechtlich und praktisch so umfangreich und selbständig handeln konnten. Im Folgenden soll dieses Phänomen aus einer neuen Richtung zu betrachten werden: Nicht vom Standpunkt der Frauengeschichte aus, die ihre zentrale Fragestellung im Problem der gesellschaftlichen Position von Frauen findet und Eigentumsrechte und -wirklichkeiten als Prisma nutzt. Vielmehr soll die Perspektive umgekehrt und das Eigentum in den Mittelpunkt der Betrachtungen gerückt werden. Möglicherweise, so die Arbeitshypothese, sagt die Fähigkeit von Frauen, Eigentum zu besitzen und darüber frei zu verfügen, weniger über die Position der Frau in der Gesellschaft aus als über soziale und kulturelle Funktionen und Bedeutungen von Eigentum, über den ihm anhaftenden Sinngehalt, sprich über Eigentumskulturen[3]. Im Folgenden soll diese Perspektive mit einem Fokus auf die Eigentumskonzepte der Eliten ausgelotet werden. Forschungsdebatten und Quellen entsprechend steht dabei der Besitz von Land im Vordergrund.

Indem die Veränderungen der Eigentumskulturen vom 17. bis zum 19. Jahrhundert verfolgt werden, sollen verschiedene Konstellationen der Kategorien Geschlecht und Eigentum in ihren Entwicklungen und Widersprüchlichkeiten und in ihren wechselnden Funktionen für die Eigentumskultur russischer Eliten deutlich werden.

Das Moskauer Reich

Der Schwerpunkt der Forschung zu Frauen und Eigentum in Russland liegt auf der vorpetrinischen Epoche. Die Quellenlage ist problematisch genug und die rechtliche Situation von ausreichender Komplexität, um immer wieder aufs Neue kontroverse Debatten zu nähren. Die verschiedenen Diskussionen um die Entwicklung von Eigentumsrechten einschließlich der Frage, ob sich die Situation von Frauen im 17. Jahrhundert verschlechtert oder verbessert habe, führen hier jedoch kaum weiter, da sie sich weitgehend an einem westlich-liberalen Eigentumsbegriff orientieren und damit oft Maßstäbe anlegen, die den moskovitischen Gegebenheiten nicht gerecht werden.

Eigentumsrechte im modernen westlichen Sinne waren im Moskauer Reich weder für Männer noch für Frauen gegeben. Anstatt jedoch nur einen Mangel der politischen und rechtlichen Entwicklung festzustellen, erscheint es sinnvoller, nach den an Landbesitz geknüpften Sinngebungen und Mentalitäten, nach Eigentumskulturen zu fragen. Landeigentum war im Moskauer

---

3   Zu Eigentumskulturen als Sinnordnungen vgl. H. Siegrist/D. Sugarman, Geschichte als historisch-vergleichende Eigentumswissenschaft. Rechts-, kultur- und gesellschaftsgeschichtliche Perspektiven, in: dies. (Hrsg.), Eigentum im internationalen Vergleich. 18.-20. Jahrhundert, Göttingen 1999, S. 9-32, hier S. 27.

Reich nicht individuell und absolut, denn die sozialen Werte und Ziele, an denen die Eigentumskultur ausgerichtet war, entsprachen nicht denen kapitalistischer Wirtschaften und freiheitlich-individualistischer Gesellschaften. Die zentralen Werte waren vielmehr Dienst für den Zaren und Erhalt der Familie. Eine am Subsistenzprinzip ausgerichtete Gutswirtschaft bildete die Grundlage für den notwendigen Militär- und Hofdienst des Adels. Neben dem dafür vergebenen Dienstland (*pomeste*) gab es an die Familie gebundenes Erbland (*votčina*), an dem die Clans bzw. Familien besonderes Interesse und spezielle Rechte hatten.

Die komplexe Gesetzgebung zu Landbesitz[4] – auffällig umfangreich und zuweilen durchaus widersprüchlich – befand sich in einem Spannungsfeld verschiedener Interessen. Dazu gehörten die eben erwähnten Interessen der Familien an der Erhaltung und Vermehrung ihrer Güter zur Steigerung von Einkommen und sozialem Prestige, das Interesse des Zaren, die Dienstbindung der *pomeste* zu erhalten, sowie der Wunsch, alle Untertanen versorgt zu wissen. So konnten Erbländer nicht frei durch einzelne Familienmitglieder verkauft werden; den Verwandten wurden langfristig Rückkaufsrechte garantiert. Entsprechend waren auch *pomeste* nicht frei vererbbar; mit dem Tod des dienenden Besitzers ging das Land grundsätzlich an den Zaren, der über die weitere Vergabe entschied. Als mit der Zeit *pomeste* zunehmend an Dienst leistende Söhne vererbt wurden, blieb doch ein Verbot bestehen: *pomeste* durften nicht an Töchter weitergegeben werden. Frauen leisteten keinen Dienst und waren somit vom Besitz eines – übrigens weniger prestigeträchtigen[5] – *pomeste* ausgeschlossen. Der Charakter des moskovitischen Adels als „Kriegerkaste"[6] führte somit zu einer Beschränkung von Frauen in Bezug auf Landbesitz. Gleichzeitig aber bedingten die sehr häufigen Kriegshandlungen auch lange Zeiten der Abwesenheit für Männer und somit die nahe liegende Notwendigkeit, die Verwaltung der *pomeste*-Güter den Ehefrauen zu übertragen. Diese Praxis ebenso wie die Tatsache, dass Töchter durchaus *votčina*-Land erben konnten, wenn sie keine Brüder hatten, zeigt, dass man keinesfalls prinzipiell davon ausging, Frauen seien zu Besitz und Verwaltung von Land nicht fähig.

Vielmehr muss der funktionale Charakter von Besitz als entscheidend für die Eigentumskultur Moskaus betrachtet werden. Man kann für das Moskauer Reich nicht von einem übergreifenden Konzept von „Eigentum" sprechen,

---

4 Im Zentrum der hier aus Raumgründen beschränkten Betrachtung der Rechtslage steht das Uloženie, das Gesetzbuch von 1649.

5 H. Rüß, Herren und Diener. Die soziale und politische Mentalität des russischen Adels. 9.-17. Jahrhundert, Köln/Weimar/Wien 1994, 124 f.

6 Ebd., S. 19.

sondern muss verschiedene Funktionen, Typen und Bezeichnungen betrachten. Eigentum bildete eine Funktion des Dienstsystems, wenn es als *pomeste* konzipiert war. Es war in erster Linie eine Funktion der Clanstrukturen, wenn es als *votčina* bezeichnet und behandelt wurde.[7] Über diese Verknüpfungen kam die Kategorie des Geschlechts ins Spiel, bedingt durch die Tatsache, dass Frauen keinen Dienst leisteten und auch in der patrilinear organisierten Familie eine andere Position einnahmen als Männer. Doch ist die *Mittelbarkeit* dieser Verbindung von Bedeutung. Im vorpetrinischen Russland ist keine direkte und prinzipielle Verknüpfung der beiden Konzepte Eigentum und Geschlecht zu beobachten – aus dem einfachen, aber entscheidenden Grund, dass es kein einheitliches Konzept „Eigentum" gab, sondern eine vielschichtige, funktionsorientierte Eigentumskultur.

Neben den erwähnten Interessen an Dienst und Clanstrukturen ist der Wunsch der Gesetzgeber von Belang, alle Untertanen versorgt zu wissen. In einer Gesellschaft mit praktisch universaler Ehe und sehr niedrigem Heiratsalter erscheint die Versorgung adliger Frauen durch ihre Dienst leistenden Männer, also mittelbar über ein *pomeste*, nahe liegend. Wenn Eigentum in erster Linie die Funktion der Versorgung erfüllen sollte, musste das Familienoberhaupt – unbestritten der Mann – im Mittelpunkt der Betrachtungen stehen. Doch die hohe Sterblichkeit ließ es wahrscheinlich erscheinen, dass sich Frauen im Laufe ihres Lebens zumindest einmal als unverheiratete Waise oder als Witwe ohne männlichen Versorger wiederfinden würden. Für diese Fälle sorgte der Gesetzgeber vor. Er sprach den Frauen ein Anrecht auf den so genannten *prožitok* zu, einen Anteil des *pomeste* des Vaters bzw. Ehemannes. Der *prožitok*, Versorgungsland, das auch an Minderjährige oder dienstuntauglich gewordene Personen gehen konnte, war nicht weiter vererbbar, sondern kehrte nach dem Tod der Frau oder nach ihrer Wiederverheiratung bzw. nach einem Eintritt ins Kloster an den Zaren zurück, der es wieder als „echtes" Dienstland vergab. Doch konnte der *prožitok* von einer Witwe als Mitgift für eine Neuverheiratung und damit praktisch als zukunftsorientierte Investition genutzt werden. Sie musste das *pomeste* jedoch vor der Heirat ihrem neuen Ehemann überschreiben; so verbanden sich die

---

7 Hier sei angemerkt, dass letztlich auch die votčina an den Dienst gebunden war; zwar war der Bezug zwischen Dienst und Besitz nicht so unmittelbar wie beim pomeste, doch galt auch für die votčina die Möglichkeit der Konfiskation. Wie häufig es tatsächlich zu Konfiskationen kam, ist in der Forschung umstritten. Vgl. Rüß, Herren (Anm. 5), S. 123, G. Weickhardt, The Pre-Petrine Law of Property, in: Slavic Review 52 (1993), S. 663-679, sowie ders., Reply to R. Pipes, in: Slavic Review 53 (1994), S. 531-538; jetzt auch L. Farrow. Between Clan and Crown. The Struggle to Define Noble Property Rights in Imperial Russia, Delaware 2005.

beiden Interessen der Versorgung und der Erhaltung von *pomeste* als Dienstland.

Die praktische Eigentumspolitik adliger Familien im 17. Jahrhundert wich in mancherlei Hinsicht von den gesetzlichen Vorgaben ab. Während Landbesitz durch Frauen in der Gesetzgebung als Ausnahme konzipiert war, quasi als Lösungsansatz für den Notfall, befand sich in der Praxis tatsächlich ein großer Teil des Landes im Besitz von Frauen. Forschungen zum Leben des Provinzadels im 17. Jahrhunderts weisen auf eine eigenwillige Familienpolitik hin, in der Töchter, Ehefrauen und Schwestern eine bedeutsame Rolle spielten.[8] Der Wunsch, alle Kinder, ob männlich oder weiblich, mit Erbe oder Mitgift gerecht zu bedenken, sowie die Vorstellung, Eigentum müsse unter den Familien kursieren und auf diese Weise Heiratspolitik, Kommunikation und Netzwerkbildung ermöglichen, führten dazu, dass viele Frauen Land besaßen und verwalteten. Dabei wurden explizite rechtliche Vorschriften zuweilen ignoriert,[9] Töchter erbten beispielsweise auch *pomeste*.

Die sozialen und lokalpolitischen Bedingungen des Provinzadels brachten andere Interessen hervor als die Situation des Hochadels und die Ziele des Gesetzgebers. Dennoch ergänzten sich provinzielle Praxis und zentrumsorientierte Politik zu einer gemeinsamen Eigentumskultur. Entscheidend war für beide das Moment der Bewegung. Eigentum, insbesondere Land, wurde nicht mit Tradition und patrilinearem familiären Herkommen verknüpft, sondern mit Zirkulation, Kommunikation und Tausch. Hier ist ein lebendiger Markt zu erkennen, der jedoch nicht westlich-liberalen Eigentumskonzeptionen folgte, sondern eine völlig andere Grundlage hatte: Eine Eigentumskultur der Bewegung, die mannigfaltige Konstellationen von Eigentumstypen und Akteuren in verschiedenen Schichten und Nischen vereinte.

Für die Zeit des Moskauer Reiches ist somit zusammenfassend festzustellen, dass Frauen Land besitzen durften und tatsächlich besaßen. Das Ansehen und die Funktionen, die sich daraus ergaben, entsprachen jedoch nicht modernen Vorstellungen von politischen und sozialen Bedeutungen von Eigentum. Landbesitz war nicht mit Vorstellungen von Individualität und Verdienst, Freiheit und Selbständigkeit verknüpft. Vielmehr wurde Eigentum

---

8   V. Kivelson, Autocracy in the Provinces. The Muscovite Gentry and Political Culture in the Seventeenth Century, Stanford 1996. Dies., The Effects of Partible Inheritance: Gentry Families and the State in Muscovy, in: Russian Review 53 (1994), S. 197-212. L. Farrow, Peter the Great's Law of Single Inheritance: State Imperatives and Noble Resistance, Russian Review 55 (1996), S. 430-447.

9   Dies allerdings bestreitet M. K. Caturova, Russkoe semejnoe pravo XVI-XVIII vv, Moskva 1991, S. 24.

zweckorientiert eingesetzt und bildete ein Instrument der Versorgung sowie als Tauschgegenstand ein Mittel der Kommunikation und Netzwerkbildung.

Wenn für die frühe Neuzeit ein enger Zusammenhang von Eigentum und Herrschaft angenommen wird, so gilt dies durchaus auch für das vorpetrinische Russland.[10] Und auch dieses Element der Eigentumskultur schloss Frauen nicht aus. Auf Landbesitz begründete Herrschaft erstreckte sich über Bauern; politische Macht ergab sich im Kontext der Familien- und Heiratspolitik. Beide Bereiche waren adligen Frauen, insbesondere Witwen, nicht nur zugänglich; angesichts der langen Zeiten der Militärdienste spielten Frauen in der Gutsverwaltung eine wichtige und notwendige Rolle. Ebenso waren Frauen als Besitzerinnen bei einer Eigentumspolitik, die auf Tausch und Bewegung beruhte, nicht nur kein Problemfall, sondern nachgerade unverzichtbar.

Doch bildete Land aus verschiedenen Gründen[11] in Russland keine Basis für antizentralistisch ausgerichtete politische Machtambitionen. In den verschiedenen, auch an der Kategorie Geschlecht ausgerichteten Machtbereichen spielten Reichtum und Beziehungen eine wichtige Rolle. Das Konzept der auf Landbesitz begründeten Territorialherrschaft gab es jedoch nicht.

Somit fehlte dem Eigentum von Land die Aufladung mit Werten und Ideen, die es in anderen Gesellschaften notwendig erscheinen ließ, Frauen prinzipiell davon fernzuhalten.[12]

Rechtliche Entwicklungen im 18. Jahrhundert

Im 18. Jahrhundert veränderten sich viele Bereiche der russischen Gesellschaft, darunter auch die Regelungen, Funktionen und Wertungen von Eigentum. Unter anderem ist eine Entwicklung zu beobachten, die mehr Frauen Zugang zu Landeigentum sowie umfangreichere Eigentumsrechte gewährte. 1714 beendete Peter I. die Unterscheidung von *votčina* und *pomeste* und schaffte somit eine wichtige Grundlage für geschlechtsbezogene Zuordnungen bestimmter Eigentumstypen ab. Gemeinsam mit dem Verbot der kulturell tief verankerten Erbteilung und der Vorschrift, das immobile Eigentum müsse an nur ein Kind, vorzugsweise einen Sohn, vererbt werden, führte

---

10 Aus vergleichspragmatischen Gründen wird hier das 17. Jahrhundert in Russland vereinfachend als "Frühe Neuzeit" bezeichnet; die noch ausstehende Diskussion, ob und wie die Begriffe „Frühe Neuzeit" und „Mittelalter" für Russland angewandt werden können, muss an anderer Stelle geleistet werden.

11 Dazu z.B. Rüß, Herren (Anm. 5), S. 121-146.

12 Für die Anregung zu diesem Gedanken danke ich Elise Wirtschafter.

diese Reform zu einem aktiveren Auftreten von Frauen in Familienkonflikten vor Gericht.[13]

Weitere Regelungen folgten: 1715 wurde es Frauen ermöglicht, Land frei zu verkaufen und Hypotheken aufzunehmen. Seit 1753 konnten verheiratete Frauen über Land verfügen, ohne die Erlaubnis ihres Ehemannes einholen zu müssen. Traditionelle Praxen wie die Trennung von Vermögen in der Ehe und der Anspruch der Ehefrau, ihre Mitgift vom gemeinsamen Haushalt getrennt zu halten, die man bereits im 17. Jahrhundert abzusichern gesucht hatte, fanden nun eine wichtige rechtliche Grundlage.

Im 18. Jahrhundert wurden Konzepte der moskovitischen Zeit also insofern konsequent weiter verfolgt, als die Gesetzgebung auch hier keine unmittelbar am Geschlecht orientierte Eigentumskultur entwickelte. Entsprechend selbstbewusst partizipierten viele Frauen am Markt, kauften und verkauften, versetzten und vererbten Land. Rechtshistorische und sozialgeschichtliche Betrachtungen kommen gleichermaßen zu dem Ergebnis, dass die Situation adliger Frauen in Bezug auf Eigentum sich besserte und häufig im Vergleich zu Westeuropa von größerer Freiheit und Selbständigkeit der Frauen bestimmt war. Die adlige Eigentümergesellschaft, die sich im Petersburger Imperium langsam entwickelte, bezog Frauen relativ bruchlos mit ein und schuf rechtliche Voraussetzungen für die gleichberechtigte Stellung weiblicher Eigentümer.[14]

Eigentum in erzählenden Quellen

Nimmt man jedoch ergänzend die Analyse von Diskursen der Zeit zu Hilfe, so ergibt sich ein etwas anderes Bild. Neben den rechtlichen, in Bezug auf Frauen eher linearen Entwicklungen sind bei der ideologischen Aufladung von Eigentum interessante Brüche zu entdecken. Ohne die Möglichkeiten von Kulturgeschichte und Diskursanalyse hier zu überschätzen, erscheint doch der Versuch lohnend, sich über narrative Quellen dem ideologischen Gehalt von Eigentumskonzepten zu nähern. Diese Quellen ersetzen zwar nicht traditionelle Dokumente wie Mitgiftverträge, Gesetzestexte und Testamente, die in ihnen repräsentierten Wirklichkeiten sind nicht „wahrer" als diejenigen des juristischen Alltags. Doch zeigen sie *andere* Ideen und Konzepte, die nicht ignoriert werden können, will man ein vollständigeres Bild der russischen Eigentumskultur im 18. und 19. Jahrhundert zeichnen. Denn im Gegensatz zu den Ergebnissen der Rechts- und Sozialgeschichte zeichnet sich in Diskursen eine Maskulinisierung von Eigentum ab.

---

13 Marrese, A Women's (Anm. 2), S. 28 ff.
14 Ebd., passim.

Narrative Quellen wie fiktionale Literatur und Memoiren, wie sie für das spätere 18. und das 19. Jahrhundert in großer Menge vorliegen, wurden in der bisherigen Forschung keinesfalls ignoriert. Vielmehr werden sie neben Prozessakten, Testamenten und Verträgen häufig als zusätzlicher Nachweis für die These von der Selbstständigkeit und der Selbstverständlichkeit von Landbesitz in Frauenhand angeführt.[15] Und tatsächlich kommen in sehr vielen narrativen Texten Gutsbesitzerinnen vor. Dies spiegelt die gesellschaftlichen Gegebenheiten wider. Bei genauerem Hinsehen allerdings erweist es sich, dass diese Darstellungen die scheinbare Einigkeit über die Selbstverständlichkeit weiblicher Gutsbesitzer häufig in Frage stellen. Saltykov-Ščedrins Arina Petrovna Golovljova beispielsweise verkörpert in ihrer Aktivität und Geschäftstüchtigkeit die erfolgreiche russische *pomeščica* per se. Jedoch darf nicht übersehen werden, wie negativ und unsympathisch sie dargestellt wird.[16] Auf der anderen Seite des Bildes befindet sich Praskovja Ivanovna, eine Cousine des Patriarchen Bagrov in Sergei Aksakovs halb-fiktionaler Familiengeschichte. Auch sie wird gern als Beispiel für die Existenz weiblicher Gutsbesitzer zitiert. Dabei werden jedoch ihre Hilflosigkeit und die Abhängigkeit nicht nur von ihrem grausamen Ehemann, sondern auch vom autoritären alten Bagrov übersehen, dem sie die Verwaltung ihres Gutes überlassen möchte.[17]

Das 1856 erschienene Werk Aksakovs ist ein Beispiel für Ansätze zu einer neuen Eigentumskultur, die sich deutlich vom traditionellen Konzept der Bewegung unterscheidet. Das im Zentrum der Erzählung stehende Landgut wird vom Großvater Bagrov regelrecht erobert.[18] Nicht die – ohnehin von den ursprünglichen baschkirischen Eigentümern ignorierten – Kaufverträge sind entscheidend für den wahren Eigentumserwerb, sondern der Auszug in ein fremdes Gebiet, die eigenhändige Arbeit auf dem Land sowie der Erwerb von Autorität gegenüber Bauern und Nachbarn. Hier wird ein Gründermythos geschaffen, der Familientradition und Autorität und damit langfristige Besitzansprüche etabliert. Dieser Mythos ist stark von Männlichkeitssymbolen bestimmt. Der weitere Verlauf der Erzählung bestätigt dies, als die Arbeit und Verantwortung des Sohnes des alten Bagrov patrilineare Traditionen fortführt. Das so etablierte männliche Eigentum an Land wird einem Konzept von weiblichem, schwächerem Eigentum gegenübergestellt. Das auf den Namen und mit dem Geld der Ehefrau gekaufte fertige Haus in der

---

15 Ebd., S. 7.
16 M. E. Saltykov-Ščedrin, Gospoda Golovlevy, Moskva 1999.
17 S. Aksakov, Semejnaja chronika, Moskva 1991.
18 Ebd., S. 17.

Stadt, das ohne Arbeit und ohne wirkliche Liebe, „wie ein Spielzeug" eingerichtet wird[19], hat weder Vergangenheit noch Zukunft.

Das neue Eigentumskonzept, das in Aksakovs Erzählung erkennbar ist,
bezieht sich weder auf juristisch verbriefte Rechte, noch auf das Konzept
eines Handelsobjektes, das austauschbar zur Bereicherung und Netzwerkbildung einer Familie beiträgt. Stattdessen wird Eigentum mit Arbeit, Tradition, Verantwortung und Autorität verknüpft und legitimiert.

Aus den verschiedenen Besitztypen wie *pomeste* und *votčina* ist damit
nicht nur in der Gesetzgebung des 18. Jahrhunderts ein einheitlicher, abstrakter Begriff des Eigentums (*sobstvennost'*) geworden. Der Begriffsbil-
dung folgen Versuche der Kanonisierung. Die alten Funktionen haben ihre
Bedeutung verloren, in den Vordergrund treten neue Werte. Unterschiedliche Bereiche wie Recht, Wirtschaft, Politik werden betont. Zahlreiche weitere narrative Quellen zeigen zudem das Bemühen, das Konzept „Eigentum"
mit einem sehr konkreten Sinn für den Einzelnen und seine Entwicklungsge-
schichte zu füllen: Eigentum als Mittel zur Sinnstiftung und Identitätsbil-
dung. Dieser neue Sinn, diese neuen Identitäten waren männlich bestimmt.

In Lev Tolstojs *Kindheit, Knabenalter, Jünglingsjahre* beispielsweise
wird die Entwicklung eines adligen Jungen zum Mann beschrieben.[20] Dass
Frauen im Russland des 19. Jahrhunderts selbstverständlich Land besaßen,
wird auch hier erwähnt. Doch erfährt diese Tatsache eine deutlich negative
Bewertung. Tolstoi kritisiert das Konzept von getrenntem Eigentum in der
Ehe ebenso wie die Vorstellung von der selbstbewussten Geschäftsfrau. In
seinem Familienbild ist es klar der Vater, der geschäftliche Entscheidungen
trifft und dazu ausdrücklich auch das Eigentum seiner Frau nutzt. Familie ist
einer der wichtigsten Werte, die Tolstoj mit Eigentum verknüpft. Dabei ist es
nicht die offene Familienstruktur des 17. Jahrhunderts, die durch Heiratspolitik und Frauen- bzw. Mitgifttausch Netzwerke knüpfte. Vielmehr soll Eigentum nun einer Linie innerhalb der enger definierten Familie folgen und damit
an Tradition und Emotion geknüpft sein – und an Männlichkeit. Neben Tolstojs Kritik an selbständigem Eigentum von Ehefrauen ist hier auch die von
ihm verwandte Symbolik erwähnenswert: So gehören zu den verschiedenen
Mitteln der Beschreibung und der Konstruktion einer reifen und männlichen
Identität auch Besitzgegenstände. Während die in Testamenten repräsentierte
Erbpraxis des 17. und 18. Jahrhunderts keinerlei Unterscheidung von
„männlichen" und „weiblichen" Gegenständen erkennen lässt, verkörpern
bei Tolstoj Zigarren und Pfeifen sowie der Schreibtisch des Vaters männliche Identität und männliches Eigentum. Die Mutter dagegen, Herrin der

---

19 A. T.Aksakov, Detskie gody Bagrova-vnuka, Moskva 1958, S. 194.
20 L. N. Tolstoj, Detstvo, otročestvo, junost', Moskva 1950.

Kinderwelt, wird symbolisiert durch rosa und weiße Zimmerdekoration sowie einen Samovar. Auch wird männliches, aktives Verhalten zugunsten des Familieneigentums konfrontiert mit weiblich-hübschem Nichtstun oder der Beschäftigung mit „spielzeug"-artigen, in Diminutiven beschriebenen kleinen Gärten, Blumen und Kanarienvögeln.

Die im 19. Jahrhundert sehr umfangreich vorliegende Quellengattung der Memoiren enthält ähnliche, wenn auch weniger elaborierte und symbolstarke Hinweise. Diese häufig von Frauen verfassten Texte zeigen, dass der Prozess der Maskulinisierung von Eigentum nicht in einen schlichten Machtdiskurs einzuordnen ist, in dem nur Männer gegen die Verfügungsrechte der Frau an ihrer Mitgift und gegen die Selbstverständlichkeit von aktiven Gutsbesitzerinnen anschreiben. Vielmehr liegt hier offenbar eine Veränderung der Eigentumskultur vor, die sich als prinzipiell fragil erweist. Dieser Wandel geht vielfach mit anderen rechtlichen und gesellschaftlichen Veränderungen einher, kann ihnen aber durchaus auch entgegenstehen.

Wie auch in der fiktionalen Literatur tauchen in den Memoiren oft Frauen auf, die ihr eigenes Gut oder auch – sehr prestigereich – ein Haus in Moskau besitzen. Daneben fällt jedoch in der Erinnerungsliteratur die Tendenz zu Gründungsmythen auf, in denen der Vater oder Großvater Land bearbeitet, ein Haus und eine Kirche baut. Mütter dagegen reisen häufig in die Stadt und sind zuständig für Bildung, Wohltätigkeit und Frömmigkeit sowie für die bereits erwähnten Gärten und Parks.[21] Ein solcher Kontrast wird noch verstärkt durch das oft genutzte Motiv der jungen Frau, die, gebildet und verwöhnt, aus dem Mädchenpensionat zurückkehrt und, schockiert ob der Einfachheit des elterlichen Gutes und unzugänglich für den Zauber des einfachen, aber *eigenen* Zuhauses, weltfremd nach den Parkwegen zum Spazierengehen und den Pavillons für die schattige Lektüre fragt.[22]

Damit wird auch das Verhältnis von der weiblichen Rolle in einer patriarchalen Gesellschaft und dem Zugang zu Eigentum in neuer Weise thematisiert. Zu den klassischen Motiven einer problematischen, für die Frau unglücklichen Ehe gehört im 19. Jahrhundert die Erzählung vom Ehemann, der sein Geld ebenso wie das seiner Frau mit Karten und schlechten Geschäften durchbringt.

Umgekehrt bedeutete die besondere Stärke einer Frau nicht, dass sie sich ein großes *eigenes* Vermögen erwirtschaftete. Ekaterina Daškova, die enge Freundin Katharinas II. und Präsidentin der Petersburger Akademie der Wis-

---

21 Vgl. etwa M. C .Nikoleva, Černy starinnogo dvorjanskogo byta. Vospominanija. Russkij Archiv 1893, S. 105-120 und 129-196. N.P. Grot, Iz semejnoj chroniki. Vospominanija dlja detej i vnukov, St. Peterburg 1900.
22 Vgl. etwa N. S. Sochanskaja, Avtobiografija, Moskva 1896, S. 44.

senschaften, stellte sich selbst in ihren Memoiren als besonders starke und aktive Frau dar. Dazu gehörte für sie auch, dass sie das Vermögen ihres verstorbenen Mannes ausgezeichnet verwaltete und vermehrte. Doch tat sie dies nicht für sich selbst, sondern für ihren Sohn, dem das Eigentum des Vaters zustand. Ihr Bewusstsein, die Patrilinie in gewisser Weise unterbrochen zu haben, indem sie selbständig das Vermögen vergrößerte, machte sie stolz und verlieh der Striktheit der männlichen Linie einen paradoxen Reiz.[23]

Auch die Memoiren der Anna Labzina von 1810 bilden in mancherlei Hinsicht einen interessanten und komplexen Mischtyp.[24] Ihr erster Mann wird in den düstersten Farben geschildert, sie ist eine sehr junge, unterdrückte und psychisch misshandelte Ehefrau. Gleichzeitig jedoch steht neben dieser extremen Unterdrückung und ihrer vollkommenen Unterwürfigkeit ein selbständiger Umgang mit *ihrem eigenen* Geld. Offen und eigener Entscheidung folgend, verschenkt sie Geld an ihre Schwiegermutter und bedenkt großzügig die Armen. Die vollständige und legitime Autorität des Mannes über ihre Person, ihren Aufenthaltsort und sogar ihre Beziehungen zu Freunden und nahen Verwandten erstreckt sich also offenbar nicht auf ihr Vermögen. Als er ihr Geld verspielt, ist dies klar eine Übertretung seiner ansonsten so weit gefassten Befugnisse. Doch gleichzeitig tritt Labzina nicht als aktive Gutsbesitzerin auf, sondern folgt in ihrer Selbstdarstellung einem anderen Ideal. Sie ist wohltätig und fromm, und ihr Eigentum wird nur erwähnt, wenn es *vergeben* wird. Sie erwähnt nicht, dass sie Geld besitzt, sie bringt dies erst im Kontext des Verschenkens zur Sprache. Eigentum zirkuliert hier, es wird von Labzina bedenkenlos verteilt, später aber aus den Händen wohlhabender Gönner ebenso bedenkenlos angenommen. Die weibliche Welt ist hier also nicht der Kosmos des rational zu bewirtschaftenden Gutes, die Frau nicht die aktive *pomeščica*. Vielmehr bildet Eigentum einen Teil eines Zirkulations- und Kommunikationsprozesses. Dieser war im Moskauer Reich einerseits mit dem Wunsch nach dem eigenen, durch Wohltätigkeit garantierten Seelenheil und andererseits mit familienpolitischen Strategien verknüpft und verband sich im 18. und 19. Jahrhundert dann mit dem Konzept der idealisierten Freundschaft. Ohne diese Interpretation überstrapazieren zu wollen, sind hier doch Hinweise auf die Ausbildung einer an einem neuen weiblichen Rollenbild orientierten femininen Eigentumskultur erkennbar, die Elemente der Aufklärung mit Momenten der Eigentumskultur des 17. Jahrhunderts verband.

---

23 E. R. Dachkova, Mon histoire. Mémoires d'une femme de lettres russe à l'époque des lumières. Suivis des lettres de l'impératrice Catherine II, Paris 1999, S. 171.

24 A. E. Labzina, Vospominanija, St. Peterburg 1914.

Ähnliche Schlüsse lassen die Erinnerungen der Elisaveta Petrovna Janko-va zu, die eine auffällig mobile Gesellschaft schildert.[25] Mit heller Freude an Klatsch und Tratsch beschreibt sie die Lebensgeschichten einer Vielzahl von Männern und Frauen aus ihrem Verwandten- und Bekanntenkreis. Dabei wird jede Person mit ihrem familiären Umkreis vorgestellt, zu dem ganz klar auch die Erwähnung der Vermögensverhältnisse gehört. Die Höhe von Mit-gift und Erbe war offenbar allgemein bekannt. Darüber hinaus entsteht im Verlaufe der Erzählung eine Art Topographie der Häuser und Güter in Mos-kau und Umgebung. Paläste und Herrenhäuser waren bekannt und werden dem Leser nicht nur mit ihrer genauen Lage, sondern auch mit früheren und späteren Besitzern vorgestellt.

Individuelle Entscheidungen über die Vergabe von Eigentum werden mehrfach angezweifelt. So geben einige Anekdoten zustimmend wieder, wie ausdrückliche testamentarische Verfügungen bewusst ignoriert werden, um die als gerecht empfundene Versorgung von Kindern und Verwandten si-cherzustellen.

Auch hier ist es offensichtlich, dass Eigentum zirkulierte. Verteilung, Versorgung und Kommunikation wiegen schwerer als Konzepte individuel-ler Verfügungsrechte. Die seltenen Hinweise darauf, dass eine bestimmte Familie bereits seit mehreren Generationen ein Haus besaß, bleiben die Aus-nahme und weisen sicherlich auf Einflüsse eines neuen, linear familienorien-tierten und damit maskulinen Eigentumsdenkens hin. Gleichzeitig aber überwiegen in verschiedenen von Frauen verfassten Texten deutlich die Be-wegung des Eigentums sowie die Mobilität der Adligen.

Fazit

Die Maskulinisierung von Eigentum in narrativen Quellen steht in Wider-spruch zur Gesetzgebung, doch ist sie Teil einer umfassenderen diskursiven Entwicklung.

Der Besitz von Land wurde im 18. Jahrhundert von seiner bisherigen Funktionsgebundenheit gelöst und erhielt neue Bedeutungen. Nachdem ein einheitlicher, abstrakter Eigentumsbegriff (*sobstvennost'*) etabliert worden war, entwickelten sich verschiedene Schlagworte zur Füllung dieses neuen Terminus: politische Freiheit, wirtschaftlicher Erfolg, juristische Sicherheit und persönliche Individualität.

Zwar begründeten seit dem frühen 18. Jahrhundert verschiedene gesetzli-che Neuregelungen insbesondere durch die Lösung der Eigentumskultur von der alten Funktionsgebundenheit mehr Eigentumsrechte für Frauen. Auf der

---

25 D. D. Blagovo, Rasskazy babuški iz vospominanii pjati pokolenii, Leningrad 1989.

Diskursebene aber brachte gerade diese Auflösung der verschiedenen Eigentumsfunktionen und -typen eine Ideologisierung und damit einen Verlust der Nischen mit sich. Stattdessen entwickelte sich eine Politisierung des Eigentumskonzepts, die einen Ausschluss von Frauen aus dem neuen Eigentumsdiskurs nah legte.

Ähnliches gilt für die Individualisierung. Die Dienstbefreiung von 1762 hob nicht nur die Bedingtheit von Land und Dienst auf, sondern sie führte auch dazu, dass mehr adlige Männer auf ihren Gütern lebten und arbeiteten. Auf diese Weise näherten sich die Lebenswelten von Frauen und Männern einander an – eine Entwicklung, die möglicherweise den Wunsch nach neuen Mustern der Abgrenzung zwischen den Geschlechtern nährte. Anders als zuvor bot sich dafür nun das Konzept des Eigentums an. Die aufgeklärte Verwissenschaftlichung der Gutswirtschaft, wie sie beispielsweise ein Andrej Bolotov in seinen Erinnerungen propagierte[26], war, analog den früheren Tätigkeiten im Staats- und Militärdienst, von Männern bestimmt. Eigentum stand im dominanten Diskurs nun für Leistung und Individualität.

Die aufklärerische Kultur in Russland schuf neue Rollenbilder, in die das Konzept des Eigentums einbezogen wurde. Dabei entwickelten sich unter anderem neue Differenzierungen zwischen Öffentlichkeit und Privatem, zwischen Politik und Familie. Eigentum, das im Moskauer Reich nach unterschiedlichen Funktionen definiert war und sich im gemeinsamen Feld von Familie und Politik bewegte, wurde nun in einem an westlichen Beispielen orientierten Prozess mit Werten verbunden, die dem neu bestimmten Bereich der Öffentlichkeit angehörten. Mit der diskursiven Technik des Karikierens von weiblichem Eigentum wurden die traditionellen Eigentums- und damit auch Herrschaftsbereiche der Frauen aus diesen neuen Konzepten ausgeschlossen.

Auf diese Weise entstanden zwei verschiedene neue Eigentumskulturen, die, anders als in der vorpetrinischen Zeit, unmittelbar an der Wertung der Geschlechter orientiert waren. Denn Eigentum, kanonisiert und aufgeladen mit politischen und kulturellen Werten, wurde nun gesellschaftlich wichtiger – zu wichtig, um es Frauen zu überlassen.

---

26 A. T. Bolotov, Žizn' i priklučenija Andreja Bolotova, opisannye samim im dlja svoich potomkov, Moskva 1930.

Anne Siegetsleitner

Kants Eherecht: Besitz, Gleichheit und Ungleichheit

1. Einleitung

„Jeder, der Kant ernst nehmen möchte, sollte dessen Ansichten über Sexualität, Frauen und Ehe am besten vergessen. Das habe ich zumindest immer angenommen."[1] So beginnt Barbara Herman ihren Aufsatz zum Sexualitäts- und Eheverständnis des zeitlebens unverheirateten Immanuel Kant (1724–1804). Obwohl sie diese Einschätzung nicht völlig zurücknimmt, kommt sie zu dem Schluss, dass sich eine Auseinandersetzung mit Kants diesbezüglichen Auffassungen trotz seiner Frauen abwertenden Äußerungen lohnt.[2] Eine solche Auseinandersetzung ist nicht zuletzt auch unter dem Blickwinkel einer Besitz- und Eigentumskultur aufschlussreich. Dieser Beitrag beschäftigt sich deshalb mit Kants Eherecht, dem darin erscheinenden Verständnis vom Besitz einer Person und damit verbundenen Fragen nach Gleichheit und Ungleichheit in der Ehe.[3] Hinsichtlich einer Besitz- und Eigentumskultur ist hierbei von besonderem Interesse, welche Sicht von Besitz sich bei Kant in der ausgehenden Frühen Neuzeit findet, wie sich Besitz- und Eigentumsbegriff zueinander verhalten, welche Konsequenzen dies für das Eherecht hat und wie in der Ehe Besitz mit Gleichheit und Ungleichheit durch den Einfluss weiterer kultureller Determinanten vereinbar ist. Kant stellt nämlich unmissverständlich klar: „Sage ich (...): mein Weib, so bedeutet dies ein besonderes, nämlich rechtliches Verhältnis des Besitzers zu einem Gegenstande (wenn es auch eine Person wäre), als *Sache*."[4] Eine Frau ist bei Kant

---

1 B. Herman, Ob es sich lohnen könnte, über Kants Auffassungen von Sexualität und Ehe nachzudenken?, in: Deutsche Zeitschrift für Philosophie 43 (1995) 6, S. 967-988, hier S. 967.

2 Kants Ausführungen zum Geschlechterverhältnis finden sich vor allem in den „Beobachtungen über das Gefühl des Schönen und Erhabenen" aus dem Jahr 1764, in: Werkausgabe Band II, hrsg. von W. Weischedel, 8. Aufl., Frankfurt a. M. 1996, S. 821-884, wo es auf S. 851 heißt: „Das schöne [weibliche, A. S.] Geschlecht hat eben so wohl Verstand als das männliche, nur es ist ein *schöner Verstand*, der unsrige soll ein *tiefer Verstand* sein, welches ein Ausdruck ist, der einerlei mit dem Erhabenen bedeutet."

3 Das Ehegüterrecht, das bei Kant kaum eine Rolle spielt, wird in diesem Beitrag nicht behandelt werden.

4 I. Kant, Metaphysik der Sitten, in: Werkausgabe Band VIII, hrsg. von W. Weischedel, 10. Aufl., Frankfurt a. M. 1993, S. 303-634, hier: Anhang zur Rechtslehre Abschn. 2, S. 482. Hier und im Folgenden wird durch Angabe des jeweiligen Para-

zwar keine Sache und damit der Ehemann, wie zu zeigen sein wird, nicht Eigentümer, aber der Ehemann besitzt die Frau *als* Sache. Hieraus spricht eine umfassende Besitz- und Eigentumskultur, die auf dem Hintergrund weiterer kultureller Überzeugungen auch Personen als Besitzgegenstand zulässt. Gerade im philosophischen Diskurs treten die grundlegenden Sichtweisen, Werte und Strukturen einer Gesellschaft zu Tage. Es sind nicht zuletzt die Besitzverhältnisse, die durch die Ehe geschaffen werden, die in vielen Gesellschaften und Kulturen eine grundlegende Rolle bei deren Gestaltung spielen. Gleichzeitig ist dieses Besitzverhältnis von anderen gesellschaftlichen und kulturellen Determinanten geprägt, wie sich auch bei Kants Eherecht zeigen wird.

Die wichtigsten Ausführungen Kants zu dieser Thematik finden sich in systematischer Form in seiner späten Rechtslehre, die er 1797 als ersten Teil der „Metaphysik der Sitten" vorlegte. Aufgabe der Rechtslehre ist es, eine Vernunftordnung darzulegen, die darüber Auskunft gibt, welchen Anforderungen Normen einer positiven Rechtsordnung gerecht werden müssen. Obwohl diese Fragen einen wichtigen Teil von Kants praktischer Philosophie bilden und in seinem Denken und Lehren lange präsent waren, werden sie erst im publizierten Spätwerk ausführlich behandelt.[5]

Das bei Kant in der „Metaphysik der Sitten" vorgefundene Eherecht beruht zunächst insbesondere auf drei Grundpfeilern: (1) dem Begriff des rechtlichen Besitzes und des Eigentums, (2) der Rechtsart eines auf dingliche Art persönlichen Rechts und (3) auf Kants Verständnis der Ehe unter besonderer Berücksichtigung der Sexualität. Nach der Darlegung dieser Ansichten ist abschließend zu untersuchen, welche Konsequenzen Kant aus dem Besitzverhältnis zwischen Ehefrau und Ehemann für Gleichheit und Ungleichheit in der Ehe zieht.

2. Rechtlicher Besitz und Eigentum

Alle Rechtspflichten sind nach Kant Spezifikationen des allgemeinen Rechtsgesetzes, das folgendermaßen lautet: „(...) handle äußerlich so, daß der freie Gebrauch deiner Willkür mit der Freiheit von jedermann nach einem allgemeinen Gesetze zusammen bestehen könne (...)."[6] In Überein-

---

graphen aus der Rechtslehre (bzw. des Abschnitts des Anhangs zur Rechtslehre) und der Seitenzahl in der genannten Ausgabe zitiert.

5 So beispielsweise zur Ehe in seiner früheren „Vorlesung zur Ethik", hrsg. von G. Gerhardt, Frankfurt a. M. 1990. Kants Eigentumstheorie dürfte jedoch nicht vor 1794 entstanden sein. Vgl. M. Gregor, Kant's Theory of Property, in: Review of Metaphysics 41 (1988), S. 757-787.

6 Kant, Metaphysik (Anm. 4), Rechtslehre § C, S. 338.

stimmung mit diesem Rechtsgesetz kann jemand nach Kant durchaus etwas Äußeres als das Seine haben, und diese Zuordnung bildet – im Rahmen der Wahrung von Freiheit – sogar die Grundlage einer Gesellschaft. Jene äußeren Gegenstände, die eine Person als das Ihre hat, heißen ihr rechtlicher Besitz.[7] Ein rechtliches Besitzverhältnis ist wesentlich durch Ausschlussrechte bestimmt: Die (der) Besitzende hat das ausschließliche Recht auf den Gebrauch des besessenen Gegenstandes. Eine andere Person tut deshalb einer besitzenden Person unrecht, wenn sie das, was die andere besitzt, ohne deren Einwilligung gebraucht. Bei allen privatrechtlichen Verhältnissen geht es nach Kant um das Erwerben und Haben von äußeren Gegenständen, was den weiten Besitzbegriff bei Kant verdeutlicht. Seien auch die Gegenstände unterschiedlich, so handle es sich doch immer um Besitzverhältnisse.

Als Klassen von Gegenständen, die besessen werden können, nennt Kant drei. Zunächst können Gegenstand des rechtlichen Besitzes (körperliche) Sachen sein.[8] Wie dieses Besitzverhältnis im Näheren aussieht und wie man in diese Stellung kommen kann, das ist Gegenstand des *Sachenrechts*. Außer Sachen kann eine Person auch die Willkür einer anderen Person zu einer bestimmten Tat als das Ihre haben, insofern eine Person durch einen Vertrag einer anderen Person ein Recht zur Bestimmung über ihre im Vertrag genannten Handlungen zur Leistungserbringung erteilt. Die Regelung dieses Besitzverhältnisses ist Gegenstand des *persönlichen Rechts*, das von den Vertragsbeziehungen zwischen Privatleuten handelt. Als privatrechtliche Innovation nennt Kant darüber hinaus eine dritte Gegenstandsklasse des rechtlichen Besitzes, nämlich „der Zustand eines anderen im Verhältnis auf mich".[9] Damit befindet sich eine Person nicht nur im Besitz der Willkür einer anderen Person, sondern im Besitz dieser anderen Person selbst. Dieses dritte Rechtsverhältnis nennt Kant das *auf dingliche Art persönliche Recht*.

Im Folgenden soll es zunächst um die Frage gehen, wie sich der Besitz- zum Eigentumsbegriff verhält. Unter einem rechtlichen Besitzverhältnis versteht Kant, wie soeben gezeigt, eine allgemeine Zuordnung von Gegenständen (seien es Sachen, Willkür oder Personen) zu Personen, die in allen privatrechtlichen Rechtsverhältnissen vorliegt. Der Begriff des Eigentums, der

---

7　„Etwas Äußeres als das Seine haben heißt es rechtlich besitzen (...)." Ebd., Anhang zur Rechtslehre Abschn. 3, S. 483.

8　Was als Sache gelten kann, ist bis heute in Rechtsordnungen unterschiedlich festgelegt. Während das deutsche Bürgerliche Gesetzbuch in § 90 im Sinne eines engen Sachbegriffs als Sache nur körperliche Gegenstände fasst, wird im österreichischen Allgemeinen Bürgerlichen Gesetzbuch in § 285 im Sinne eines weiteren Sachbegriffes alles eine Sache genannt, „was von der Person unterschieden ist, und zum Gebrauche der Menschen dient". Hierunter fallen u. a. auch Rechte und Strom.

9　Kant, Metaphysik (Anm. 4), Rechtslehre § 4, S. 355.

eine beliebige Verfügungsgewalt über den Gegenstand beinhaltet, den man sein Eigen nennt, wird in Abhebung zum Besitzbegriff in der „Metaphysik der Sitten" jedoch aus relevanten inhaltlichen Gründen nur im Sachenrecht gebraucht:

> „Der äußere Gegenstand, welcher der Substanz nach der Seine von jemanden ist, ist dessen *Eigentum* (dominium), welchem alle Rechte in dieser Sache (...) inhärieren, über welche also der Eigentümer (dominus) nach Belieben verfügen kann (...). Aber hieraus folgt von selbst: daß ein solcher Gegenstand nur eine körperliche Sache (...) sein könne, daher ein Mensch sein eigener Herr (sui iuris), aber nicht Eigentümer *von sich selbst* (sui dominus)[10] (über sich nach Belieben disponieren zu können) geschweige denn von anderen Menschen sein kann, weil er der Menschheit in seiner eigenen Person verantwortlich ist (...)."[11]

Letzteres folgt aus Ersterem laut Kant von selbst, weil er die Gültigkeit des Kategorischen Imperativs voraussetzt, den er schon 1785 in der „Grundlegung zur Metaphysik der Sitten" formuliert hatte: „Handle so, daß du die Menschheit, sowohl in deiner Person, als in der Person eines jeden andern, jederzeit zugleich als Zweck, niemals bloß als Mittel brauchest."[12] Die Gebrauchsrechte können nicht beliebig sein, wenn es sich beim Besitzgegenstand um eine Person handelt, und somit können Personen kein Eigentum sein.

Dennoch wird Kants Rechtslehre immer wieder so interpretiert, dass das Eigentumsrecht bzw. das sachenrechtliche Besitzverhältnis bei Kant das Strukturmodell für das gesamte Privatrecht darstellt.[13] Dem ist jedoch nur so weit zuzustimmen, als damit wesentliche Unterschiede, wie z. B. Einschränkungen im Gebrauch, wenn es sich um Personen und keine Sachen handelt, nicht unterschlagen werden. Kant unterscheidet scharf zwischen verschiedenen Besitzverhältnissen. Beim Eigentumsverhältnis handelt es sich nur um eines von mehreren Besitzverhältnissen. Diese unterschiedlichen Verhältnisse von Eigentum und Besitz werden in der „Metaphysik der Sitten" auch

---

10 Aus diesem Grunde lehnt Kant auch John Lockes Arbeitstheorie des Erwerbs von Eigentum ab.

11 Kant, Metaphysik (Anm. 4), Rechtslehre § 17, S. 381 f.

12 I. Kant, Grundlegung zur Metaphysik der Sitten, Werkausgabe Bd. VII, hrsg. von W. Weischedel, Frankfurt a. M. 1974, S. 61.

13 „Er [Kant] scheint in der Tat in der näheren Ausarbeitung der Bestimmungen, die für die Ehe gelten, dies Sichbesitzen der Menschen in der Ehe oft einfach nach Art des Besitzens aufgefaßt zu haben, das der Mensch von Dingen erlangt." J. Kopper, Von dem auf dingliche Art persönlichen Recht, in: Kant-Studien 52 (1960/61), S. 283-294, hier S. 291.

sprachlich unterschieden.[14] In der zeitlich vorangegangenen „Vorlesung zur Ethik" hatte Kant diese terminologische Trennung so noch nicht vollzogen.[15]

3. Das auf dingliche Art persönliche Recht

Über die Gegenstände der Rechtsform eines *auf dingliche Art persönlichen* Rechts führt Kant aus: „Der Erwerb nach diesem Gesetz ist dem Gegenstande nach dreierlei: Der *Mann* erwirbt ein *Weib*, das *Paar* erwirbt *Kinder* und die *Familie Gesinde.*"[16] Neben dem Eltern- und Hausherrenrecht gehört das Eherecht (alle drei bilden das Recht der häuslichen Gesellschaft) zu den *auf dingliche Art persönlichen Rechten*, wobei Kant im Weiteren klarstellt, dass es sich bei den Ehepartner(inne)n um einen gegenseitigen Erwerb handelt, die Frau also auch einen Mann erwirbt.

Welche Stellung nimmt die besitzende Person gegenüber dem Besitzgegenstand in einem solchen Rechtsverhältnis ein? Ein solches Recht ist, so erklärt Kant, „das des Besitzes eines äußeren Gegenstandes *als einer Sache* und des Gebrauchs desselben *als einer Person*".[17] Diese Rechtsart verbindet Merkmale des Sachen- und des persönlichen Rechts.[18] Der sachenrechtliche Aspekt erhält seine Wichtigkeit im Außenverhältnis, die Gemeinsamkeit mit dem persönlichen Recht im Innenverhältnis.

3.1 Das Außenverhältnis

Im Außenverhältnis wird eine Person in einem auf dingliche Art persönlichen Recht so behandelt wie eine Sache im Sachenrecht. Die Person wird *als Sache* behandelt, obwohl sie keine Sache ist. Am Beispiel des Eherechts verdeutlicht Kant:

---

14 Diese Unterscheidung deckt sich nicht mit der heutigen Unterscheidung zwischen Besitz und Eigentum im Sachenrecht.

15 „Wenn ich aber meine ganze Person der anderen weggebe und gewinne dadurch die Person des anderen in die Stelle, so gewinne ich mich selbst wieder und habe mich selbst reokkupiert, denn ich habe mich dem anderen zum Eigentum gegeben, ich nehme aber wieder den anderen zu meinem Eigentum, so gewinne ich mich selbst wieder, denn ich gewinne die Person, der ich mich zum Eigentum gegeben habe." Kant, Vorlesung (Anm. 5), S. 210. Zur Rolle der Reokkupation siehe unten Abschn. 3.2.

16 Kant, Metaphysik (Anm. 4), Rechtslehre § 23, S. 389.

17 Ebd., Rechtslehre § 22, S. 388 f.

18 „Gelegentlich tritt (…) dann neben das Sozialmodell der liberalen Marktgesellschaft das Sozialmodell der häuslichen Gemeinschaft, das in einen geschichtlichen Entwicklungsstand der Gesellschaft gehört, gegen den sich die bürgerliche Emanzipation wenden mußte." W. Kersting, Kant über Recht, Paderborn 2004, S. 88.

„Daß aber dieses *persönliche Recht* es doch zugleich *auf dingliche Art* sei, gründet sich darauf, weil, wenn eines der Eheleute sich verlaufen, oder sich in eines anderen Besitz gegeben hat, das andere es jederzeit und unweigerlich, gleich als eine Sache, in seine Gewalt zurückzubringen berechtigt ist."[19]

Im Außenverhältnis werden Personen wie Sachen besessen und können, wenn der (dem) Eigentümer(in) die Sache vorenthalten wird, wie bei der römisch-rechtlichen Herausgabeklage (Vindikation, *rei vindicatio*) zurückgeholt werden. Vom Sachenrecht unterscheidet sich das auf dingliche Art persönliche Recht nicht im Außenverhältnis, sondern im Innenverhältnis, d. h. im Gebrauch des Besitzgegenstandes (in diesem Fall einer Person).

3.2 Das Innenverhältnis

Im Innenverhältnis unterscheidet sich das auf dingliche Art persönliche Recht klar vom sachenrechtlichen Eigentum, da dem Gebrauch einer Person Grenzen gesetzt sind.[20] Eine Person zu gebrauchen, ist rechtswidrig, es sei denn, so Kants entscheidender Zusatz, es wäre möglich, von einer Person *als einer Person* Gebrauch zu machen. Das auf dingliche Art persönliche Recht Kants ist der Versuch, den Personengebrauch rechtmäßig zu machen, den Gebrauch von Personen durch Personen nicht am Konzept der Rechtspersönlichkeit und seinen rechtlich-praktischen Implikationen scheitern zu lassen.[21] Und genau dies ist es, was das Eherecht hinsichtlich des ehelichen Sexuallebens ermöglichen soll.

4. Das Eherecht

Da es sich bei der Ehe um ein auf dingliche Art persönliches Recht handelt, dürfen in einer Ehe sowohl Mann als auch Frau die (den) andere(n) zurückholen, wenn sie (er) sich verlaufen hat. Kersting macht für diese „abstruse" Konzeption des Vindikationsrechts Kants systematische Grundidee verantwortlich, alle Privatrechtsarten als Modi rechtlichen Besitzes zu entwikkeln.[22] Ganz so abstrus ist diese Auffassung jedoch nicht, wenn man bedenkt, dass dieses Recht durchaus der *actio spolii* (Spolienklage) nach kanonischem Recht entspricht, mit der die Erfüllung persönlicher Ehepflich-

---

19 Kant, Metaphysik (Anm. 4), Rechtslehre § 25, S. 391.
20 „Das Seine bedeutet zwar hier nicht das des Eigentums an der Person eines anderen (…), sondern nur das Seine des Nießbrauchs (…), unmittelbar von dieser Person, *gleich als* von einer Sache, doch ohne Abbruch an ihrer Persönlichkeit, als Mittel zu meinem Zweck, Gebrauch zu machen." Ebd., Anhang zur Rechtslehre Abschn. 3, S. 483.
21 Vgl. Kersting, Kant über Recht (Anm. 18), S. 90.
22 Ebd., S. 89.

ten eingeklagt werden konnte, und dieses Verfahren ursprünglich ein Verfahren zum Besitzschutz war.[23]

Entscheidender als das Außenverhältnis ist für Kant in der Ehe ohnehin das Innenverhältnis. Hier ist maßgeblich, dass sowohl Männer als auch Frauen bei Kant Personen und keine Sachen sind, was Konsequenzen für die Gebrauchsbefugnisse hat. Beim Eherecht geht es Kant im Speziellen um den Gebrauch, den ein Mensch von eines anderen Geschlechtsorganen macht. Kant definiert die Ehe wörtlich als „die Verbindung zweier Personen verschiedenen Geschlechts zum lebenswierigen wechselseitigen Besitz ihrer Geschlechtseigenschaften."[24] Sein Eherecht soll im Innenverhältnis die Frage beantworten, wie die sexuelle Beziehung erlaubt sein kann. Auch natürliche Geschlechtspartner(innen) [25] dürfen nur dann miteinander sexuell verkehren, wenn sie den Ehevertrag schließen, was Kant nach Rechtsgesetzen der reinen Vernunft für notwendig erachtet.[26]

Wo liegt das Problem? Das Problem liegt im Wesen der Sexualität bzw. in Kants Verständnis von selbigem. Der natürliche Gebrauch, den eine Person von den Geschlechtsorganen der anderen macht, sei ein Genuss, zu dem sich ein Teil dem anderen hingebe. In diesem Akt mache sich ein Mensch selbst zur Sache, „welches dem Rechte der Menschheit an seiner eigenen Person widerstreitet".[27] In warnendem Ton heißt es:

„Ohne diese Bedingung [der Eheschließung, A. S.] ist der fleischliche Genuß dem Grundsatz (wenn gleich nicht immer der Wirkung nach) *kannibalisch*: Ob, mit Maul und Zähnen, der weibliche Teil durch Schwängerung, und daraus vielleicht erfolgende, für ihn tödliche, Niederkunft, der männliche aber

---

23 Vgl. A. Duncker, Gleichheit und Ungleichheit in der Ehe, Persönliche Stellung von Frau und Mann im Recht der ehelichen Lebensgemeinschaft 1700-1914, Köln/ Weimar/ Wien 2003, S. 660-666. Die Untersuchung historischer Quellen zu solchen Klagen hinsichtlich der Auswirkungen auf Frauen und Männer wäre ein lohnenswertes Unternehmen. Eine von der Spolienklage umfasste Klage auf ehelichen Geschlechtsverkehr (*actio in corpus*) wird von Kant nicht erwähnt.

24 Kant, Metaphysik (Anm. 4), Rechtslehre § 24, S. 390. Im 19. Jahrhundert wurde Kants Eherechtslehre durch ihren Fokus auf Sexualität als zu roh und oberflächlich abgelehnt. Viel einflussreicher als Kant wurde Fichte. Er beeinflusste die Juristen des 19. Jahrhunderts bei der Bestimmung eines Wesens der Ehe. Als Teil dieses Wesens der Ehe wurde die männliche Herrschaft gesehen, was dieser Herrschaft einen Stellenwert gab, den sie in der Zeit vor 1800 so nicht hatte. Vgl. Duncker, Gleichheit (Anm. 23), S. 252.

25 Ein Gebrauch kann laut Kant natürlich (wodurch Menschen erzeugt werden können) oder unnatürlich (mit Menschen gleichen Geschlechts oder mit Tieren) sein. Vgl. Kant, Metaphysik (Anm. 4), Rechtslehre § 24, S. 390.

26 Ebd.

27 Ebd.

92 Anne Siegetsleitner

durch, von öfteren Ansprüchen des Weibes an das Geschlechtsvermögen des Mannes herrührende Erschöpfung *aufgezehrt* wird, ist bloß in der Manier zu genießen unterschieden, und ein Teil ist in Ansehung des anderen, bei diesem wechselseitigen Gebrauche der Geschlechtsorganen, wirklich eine *verbrauchbare* Sache (*res fungibilis*) (...)."[28]

Eine Person wird im sexuellen Umgang miteinander laut Kant in frappierender Einigkeit mit manchen feministischen Sichtweisen als bloße Sache gebraucht. [29] Was sollte die Eheschließung aber an dieser Situation ändern? Kant hat zwar zunächst den Gebrauch einer Person als rechtswidrig eingestuft, nicht jedoch einen Gebrauch, in dem eine Person *als eine Person* gebraucht wird. Und dies soll die Ehe gewährleisten, indem sich die Partner(innen) *gegenseitig* erwerben. Der Gedankengang ist folgender: Eine Person gibt sich einer anderen hin, womit die andere sie erwirbt. Was entsteht, ist die andere Person die eine enthaltend. Nun erwirbt die Person, die sich hingegeben hat, im Gegenzug die andere. So gewinnt sich die Person, die sich hingegeben hat, wieder zurück. Und damit stelle sie ihre Persönlichkeit wieder her.[30] Diese wechselseitige Inbesitznahme geschehe bei der Eheschließung. Wenn nun jede(r) Besitzende(r) und zugleich Besitzgegenstand ist, stelle die Sexualität im Sinne der verbotenen Verdinglichung keine Gefahr mehr dar. Sexualität in der Ehe sei nur mehr der Gebrauch einer Person *als einer Person* und durch das Recht sittlich rein gewaschen.[31] Kersting betont zu Recht, dass sich auf diesen so zentralen Gedanken von Veräußerung und Wiedergewinnung in der gesamten Rechtslehre kein weiterer Hinweis findet, der diesen verständlicher machen könnte.[32]

Bisher hat sich gezeigt, dass bei Kant im Sinne eines weiten Besitzbegriffs im Unterschied zu einem engen Eigentumsbegriff auch die Ehe ein rechtliches Besitzverhältnis darstellt. Im Außenverhältnis ist es beim Eherecht wie beim Eigentumsrecht: Der vorenthaltene bzw. sich vorenthaltende Gegenstand darf zurückgeholt werden. Im Innenverhältnis darf aber im Unterschied zum Eigentum kein beliebiger Gebrauch von der bzw. vom ande-

28 Ebd., Anhang zur Rechtslehre Abschn. 3, S. 483 f.
29 Vgl. C. A. MacKinnon, Towards a Feminist Theory of the State, Cambridge, Mass. 1989.
30 Kant, Metaphysik (Anm. 4), Rechtslehre § 25, S. 391.
31 „Kant sucht den menschheitswidrigen geschlechtlichen Gebrauch des Körpers zu dramatisieren, um einen möglichen Rechtsstatus zu erzwingen." R. Brandt, Kants Ehe- und Kindesrecht, in: Deutsche Zeitschrift für Philosophie 52 (2004), H. 2, S. 199-219, hier S. 213.
32 W. Kersting, Wohlgeordnete Freiheit. Immanuel Kants Rechts- und Staatsphilosophie, Frankfurt a. M. 1993, S. 317.

ren gemacht werden. Das Problem des Gebrauchs in der sexuellen Beziehung sollte die Eheschließung durch gegenseitigen Besitzerwerb lösen.

5. Gleichheit und Ungleichheit in der Ehe

Sowohl im Außen- als auch im Innenverhältnis herrschen für Ehepartnerin und -partner formal dieselben Rechte. Beide haben ein formal gleiches Recht, den anderen bzw. die andere zurückzuholen, so sie (er) sich „verlaufen" haben sollte, und ein Recht auf den Gebrauch der Geschlechtseigenschaften der Partnerin bzw. des Partners. Dass im Hinblick auf Letzteres sowohl Ehefrau als auch -mann die (den) andere(n) erwerben und in Besitz nehmen, ist sogar konstitutiv für die Rechtfertigung der Ehe als rechtliche Institution. Dies ist nach Kant der Anker, mit dem die Ehe sich festmacht.[33] Grundsätzlich sind Gleichheit und Reziprozität bei Kant wichtige Merkmale der Beziehung zwischen Personen. Auch zwischen Männern und Frauen herrscht in Kants Vernunftwelt angeborene Gleichheit. Zudem wird deutlich, dass seine Auffassung von rechtlichem Besitz eine Beziehung darstellt, die zwar nicht in sich symmetrisch ist, die aber zulässt, dass zur selben Zeit zwei Besitzverhältnisse bestehen können, in dem besitzender Teil und Besitzgegenstand vertauscht sind.

Wie stimmen diese Stellen aber mit der oberen überein, wo eben der Gegenstand des Erwerbs nicht der Ehemann oder die Ehefrau, sondern nur das Weib war?[34] Eine Erklärung hierfür mag sein, dass Kant sich ausschließlich an ein männliches Publikum wandte und eben den Blickwinkel des Publikums zur Verdeutlichung dessen, was er sagen wollte, bevorzugte. Es könnte jedoch auch daran liegen, dass vor allem diese Seite des gegenseitigen Be-

---

33 Polygamie, Konkubinat oder Ehe zur linken Hand widersprechen diesem Gleichheitsgedanken. Vgl. Kant, Metaphysik (Anm. 4), Rechtslehre § 26, S. 391 f. Die Ehe zur linken Hand war zur Zeit der „Metaphysik der Sitten" noch die einzige verbliebene abweichende Eheart im persönlichen Bereich. Zu den Ehearten vgl. Duncker, Gleichheit (Anm. 23), S. 334-371.

34 Auch ansonsten geht es meist um das Weib und nicht um den Ehemann. Beispielsweise dort, wo Kant zwischen empirischem und rechtlichem Besitz unterscheidet (worauf in diesem Beitrag nicht eingegangen wurde). Das Mein drücke einen bloß-rechtlichen (intelligiblen, *possessio noumenon*) Besitz aus: „Ich kann ein *Weib*, ein *Kind*, ein *Gesinde*, und überhaupt eine andere Person nicht darum das Meine nennen, weil ich sie jetzt, als zu meinem Hauswesen gehörig, befehlige, oder im Zwinger und in meiner Gewalt und Besitz habe, sondern wenn ich, ob sie sich gleich dem Zwange entzogen haben, und ich sie also nicht (empirisch) besitze, dennoch sagen kann, ich besitze sie durch meinen bloßen Willen, so lange sie irgendwo oder irgendwenn existieren, mithin *bloß-rechtlich* (...)." Kant, Metaphysik (Anm. 4), Rechtslehre § 4, S. 356 f.

sitzverhältnisses abgesehen von der vernunftrechtlichen Rechtfertigung der Ehe praktisch von Belang wurde. Die Frage, ob Ehemann und -frau im Lichte der praktisch vorliegenden Machtverteilung der Geschlechter von diesem gleichen Verhältnis auch gleichermaßen profitieren, war für Kant keine Frage der Vernunft und wurde von ihm auch nicht ausdrücklich behandelt. Ungeachtet dessen könnten derartige Unterschiede – dass also womöglich die Befugnisse des Besitzverhältnisses unter den gegebenen Umständen vornehmlich von Männern genutzt werden konnten – durchaus der Hintergrund für die einseitigen Beispiele sein.

Zumindest in einer Hinsicht stellt Kant ausdrücklich und unmissverständlich klar, dass er nicht daran denkt, an den bestehenden Verhältnissen zu sehr zu rütteln, und dies ist die Frage nach der Herrschaft des Mannes in der Ehe. Seine Ansicht dazu zu unterschlagen, würde das Bild verfälschen, das Kant vom ehelichen Verhältnis insgesamt zeichnet. Mit der Darlegung der notwendigen Gleichheit im Besitz sind die Ausführungen Kants zum Eherecht in der „Metaphysik der Sitten" nämlich nicht beendet. Trotz des bisher Beteuerten will er an männlichen Vorrechten in der Ehe festhalten:

> „Wenn (...) die Frage ist: ob es auch der Gleichheit der Verehelichten, als solcher widerstreite, wenn das Gesetz von dem Manne in Verhältnis auf das Weib sagt: Er soll dein Herr (er der befehlende, sie der gehorchende Teil) sein: so kann dieses nicht als der natürlichen Gleichheit des Menschenpaares widerstreitend angesehen werden, wenn dieser Herrschaft nur die natürliche Überlegenheit des Vermögens des Mannes über das weibliche, in Bewirkung des gemeinschaftlichen Interesses des Hauswesens und des darauf gegründeten Rechts zum Befehl zum Grunde liegt (...)."[35]

Darüber, wie Kant diese Verträglichkeit behaupten kann, herrscht in der Kant-Forschung, zumal auch der feministischen, Uneinigkeit. Eine Verträglichkeitsthese interpretiert das Verhältnis als ein Problem von Theorie und Praxis. Gemäß dieser These sind alle Personen in der idealen Theorie gleich, aber in der Praxis müsse notwendigerweise der Mann seine ihm von der Natur zugedachte überlegene Rolle spielen können, damit das Hauswesen ordentlich geführt werden könne. Dies ist eine mögliche Interpretation. Kants eigenen Vorgaben zufolge dürfte zwar die „Metaphysik der Sitten" keine empirischen oder pragmatischen Überlegungen beinhalten,[36] aber es ist in der Tat unklar, ob Kant seine eigenen Vorgaben an dieser Stelle eingehalten

---

35 Ebd., Rechtslehre § 26, S. 392. Näheres, ob dies beispielsweise auch das Wohnortbestimmungsrecht des Mannes einschließt, erläutert Kant nicht.

36 Denen sind die Schriften zur Anthropologie gewidmet. Beispielsweise Kants „Anthropologie in pragmatischer Hinsicht" aus dem Jahr 1798, in: Werkausgabe Band XII, hrsg. von W. Weischedel, 10. Aufl., Frankfurt a. M. 2000, S. 395-690.

hat. Das Verhältnis von Gleichheit und Ungleichheit ließe sich aber auch so verstehen, dass die Ungleichheit sich auf andere Bereiche bezieht als die Gleichheit. Gleichheit würde in dieser Sichtweise in der sachenrechtlichen Komponente und im wechselseitigen erlaubten sexuellen Gebrauch vorliegen, Ungleichheit jedoch hinsichtlich der Führung des Hauswesens. Es handelt sich dann nicht um Widersprüchlichkeiten oder Ungereimtheiten, sondern um eine sehr eingeschränkte Wirksphäre der Gleichheit in der Ehe, die außerhalb dieses Bereiches genügend Raum für Ungleichheiten lässt. Gleichheit des Besitzes bedeutet jedenfalls bei Kant nicht materiell gleiche Rechte in jeder Hinsicht und notwendig generelle Herrschaftslosigkeit. Andererseits ist die männliche Herrschaft hinsichtlich der Führung des Hauswesens bei Kant kein vernunftnotwendiges Merkmal der Ehe. Inwiefern vertraglich von der Herrschaft abgewichen werden kann, zumal in Fällen, wo die Natur die Führungsfähigkeiten doch anders verteilt hat, muss Spekulation bleiben. Gleiche Besitzverhältnisse schließen jedenfalls auf der praktischen Ebene einseitige Herrschaft nicht aus.

6. Abschließende Bemerkungen

Kants moralische Grundposition ließ in der ausgehenden Frühen Neuzeit nicht (mehr) zu, dass nur der Ehemann die Ehefrau besitzt, geschweige denn in Kants Verständnis von Eigentum, dass sie sein Eigentum wäre. In dieser grundsätzlichen rechtlichen Zuteilung der Geschlechter in der Ehe war bei ihm nur Gleichheit denkbar. Alles andere wäre wider die Vernunft. Sein Verständnis des ehelichen Besitzverhältnisses wurde dabei durch seine moralische Überzeugung vom Verbot der Verdinglichung von Personen geprägt.

Trotz der Rede von der Gleichheit des Besitzes blieb Kant jedoch zumindest auf der praktischen Ebene im Rahmen der Ehevorstellungen seiner Zeit. Denn hinsichtlich dessen, wie das gleiche Besitzverhältnis in der Praxis ausgestaltet wird, wurden seine Vorstellungen einer natürlichen Geschlechterdichotomie prägend. In dieser wurden Männer zur Führung des Hauswesens fähiger erachtet als Frauen, so dass ungeachtet der Gleichheit im Besitz die männliche Herrschaft im Hauswesen nicht angetastet wurde.[37] Die gesellschaftliche vorherrschende Grundstruktur eines hierarchischen Geschlech-

---

37 Eben auch zu Kants Zeiten wurden allein Männer wegen ihrer angeblichen Überlegenheit auf Grund ihres Geschlechts für fähig gehalten, Herrschaft auszuüben. Ihre Sonderrechte sind deshalb Herrschaftsrechte. Die Sonderrechte von Frauen sind hingegen Schutzrechte wegen ihrer angenommenen Schwachheit. Vgl. Duncker, Gleichheit (Anm. 23), S. 270.

terverhältnisses[38] setzte sich hier, wenn auch in einer gemäßigten Form, letztlich durch und bestimmte das eheliche Besitzverhältnis auf dieser Ebene.

Bei Kant ist somit die damals übliche Spannung zwischen Gleichheitsgedanken und einem Festhalten am überlieferten und positiv-rechtlich geltenden Eherecht zu finden, dessen Kern die Unterordnung der Frau unter den Mann war. Vielen feministischen Forscher(inne)n gilt Kant daher als sexistisch.[39] Andere wollen mit Verweis auf die egalitären Grundpositionen in seiner Philosophie seine Ansichten gerade dazu nützen, die Benachteiligung von Frauen zu überwinden. So hebt Herman hervor, dass auf dem Hintergrund der verbotenen Verdinglichung Kants Eheauffassung zulässt, auch im Rahmen der Ehe Vergewaltigung, Gewalt und Ähnliches zu definieren und zu verbieten.[40] Gerade hierin liegt einer jener Aspekte, die für Herman eine Auseinandersetzung mit Kants Ansichten über Sexualität, Frauen und Ehe wertvoll erscheinen lassen.

Kant bietet mit Blick auf das eheliche Besitzverhältnis in der Tat sowohl Aspekte von Gleichheit als auch Ungleichheit, da seine Auffassung dieses Besitzverhältnisses nicht nur von seiner moralischen Überzeugung des für beide Geschlechter geltenden Verdinglichungsverbotes geprägt war, sondern auch von seiner Sicht des Geschlechterverhältnisses, in dem Männer zum Befehlen als besser geeignet gelten als Frauen. Von beidem konnte das Verständnis des ehelichen Besitzverhältnisses nicht unbeeinflusst bleiben. Denn in diesem philosophischen Diskurs um Besitz- und Eigentumsverhältnisse standen keineswegs von anderen gesellschaftlichen und kulturellen Bereichen hermetisch abgeriegelte juristische Kategorien zur Debatte, sondern nicht zuletzt Gleichheit und Ungleichheit zwischen Frauen und Männern in einer umfassenden Besitz- und Eigentumskultur.

38 Es gab jedoch sehr wohl schon vor und zu Kants Zeit Frauen und Männer, die für ein gleichberechtigtes Verhältnis der Geschlechter eintraten. Zu ihnen gehört Theodor von Hippel, Kants Freund und Bürgermeister von Königsberg u. a. in seiner Schrift „Über die bürgerliche Verbesserung der Weiber", die 1792 anonym in Berlin veröffentlicht wurde.
39 Vgl. R. Schott, Kant, in: A. M. Jagger/I. M. Young (Hrsg.), A Companion to Feminist Philosophy, Malden, Mass. 1998, S. 39-48; K. Mosser, Kant and Feminism, in: Kant-Studien 90 (1999), H. 3, S. 322-353; U. P. Jauch, Immanuel Kant zur Geschlechterdifferenz. Aufklärerische Vorurteilskritik und bürgerliche Geschlechtsvormundschaft, Wien 1988.
40 Herman, Kants Auffassungen (Anm. 1), S. 986.

Hannes Siegrist

Kommentar:
Eigentum und soziale Handlungsrechte im Übergang von der frühen Neuzeit zur Moderne.
Die „Propertization" von Gesellschaft und Geschlecht

Die Autorinnen des von Nicole Grochowina und Hendrikje Carius herausge-
gebenen Bandes über Eigentum und Geschlecht in der frühen Neuzeit[1] fragen, wie Besitz, Eigentum und eigentumsähnliche Rechte die Position, die
Handlungsrechte und die Praxis von Frauen und Männern bestimmen. Im
Untersuchungszeitraum waren die materiellen und immateriellen Handlungsrechte noch lange überwiegend durch Institutionen wie Lehen und Stand geprägt und in die Prozesse der Feudalisierung und Ständebildung eingebettet.
Doch nach und nach bildete sich das individuelle Eigentum an beweglichen
und unbeweglichen Sachen in vielfältigen rechtlichen Varianten und unter
unterschiedlichen Bezeichnungen heraus. Spätestens im 18. Jahrhundert
wurde „Eigentum" zu einer der neuen gesellschaftlichen Leitideen und Leit-
institutionen. Die „Eigentumskultur" prägte sich als kultureller Sinnzusam-
menhang sowie rechtliches und soziales System seit dem späten Mittelalter
schrittweise aus – zuerst in den Städten West-, Mittel- und Südeuropas. Sie
erfasste und prägte immer mehr Lebensbereiche und Beziehungen – auch die
Geschlechterbeziehungen. Im 18. und 19. Jahrhundert verallgemeinerte sie
sich aufgrund der großen institutionellen Reformen von Staat, Recht, Wirtschaft, Kultur und Gesellschaft in Europa und weit darüber hinaus.

Nicole Grochowina betont in der Einleitung den heuristischen Nutzen des
integrativen und auf Synthesebildung zielenden Konzepts „Eigentumskultur", das David Sugarman und ich 1999 skizziert haben.[2] Der Band zeigt,
dass die Arbeiten von Historikerinnen, Rechts- und Kulturwissenschaftlerin-
nen durch den gemeinsamen Bezug auf die „Eigentumskultur" an Kohärenz
und Eindringlichkeit gewinnen. Aufgrund der neueren Entwicklungen in der
Eigentumsforschung, wozu auch der vorliegende Band beiträgt, komme ich

---

1 Vgl. den vorliegenden Band Nicole Grochowina/Hendrikje Carius (Hrsg.), Eigentumskulturen und Geschlecht in der Frühen Neuzeit, Leipzig 2005.
2 H. Siegrist/D. Sugarman, Geschichte als historisch-vergleichende Eigentumswissenschaft. Rechts-, kultur- und gesellschaftsgeschichtliche Perspektiven, in: dies.
(Hrsg.), Eigentum im internationalen Vergleich (18.–20. Jahrhundert), Göttingen
1999, S. 9-33.

COMPARATIV 15 (2005), Heft 4, S. 97-108.

dann allerdings zum Schluss, dass das relativ statische und eher rechts- und kulturwissenschaftliche, d. h. auf Rechtstexte, Diskurse, Symbolisierungen und Sinnsysteme zielende, Konzept der „Eigentumskultur" mit dem dynamischen, akteurszentrierten und stärker sozialwissenschaftlich fundierten Konzept der „Propertization" ergänzt werden muss. So lassen sich die Strategien der Akteure und die großen historischen Prozesse der Herausbildung, Reproduktion und Weiterentwicklung von Eigentumskulturen besser begreifen. Die historische Karriere und die interkulturelle Diffusion und Rezeption des Eigentums vom späten Mittelalter bis heute lässt sich damit stringenter erfassen und darstellen als durch die Kombination des Konzepts der Eigentumskultur mit dichten historischen Beschreibungen.

Im Folgenden resümiere und kommentiere ich zuerst ausgewählte Befunde und Ergebnisse des konzeptuell spannenden und empirisch weiterführenden Bandes über Eigentum und Geschlecht. Ich nehme diese Kommentierung dann zum Anlass, im zweiten Teil des Artikels das historisch-systematische Konzept der „Propertization" vorzustellen. Wenn im Folgenden von Eigentum die Rede ist, so geht es nicht bloß um „Eigentum" im rechtstechnischen Sinn, sondern auch um „Eigentum" als kulturelle Leitidee, moralischer und rechtlicher Begriff, gesellschaftliche Norm, Institution und Praxisform.

I.

Die Verfasserinnen verwenden das Konzept der Eigentumskultur(en) in heuristischer Weise und verknüpfen in ihren Fallstudien die Geschichte der Herrschafts- und der Eigentumsordnung mit der Geschichte der Geschlechterordnung. Der Vorteil des Konzepts der „Eigentumskultur" besteht darin, dass das „Recht" bzw. die rechtliche, soziale und kulturelle Institution des „Eigentums" als gesellschaftliches und kulturelles Konstrukt begriffen wird, womit Beziehungen symbolisch dargestellt und sozial institutionalisiert werden. So lassen sich Recht und Eigentum unproblematisch in die allgemeine Kultur- und Sozialgeschichte integrieren. Eigentum, eigentumsähnliche Institutionen und deren historischen Alternativen werden im vorliegenden Band in den größeren geschlechtergeschichtlichen, gesellschaftlichen, kulturellen und rechtlichen Kontext eingebettet.[3] Aufgrund der Historisierung und Kontextualisierung wird die orts-, zeit- und kontextspezifische Bedeutung des Eigentums hervorgehoben. Das erzeugt intellektuelle Distanz gegenüber

---

3   Vgl. zur Einbettung des Eigentums C. M. Hann (Hrsg.), Property relations. Renewing the anthropological tradition, Cambridge 1998.

einem universalistischen Eigentumsverständnis und gegenüber dem gerade in der Eigentumsforschung weit verbreiteten und historisch tief verankerten institutionalistischen Reduktionismus, der Eigentum für alle möglichen Erscheinungen ursächlich verantwortlich macht und die Bedeutung alternativer und komplementärer Institutionen unterschätzt.

Soziale, wirtschaftliche und kulturelle Handlungsrechte, die sich auf Besitztümer und auf Verfügungs-, Kontroll- und Ausschlussrechte im Hinblick auf die Nutzung, Entnahme, Leitung, Verwaltung und Übertragung beziehen, werden in den Beiträgen vielfach in einem weiten Sinn als „Eigentumsrechte" betrachtet. Ulrike Hindersmann betrachtet sogar die „Weiberlehen" im Fürstentum Osnabrück, bei denen es sich rechtssystematisch um lehensrechtliche Verhältnisse handelt, unter dem Gesichtspunkt der Partizipation von Frauen an der Eigentumskultur.[4] In gewissen Hinsichten handelt es sich dabei tatsächlich und zunehmend um eigentumsähnliche Handlungsrechte. Indem die Verfasserinnen die historischen Differenzierungen in den Bezeichnungen und Begrifflichkeiten für „dingliche Rechte" berücksichtigen und die Geschichte empirisch dicht beschreiben, verringert sich das Risiko, missverstanden oder dem Vorwurf der unhistorischen Vereinfachung ausgesetzt zu werden. Wenn die Frage der Geschlechterordnung mit der Problematik der Eigentumskultur im weiteren Sinn (d. h. nicht nur im eng rechtsgeschichtlichen und rechtsdogmatischen Sinne) verbunden wird, so verblassen einige der zeitgenössischen rechtlichen und diskursiven Differenzierungen, werden die tatsächlichen Praxisformen wichtiger und erscheinen die Übergänge zwischen den lehensrechtlichen und den eigentumsrechtlichen Begriffen, Institutionen und Praxisformen als fließend. Die Konzepte und Praktiken vermischten und überlagerten sich gegenseitig in vielfältiger Weise. Die Behandlung eines langen Zeitraums vom späten Mittelalter bis ins 19. Jahrhundert erweist sich diesbezüglich als Vorteil.

„Eigentum", dessen Bedeutung nach Nicole Grochowina für die Gesellschaft und Geschlechterbeziehungen schon in der frühen Neuzeit ganz zentral war,[5] entwickelte sich in einem langen Prozess der Propertization von Gesellschaft, Wirtschaft, Kultur und Recht. Der Prozess der Propertization verdichtete und intensivierte sich im späten 18. und im 19. Jahrhundert, als Eigentum zur kulturellen Leitidee und dominanten Institution aufstieg, welche die Rollen und Beziehungen, Rechte und Praktiken, Kooperationsformen und Konflikte in Wirtschaft, Gesellschaft, Kultur und Politik bestimmte. Wie

---

4 U. Hindersmann, Weibliche Erbfolgen im Lehnsbesitz im Fürstentum Osnabrück, in diesem Band, S. 46.

5 N. Grochowina, Eigentum und Geschlecht in der Frühen Neuzeit, in diesem Band, S. 11 f.

beherrschend, allgegenwärtig und bisweilen auch hypertroph die Kategorie und der Diskurs des Eigentums im späten 18. Jahrhundert war, geht nicht zuletzt aus dem Beitrag von Anne Siegetsleitner über Kants Eherechts hervor.[6]

II.

Nicole Grochowina führt kenntnisreich und kritisch in den Stand der Forschung über Eigentumsrechte, eigentumsähnliche Handlungsrechte und Geschlechterverhältnisse in der frühen Neuzeit ein. Indem der von Nicole Grochowina und Hendrikje Carius zusammengestellte Band die Problematik der Konstruktion und Praxis der Geschlechterverhältnisse mit der Frage nach der Konstruktion, Institutionalisierung und Anwendung des Eigentums bzw. eigentumsähnlicher Handlungsrechte verknüpft, revidiert er einige konventionelle Geschichtsbilder.

Der Rechtspluralismus der frühen Neuzeit stärkte die Handlungsrechte der Frauen im Umgang mit Besitztümern, indem er ihnen mehrere Deutungs- und Handlungsoptionen gab und so die Abstimmung der eigenen Ansprüche und Handlungsrechte auf die besonderen wirtschaftlichen, familialen und demographischen Umstände ermöglichte.[7] Frauen partizipierten an der Eigentumskultur der ständischen Gesellschaft nicht nur, sondern hatten, wie Hendrikje Carius in Übereinstimmung mit den anderen Autorinnen hervorhebt, auch ein „ausgesprochenes Rechts- und Eigentumsbewusstsein" und gestalteten die Eigentumskultur durch Prozesse um Eigentum und Besitz mit.[8] Einige Leser werden bei der Lektüre der Beiträge in die Versuchung geraten, die Modelle für die Zukunft in der Frühen Neuzeit zu suchen; oder in der russischen Frauengeschichte, in der laut Martina Winkler „die materielle Unabhängigkeit, die Erb- und Rechtsfähigkeit russischer adliger Töchter, Ehefrauen und Witwen eine zentrale Rolle [spielte]".[9] Tatsächlich ist der Rechtspluralismus auch heute wieder aktuell.

6 Vgl. A. Siegetsleitner, Kants Eherecht: Besitz, Gleichheit und Ungleichheit, in diesem Band, S. 85 ff.
7 Vgl. dazu: Grochowina, in diesem Band, S. 18; K. Gottschalk, ,Schlüssel und Beschluss'. Verfügungsmacht über Verschlossenes in der Frühen Neuzeit, in diesem Band, S. 32; Hindersmann, in diesem Band, S. 58; G. Ostinelli-Lumia, Frauen, Recht und Eigentum. Erbrecht und Erbpraxis in Oberitalien (15.-18. Jahrhundert) in diesem Band, S. 70 f.; M. Winkler, Frauen, Männer, Eigentum. Russland 17.–19. Jahrhundert, in diesem Band, S. 78.
8 H. Carius, Konflikte um Eigentum und Besitz in der frühneuzeitlichen Zivilrechtspraxis. Frauen vor dem Jenaer Hofgericht, in diesem Band, S. 36 f.
9 Winkler, S. 72.

Die politisch-kulturelle Standardisierung des Eigentumsdenkens und der Diskurse über die Geschlechterverhältnisse sowie die Systematisierung, Kodifizierung und Dogmatisierung der Eigentumsrechte und der Geschlechterrollen schränkten im 18. und 19. Jahrhundert für manche Frauen die Handlungsrechte und Handlungsspielräume in gewissen Hinsichten ein. Der Band bestätigt die These, dass die Zeit um 1800 für Frauen keineswegs so eindeutig den Aufbruch in das Zeitalter von Freiheit und Fortschritt bedeutete, wie das von manchen Historikern und Juristen bis heute dargestellt wird. Die frühneuzeitlichen Eigentumsvorstellungen und rechtlichen Praktiken waren in einigen Hinsichten geschlechtsindifferenter, wenn nicht frauenfreundlicher, als die späteren; nicht zuletzt deshalb, weil die moralischen, rechtlichen und alltäglichen Vorstellungen über den Zusammenhang von Besitz, Geschlecht und Handlungsrechten weniger stringent aufeinander abgestimmt waren.

Der Band unterstreicht die langfristigen Kontinuitäten im Verhältnis zwischen Eigentum und Geschlecht: Der Umgang von Frauen mit Besitztümern war in der frühen Neuzeit familistisch (familienorientiert), ständisch und versorgungspolitisch geprägt. Daran änderte sich auch in der bürgerlichen Gesellschaft des 19. Jahrhunderts vielerorts vorerst wenig. Von der Frau als Inhaberin von Besitztiteln und Eigentumsrechten wurde weiterhin erwartet, dass sie durch die Weitergabe des Besitzes von einer (männlichen) Generation zur anderen die Zukunft der Familie sicherte.[10] „Besitzindividualismus"[11], eine der neuen Leitideen des 18. und 19. Jahrhunderts, bedeutete im Falle des männlichen Eigentums mehr als nur die rechtliche Zuordnung von Gütern zu einem Individuum. Für Männer war auch eine individualistische Einstellung beim Gebrauch der Eigentumsrechte legitim. Martina Winkler zeigt für die russische Entwicklung, wie der literarische Diskurs über den russischen Gutsbesitzer im 19. Jahrhundert die geschlechteregalitäre rechtliche Eigentumsordnung desavouierte, indem er Eigentum und besitzbasierte Handlungsrechte individualisierte und „maskulinisierte".[12] Man wird die späteren Versuche zur rechtlichen Gleichstellung vor dem Eigentum, in einigen Hinsichten auch zur Feminisierung des Eigentums, als Reaktion auf die Tendenz zur Maskulinisierung des Eigentums im 19. Jahrhundert, die euro-

---

10 Die historische und sozialanthropologische Forschung bestätigt das in vielfältiger Weise. Vgl. etwa S. Staves, Married women's separate property in England, 1660–1833, Cambridge/Mass. 1990; L. Davidoff/ C. Hall, Family Fortunes. Men and women of the English middle class, 1780–1850, London 1987.

11 C. B. Macpherson, Die politische Theorie des Besitzindividualismus. Von Hobbes bis Locke, Frankfurt a. M. 1990³.

12 Winkler, S. 78 ff.

pa- und weltweit etwa durch den napoleonischen Code civil symbolisiert und
institutionalisiert wurde, verstehen müssen.[13]

III.

Der Band „Geschlecht und Eigentumskultur" präsentiert empirische Fallstudien zur Geschichte der modernen Eigentumskulturen und Geschlechterbeziehungen in europäischen Gebieten. Die Verfasserinnen verwenden das
Konzept der Eigentumskultur in einem heuristischen Sinne und mehr oder
weniger systematisch, um die Eigentums- und Geschlechterordnung zu analysieren und kontextualisieren. Das Konzept der Eigentumskultur unterstreicht die spezifische Bedeutung des Eigentums für die Frauen in der frühen Neuzeit, und es relativiert isolierte Befunde aus der jeweiligen
Spezialforschung, indem diese aufeinander bezogen werden. „Eigentum"
meint in der frühen Neuzeit „in die Ständeordnung eingebettetes Eigentum".
Wenn sich der Kontext verändert, ändert sich nicht nur die Bedeutung und
Funktion des Eigentums, sondern auch dessen Bedeutung in der Charakteri-
sierung der Geschlechterrollen. Martina Winkler erklärt den Prozess der
Marginalisierung der Frau als Eigentümerin im Russland des 19. Jahrhunderts damit, dass Eigentum mit neuen kulturellen und politischen Werten
aufgeladen und so in einer Weise aufgewertet wurde, dass man es nicht mehr
den Frauen überlassen wollte.[14]

Die Verfasserinnen weisen wiederholt auf Spannungen und Divergenzen
zwischen dem herrschenden Recht, dem herrschenden gesellschaftlich-
kulturellen Eigentumsdiskurs und der tatsächlichen sozialen Praxis des
Eigentums hin. Sie erinnern daran, dass derartige Unterschiede auch durch
die verschiedenartigen Perspektiven der Begriffs-, Rechts- und Normenge-
schichte, der Sozial- und Institutionsgeschichte und der Alltags- oder Praxis-
geschichte bedingt sein können. Mithilfe integrierender Ansätze, aufgrund
thematischer Fokussierungen und dank dichter historischer Beschreibungen
relativieren sie derartige Differenzen. Das Konzept der Eigentumskultur

13 Vgl. U. Vogel: Patriarchale Herrschaft, bürgerliches Recht, bürgerliche Utopie. Eigentumsrecht der Frauen in Deutschland und England, in: J. Kocka (Hrsg.), Bürger-
   tum im 19. Jahrhundert. Deutschland im europäischen Vergleich, Bd. 1, München
   1988, S. 406-438; U. Gerhard, Die Rechtsstellung der Frau in der bürgerlichen Gesellschaft des 19. Jahrhunderts. Frankreich und Deutschland im Vergleich, in: Ebd.,
   S. 439-468. Vgl. ferner die Aufsätze zur Geschlechtsvormundschaft in U. Gerhard
   (Hrsg.), Frauen in der Geschichte des Rechts. Von der Frühen Neuzeit bis zur Gegenwart, München 1997.
14 Winkler, in diesem Band, S. 84.

dient ihnen dabei als großer Orientierungsrahmen und grobes Raster zur Strukturierung der empirischen Forschung und der Darstellung.

Der historische und systematische Zusammenhang von Handlungsrechten, Besitz und Eigentum wird in den Beiträgen mehr oder weniger systematisch geklärt. Aufgrund der historischen Konkretisierung wird in jedem Fall aber deutlich, was unter „Eigentumsrechten" jeweils zu verstehen ist, wie sie konstruiert, verrechtlicht und von den Akteurinnen verwendet werden. Die historische Darstellung schwankt zwischen den zeitgenössischen Begriffen und Metaphern und abstrakten, zeit- und kontextindifferenten Begriffen. Dichte Beschreibung der Empirie und der abstrakte Ansatz der Eigentumskultur stehen bisweilen allerdings noch recht unverbunden nebeneinander. An manchen Stellen wird deutlich, dass die Forschung auch deshalb an Grenzen stößt, weil der Ansatz der „Eigentumskultur" für die konkrete Forschung zu groß ist und überdies die großen und kleinen Prozesse der Herausbildung, Reproduktion und Fortentwicklung der Eigentumskulturen theoretisch nicht genügend ‚modelliert'. Ich schlage deshalb vor, die Entwicklung, Geschichte, interkulturelle Diffusion und Rezeption des Eigentums – des Eigentums als kulturelle Leitidee, als moralischer und rechtlicher Begriff, gesellschaftliche Norm, Institution und Praxisform – mithilfe des historisch-systematischen Konzepts der „Propertization" zu begreifen.

IV.

Das Konzept der Propertization problematisiert die Konstruktion, Institutionalisierung, Diffusion, Variation und Anwendung von „Eigentum" (Property).[15] „Propertization" charakterisiert die Dynamik von Eigentumsordnungen und Eigentumsregimes im Besonderen, von Gesellschaften, Rechtssystemen, Kulturen und Entwicklungspfaden im Allgemeinen. Warum und wie regeln Individuen, Gruppen und Organisationen ihre sozialen Beziehungen und den Umgang mit Besitztümern, materiellen und immateriellen Artefakten mithilfe der Vorstellung und Institution des Eigentums? Warum ziehen sie die Institution des privaten Eigentums für die Regelung der gesellschaftlichen Beziehungen zunehmend anderen Institutionen bzw. kollektiven Handlungsregeln, wie Stand, Ehre, Familie, Beruf, Religion, Freundschaft und Gemeinschaftseigentum, vor, die im Prinzip ähnliche handlungsleitende Funktionen über-

---

15 Ich danke den Mitgliedern der Leipziger „Forschergruppe Eigentum" – Christian Berger, Wolfgang Fach, Horst-Peter Götting, Sylke Nissen, Pirmin Stekeler-Weithofer – für spannende und weiterführende Diskussionen über die „Entgrenzung des Eigentums" und „Entgrenztes Eigentum", die mir bei der Reflexion über die Propertization sehr geholfen haben.

nehmen können? Warum und wann erscheint den verschiedenen Akteuren Eigentum im Wettbewerb der Institutionen als besonders überzeugend? Und wie ergänzt und amalgamiert sich die Institution des Eigentums mit anderen Institutionen zu einem Ensemble, das sich als Eigentumskultur oder Eigentumsregime begreifen lässt?

„Propertization" meint sowohl intentionale Strategien, die von identifizierbaren Akteuren in bestimmten Kontexten entwickelt und absichtlich verfolgt werden, als auch eigendynamische Prozesse, die sich quasi hinter dem Rücken der Akteure abspielen. Der Begriff und die Bezeichnung „Propertization" stammen aus der jüngeren angelsächsischen Rechtspublizistik, wo sie allerdings mehr beiläufig verwendet werden.[16] Es handelt sich um einen bisher erst ansatzweise explizierten Prozess-Begriff, der ein erhebliches heuristisches Potential für die integrierte Analyse der Entwicklung des Eigentums und moderner Gesellschaften hat. Propertization ist ein analytischer Kunstbegriff. Das Bedeutungsfeld von „Propertization" deckt sich vielfach mit den klassischen Konzepten der „Privatisierung" und „Individualisierung des Eigentums", geht aber darin nicht auf. „Propertization" bezieht sich auf eine idealtypische Leitvorstellung von Eigentum (Property) und entsprechende Motive, Mittel und Ziele, worüber sich die am Prozess der Propertization beteiligten Akteure laufend verständigen müssen.

Die Institution des Eigentums setzt sich idealtypisch aus einem Bündel von Regeln zusammen, die sich auf den Zugang zu materiellen und immateriellen Gütern und Leistungen beziehen, sowie auf deren Bearbeitung, Entnahme, Nutzung, Leitung, Verwaltung und Veräußerung. Den Kern des modernen Eigentumsrechts und Eigentumsdenkens bildet das Recht der Veräußerung, weil durch Veräußerung alle anderen Rechte mitübertragen werden.[17] Im Fall des individuellen oder privaten Eigentums gilt das eigentumsrechtliche Ideal, dass der Eigentümer über relativ starke und umfassende Rechte verfügt.

Eigentum repräsentiert und regelt soziale Rollen und Beziehungen. Man kann es als Bündel von kulturell, moralisch und gesetzlich begründeten Regeln und Rechten begreifen, das gegenseitige Erwartungen normiert. Soziologisch gesehen handelt es sich beim Eigentum um eine „Institution" im Sinne einer kollektiven Handlungsregel oder handlungsleitenden Regel,[18]

---

16 Vgl. zur "Propertization" geistiger Werke L. Lessig, Reclaiming a commons, Draft 1.01, 1999, http://cyber.law.harvard.edu/events/lessigkeynote.pdf.
17 Vgl. E. Ostrom, How Types of Goods and Property Rights jointly affect Collective Action, in: Journal of Theoretical Politics 15 (2003) 3, S. 239-270.
18 Vgl. zum Institutionsbegriff: R. W. Scott, Institutions and Organizations, Thousand Oaks 1995; A. Maurer/M. Schmid, Die ökonomische Herausforderung der Soziolo-

welche die sozialen Beziehungen standardisiert und damit erwartbar macht. Eigentum bestimmt und ermöglicht den Umgang mit materiellen und kulturellen Ressourcen, Artefakten und Leistungen.

Eigentum regelt in neuzeitlichen Gesellschaften nicht nur den alltäglichen Umgang mit Gütern und Leistungen, sondern koordiniert als kulturelle und politische Leitidee auch die Verständigung über die großen Sinn- und Ordnungsfragen des gesellschaftlichen Zusammenlebens und Überlebens. Aufgrund der Scharnierfunktion des Eigentums zwischen Individuum, Gesellschaft und Staat sind Eigentumsrechte in den neuzeitlichen Argumentationen von Politikern, Philosophen, Juristen, Ökonomen, Historikern und Gesellschaftswissenschaftlern ganz zentral – egal, ob es um die Ordnung von Staat, Gesellschaft, Wirtschaft, Recht und Wissen geht, oder, wie im vorliegenden Band, um die Ordnung der Geschlechter.

Propertization verweist auf spezifische Prozesse und Strategien der Symbolisierung, Institutionalisierung und Verrechtlichung des sozialen Handelns im Umgang mit zentralen Werten und Gütern: Die Leitidee des privaten Eigentums wird zum vorherrschenden Deutungshorizont, der dem sozialen, wirtschaftlichen, politischen, kulturellen und rechtlichen Handeln Sinn verleiht und die Beziehungen zwischen Individuen, Gruppen und Gegenständen prägt. Eigentum wird zu einer zentralen Institution, welche die sozialen Beziehungen und den Umgang mit materiellen und kulturellen Ressourcen und Artefakten bestimmt.

Propertization verweist auf Prozesse der Diffusion, Differenzierung und Diversifizierung des Eigentums. Propertization steigert die Vieldeutigkeit und die Polyfunktionalität des Eigentums. Sie wertet andere Institutionen und die damit verbundenen sozialen und kulturellen Differenzen und Distinktionen ab.

Propertization meint schließlich auch, dass immer mehr Akteure auf die Strategie der eigentumsförmigen Institutionalisierung und eigentumsbasierten Legitimierung wirtschaftlicher, sozialer und kultureller Handlungsrechte setzen. Die Beiträge des vorliegenden Bandes zeigen, dass auch Frauen starke eigentumsbasierte Handlungsrechte anstrebten und nutzten, um Beziehungen berechenbar zu machen und sich und der Familie soziale, wirtschaftliche, kulturelle und politische Vorteile zu verschaffen. Die Institutionalisierung

---

gie?, in: A. Maurer/M. Schmid (Hrsg.), Neuer Institutionalismus. Zur soziologischen Erklärung von Organisation, Moral und Vertrauen, Frankfurt a. M. 2002, S. 9-38; S. Quack, Zum Werden und Vergehen von Institutionen. Vorschläge für eine dynamische Governance-Analyse, in: G. F. Schuppert (Hrsg.), Governance-Forschung. Vergewisserung über Stand und Entwicklungslinien, Baden-Baden 2005, S. 346-370.

ungleicher Geschlechterrollen führte zur Aufspaltung des Propertizationpro-
zesses in eine männliche und weibliche Variante – und umgekehrt.
     Propertization betont die aktiven, intentionalen und strategischen Seiten
der Konstruktion und des Gebrauchs des Eigentums, blendet eine gewisse
Eigendynamik, Unbestimmtheit und Ungerichtetheit in der Entwicklung des
Eigentums aber auch nicht aus. Die Entscheidung der Akteurinnen und Akteure für die Wahl der Institution Eigentum beruht auf vielfältigen Motiven;
zu gewissen Zeiten mag es sich auch um eine Mode handeln. Die Attraktivi-
tät des privaten Eigentums beruht – zuerst in Europa und Amerika, dann zunehmend darüber hinaus – auf der Erwartung „neuzeitlicher" und „moderner"
Gesellschaften, dass sich damit „traditionelle" Konflikte und Spannungen
lösen und „Fortschritte" erzielen lassen. Die historische Meistererzählung
von Eigentümergesellschaften lautet, dass „Eigentum" das Individuum von
traditioneller Herrschaft und Patronage befreit habe und stets aufs Neue unabhängig macht. Varianten dieser Meistererzählungen zur Geschichte und
Funktion des Eigentums unterstreichen die Fähigkeiten des Eigentums, traditionelle Konflikte zu entschärfen und soziale Beziehungen und Ordnungen
zu stabilisieren, indem etwa starke individuelle Handlungsrechte ohne Rücksicht auf Tradition oder ständische, ethnische und konfessionelle Zugehörigkeit zugewiesen und garantiert werden.

V.

Die dem vorliegenden Band zugrunde liegende historische Meistererzählung
zum Verhältnis von Eigentum und Geschlecht lässt sich folgendermaßen
zusammenfassen und zuspitzen: Frauen haben in der frühen Neuzeit die
Konstruktion und Verwendung des Eigentums aktiv und bewusst mitgestal-
tet. Sie haben sich dank des Eigentumsrechts bzw. eigentumsähnlicher
Handlungsrechte immer wieder aus Abhängigkeiten befreien können. Und
sie haben die individuellen Handlungsrechte familienorientiert und sozial-
verträglich angewendet. Widerlegen die Beiträge damit die aus der bisherigen Forschung hinlänglich bekannte Opfer- und Marginalisierungsthese,
wonach Eigentumsrechte als Instrumente der Männerherrschaft fungierten?
In gewissen Hinsichten wird man das bejahen können. Die Verfasserinnen
widerlegen die Opferthese aber nicht wirklich, sondern lassen sie bloß für
einmal beiseite, um eine neue Meistererzählung zu präsentieren, welche die
bisherige historische Meistererzählung in wichtigen Punkten relativiert und
ergänzt. Er zeigt, dass die Auseinandersetzung mit der Frage, ob und inwiefern Eigentum Frauen und Männer mündig macht, weiterhin lohnend ist.

Man sollte dann allerdings auch die Defizite und Risiken des Eigentums, die im Verlauf des großen historischen und gesellschaftlichen Experiments der Propertization zunahmen, stärker berücksichtigen. Mit der Institution des Eigentums handelten sich die Gesellschaften neue Probleme und Konflikte ein, die eine spezifische Dynamik entfalteten und in denen manche Hoffnungen auch enttäuscht wurden – auch die von Frauen. Nach und nach bildete sich bei Männern wie bei Frauen ein Bewusstsein dafür aus, dass die positiven Wirkungen und die Akzeptanz des Eigentums an das Vorhandensein bestimmter Kontextbedingungen geknüpft sind.

VI.

Der Band betont im Gegensatz zur traditionellen frauen-, rechts- und diskursgeschichtlichen Forschung über Eigentum und Geschlecht die aktive und gestaltende Rolle der besitzenden und eigentumsberechtigten Frauen in der ständischen Gesellschaft. Nicole Grochowina betont im Gegensatz zu manchen rechtsgeschichtlichen und historischen Arbeiten den Fundamentalcharakter der Eigentumsrechte in der frühen Neuzeit.[19] Die Fortsetzung der Geschichte wird nicht ausdrücklich beantwortet.

Wenn Ökonomen die Komplexität des Eigentums reduzieren und das Eigentumsrecht primär unter dem Gesichtspunkt der rechtlichen Regulierung, der ökonomischen Zweckmäßigkeit, der optimalen Allokation und Nutzung der Ressourcen sowie der Verringerung der Transaktionskosten studieren, so ist diese Vereinseitigung durch spezifische Interessen begründet. Diese Gesichtspunkte spielen im vorliegenden Band fast keine Rolle. Manche mögen das bedauern. Meines Erachtens besteht das Verdienst des vorliegenden Bandes für die Eigentumsgeschichte aber nicht zuletzt gerade darin, dass die sozialen, kulturellen und geschlechtsspezifischen Dimensionen der Eigentumsgeschichte stärker hervorgehoben werden. Die Ausführungen zur Übertragung von Besitz und Eigentumsrechten durch Vererbung zeigen, dass Frauen die Eigentumsrechte vielfach weniger zur Steigerung des wirtschaftlichen Nutzens als zur Sicherung sozialer und kultureller Erwartungen in Familie und Stand verwendeten. Man könnte dazu kritisch einwenden, dass in der ständischen Gesellschaft viele Männer auch nicht anders handelten oder handeln konnten. Aufgrund der Erweiterung der Frauen- zur Geschlechtergeschichte werden sich diese Fragen demnächst hoffentlich klären.

Die kritische Analyse und Reflexion des Eigentumsrechts hat in den Geschichts-, Gesellschafts- und Geisteswissenschaften eine lange Tradition.

---

19 Grochowina, in diesem Band, S. 9.

Der Band regt dazu an, die historische Forschung über die sozialen, politischen und kulturellen Dimensionen der Konstruktion und des Gebrauchs des Eigentums fortzusetzen und zu intensivieren. Das ist nach dem Zusammenbruch des europäischen Staatssozialismus und im Zeitalter einer entfesselten und globalen Propertization, die nun auch das geistige Eigentum immer wichtiger werden lässt,[20] dringender denn je.

---

20 H. Siegrist, Geschichte und aktuelle Probleme des geistigen Eigentums (1600–2000), in: A. Zerdick u.a. (Hrsg.), E-merging Media. Digitalisierung der Medienwirtschaft, Heidelberg 2003, S. 313-332.

FORUM

Laurence Marfaing/Steffen Wippel

Die Öffnung des Landwegs Dakar – Tanger und die Wiederbelebung transsaharischer Beziehungen

Materielle Symbole regionaler Zusammengehörigkeit

Marokko hat in den letzten Jahren seine politischen und wirtschaftlichen Beziehungen in den Sahararaum und darüber hinweg wieder verstärkt, insbesondere zu Ländern wie Mauretanien und Senegal.[1] Gerne beruft man sich dabei auf historische Gemeinsamkeiten und auf langanhaltende Kontakte, die nur kurzzeitig reduziert oder gestört worden seien. Umgekehrt hat Mauretanien in jüngster Zeit seine nordafrikanische Orientierung zu Lasten seiner subsaharischen Beziehungen ausgebaut: so trat das Land 1999 aus der *Wirtschaftsgemeinschaft Westafrikanischer Staaten* (ECOWAS) aus[2] und erklärte ausdrücklich, sich für Fortschritte der Maghrebintegration engagieren zu wollen.[3] Auch der Senegal hat in den letzten Jahren verstärkt seine Fühler zum nördlichen Teil des Kontinents ausgestreckt, Interesse an einer Assoziation an die *Arabische Maghrebunion* (UMA) gezeigt[4] und sich vor allem um die Verbesserung bzw. die weitere Stärkung des Verhältnisses zu Mauretanien und zu Marokko bemüht. Die drei Staaten beschlossen im Juli 2004 einen gemeinsamen „*Conseil de concertation des pays africains du Nord atlantique*" zu schaffen[5]. Neben diesen hochoffiziellen Beziehungen durchquert all die Zeit ein kontinuierlicher Strom von Menschen und Gütern die westliche Sahara. Dieser folgt seinem eigenen Rhythmus. Seine schwankende Intensität wird aber nicht zuletzt bedingt durch die Politik „von oben": diese kann einerseits die Bewegungen erleichtern oder erschweren, andererseits richten sich die Akteure auch gegen sie, um offizielle Grenzregime und andere Regelungen zu umgehen und sich dadurch ergebende „Nischen der Opportunität" zu suchen.

---

1 L. Marfaing/S. Wippel (Hrsg.), Les relations transsahariennes à l'époque contemporaine, Un espace en constante mutation, Paris/Berlin 2004.
2 Vgl. ArabicNews vom 28.12.1999.
3 S. Wippel, „Bruder" und „Brücke": Die Entwicklung des marokkanisch-mauretanischen Verhältnisses, seine Wahrnehmungen und regionale Bezüge, Berlin (i. V.).
4 Vgl. ArabicNews vom 20.8.1999.
5 Vgl. bspw. Le Matin vom 2.7.2004.

COMPARATIV 15 (2005), Heft 4, S. 109-140.

Angewiesen ist der Personen- und Warenstrom auf Verkehrswege. Nach dem Niedergang der alten Karawanenrouten gab es im 20. Jahrhundert in Kolonialzeiten, unter den neuen Nationalstaaten und in panafrikanischen Einrichtungen immer wieder Pläne zur Errichtung weiträumiger moderner Straßen- und Bahnverbindungen durch die Sahara. Diese scheiterten regelmäßig an den Kosten und an technischen Problemen, vor allem aber aus politischen Gründen. Wer auf die andere Seite der Sahara wollte, um- und überquerte diese und nahm lange Zeit erst das Schiff, dann das Flugzeug. Nur wenige, die es sich nicht leisten konnten oder ihre Gründe hatten (Schmuggler, Aufständische, Flüchtlinge), setzten sich noch dem langsamen, beschwerlichen und immer wieder verbarrikadierten Weg durch die Wüste aus, auch wenn deren Durchquerung letztlich kaum billiger kam. Nachdem es lange Zeit so schien, als ob die zentrale Transsahararoute durch Algerien nach Mali und Niger nach vielen Jahren Bauzeit als erste fertiggestellt werden würde, werden nun in Kürze die letzten Teilstrecken der westlichen Strecke entlang der Atlantikküste asphaltiert sein.

Zugleich bedürfen die wiederaufgelebten offiziellen Beziehungen einer politischen Legitimierung in der Öffentlichkeit und einer symbolischen Unterfütterung. In sozialwissenschaftlichen Ansätzen zur Gemeinschaftsbildung, aber bspw. auch in jüngeren Erklärungsansätzen zur Regionalisierung wird auf die Bedeutung, die der Herausbildung einer gemeinsamen Identität und einer gemeinsamen Vorstellung für den Zusammenhalt und den Kooperationswillen zukommt, hingewiesen. Soziale Räume stellen gesellschaftliche Konstrukte dar, die auf einer engen gegenseitigen Durchdringung materieller und kognitiver Prozesse beruhen.[6] Günstige wirtschaftliche und politische Voraussetzungen stellen somit zwar wichtige Grundlagen einer regionalen Zusammenarbeit über die Staatsgrenzen hinweg dar. Doch sind auch die Wahrnehmungen der Beteiligten von Bedeutung, da sie politisches und wirtschaftliches Handeln beeinflussen und ein dauerhaftes Zu(sammen)-

---

6 Dazu besteht eine umfangreiche sozial- und kulturwissenschaftliche, politikwissenschaftliche und geographische Literatur. Vgl. z. B. A. Appadurai, The Production of Locality. In: R. Fardin (Hrsg.), Counterworks, Managing the Diversity of Knowledge, London 1995, S. 204-225; S. Krätke, Globalisierung und Regionalisierung. In: Geographische Zeitschrift 83 (1995), 1/2, S. 207-221; R. Higgott, Mondialisation et gouvernance: l'émergence du niveau régional. In: politique étrangère 62 (1997), 2, S. 277-292. Darauf verweisen auch Erkenntnisse über die „Erfindung von Traditionen" (E. Hobsbawm/T. Ranger (Hrsg.), The Invention of Tradition, Cambridge 1992) oder die „Imagination von Gemeinschaften" (B. Anderson, Imagined Communities, Reflections on the Origin and Spread of Nationalism, London/New York, überarb. und erw. Aufl. 1991).

gehörigkeitsgefühl vermitteln können.[7] Gerade bei längerfristig angelegten externen Orientierungen kommt gemeinsamen Identitäten große Bedeutung zu, damit die Zusammengehörigkeit auch über politisch und wirtschaftlich bedingte Schwankungen der Beziehungen hinweg erhalten bleibt.[8] Geeignete Symbole können dieses Gefühl verstärken und dazu beitragen, es zu stabilisieren.

Eine solche symbolische Bedeutung kann beispielsweise Straßen zukommen. Sie sind zunächst von enormer *materieller* Bedeutung, reduzieren sie doch Transportkosten erheblich, beschleunigen und erleichtern sie den Verkehr und erschließen und integrieren sie mit ihren Ab- und Verzweigungen ebenso den Raum in der Fläche zwischen ihren Endpunkten, auch bislang eher isolierte Landstriche. Kosten-Nutzen-Kalkulationen weisen oft auf beträchtliche Potentiale für die Ausweitung des Handels sowie lokale, nationale und regionale wirtschaftliche Wachstumsimpulse hin; die damit einhergehende Verkehrszunahme induziert häufig weitere Anschlußprojekte.

Natürliche Verkehrswege, wie Wasserläufe, und solche, die von Menschenhand geschaffen wurden, nehmen jedoch nicht nur eine große praktische Rolle bei der Festigung von nationalen oder regionalen Zusammenhängen ein. Darüber hinaus kommt Straßen wie anderen großen Infrastrukturprojekten aufgrund der Raumbezüge sozialer Identitäten auch große *symbolische* Bedeutung für die Stärkung des Zusammenhalts in dem erschlossenen Raum zu. Sie tragen dazu bei, Räume zu strukturieren und linienhafte und netzwerkartige Beziehungen zwischen den damit verbundenen Regionen zu knüpfen. Immer wieder wurden solche Verkehrswege nicht nur aus ökonomischen Gründen – zur Verbesserung der Infrastruktur und der Entwicklungsmöglichkeiten – geplant und gebaut, sondern auch bewußt aus politischen Motiven errichtet, um das Zusammengehörigkeitsgefühl, die gemeinsame Identität aufzubauen und zu verstärken. Dies schlägt sich bisweilen auch direkt in den ihnen verliehenen Bezeichnungen nieder. Beispiele hierfür sind die Verkehrsprojekte der deutschen Einheit, die Transsibirische Eisenbahn oder transamerikanische Straßen- und Bahnverbindungen.[9]

---

7   Dies schließt nicht aus, daß vor allem in den benachbarten Grenzregionen häufig transnationale Identitäten und Gemeinsamkeiten aufgrund enger sozialer Bindungen und wirtschaftlicher Verflechtungen bestehen. Diese werden sich zuweilen landesweit zunutze gemacht, manchmal aber auch mit neuen überwölbenden Identitäten zu konterkarieren versucht.

8   Vgl. ähnlich R. Münch, Globale Dynamik, lokale Lebenswelten, Der schwierige Weg in die Weltgesellschaft, Frankfurt a. M. 1998, S. 351; P. Veltz, Une organisation géoéconomique à niveaux multiples. In: Politique Etrangère 62 (1997), 2, S. 265-276, hier S. 272.

Erfahrungen regionaler (wie auch nationaler) Integration zeigen, daß sie oft begleitet sind von gemeinsamen Großprojekten und bewußten Entwicklungs- und Kohäsionspolitiken, insbesondere vom Ausbau der Infrastruktur- und Kommunikationsnetze, die zu Interdependenzen und intraregionalen Verbindungen führen. Sie übernehmen eine hervorragende Rolle in der Konsolidierung der entstehenden Beziehungen und der keimenden Partnerschaft und sie machen den politischen Diskurs glaubwürdig, indem sie Worte und Taten verbinden. So bilden in der EU die „Transeuropäischen Netze" ein wesentliches Element der europäischen Kohäsionspolitik. Auch im Rahmen des Friedensprozesses im Nahen Osten und des Versuchs, eine neue Regionalordnung zu schaffen, wurden zahlreiche Projekte regionaler Interdependenz diskutiert und vereinbart. Dem zugrunde lag die Erkenntnis, daß wirtschaftliche und soziale Entwicklung als Basis für dauerhaften Frieden und Versöhnung vor allem dem Ausbau der regionalen Transport- und Kommunikationsverbindungen bedürfe.[10] Zuweilen werden auch historische Verbindungen, wie die durch Zentralasien verlaufende Seidenstraße, wiederbelebt und dienen als ideelle Grundlage regionaler Kooperations- und Integrationsvorhaben. Zur Rolle von Straßen-, Bahn- und Pipelineverbindungen für die Emergenz regionaler Bezüge wird dabei festgestellt:

> „The old and newly emerging system of transport for goods, persons and ideas suggests an interlinkage between and an overlap of Asia and Europe, facilitating a continual flow of money, goods, ideas, perceptions, discourses and persons. The circulating intermediaries allow networks to come into being by giving social links shape and consistency and therefore some degree of longevity and size. But they are not passive tools. For example, texts and technical artefacts can clearly define the role played by others in the network ... In other words, the 'material' and the 'social' intertwine and interact in all manners of promiscuous combinations ... including the development of spatial conceptions."[11]

---

9 So wurden z. B. im 19. Jahrhundert die zahlreichen transkanadischen Linien als integraler Bestandteil der nationalen Identität betrachtet (A. A. Den Otter, The Philosophy of Railways, The Transcontinental Railway Idea in British North America, Toronto u. a. 1997).

10 Daraus folgt natürlich nicht die umgekehrte Kausalität, gerade wenn man Straßen betrachtet, die – besonders im „nationalen" Rahmen – als Instrumente zur besseren Kontrolle und Oppression in den besetzten Gebieten gebaut wurden. Ähnliches gilt für die militärische Funktion der hier untersuchten Verbindung innerhalb der Westsahara oder ihre Bedeutung, zusammen mit den anderen Asphaltstraßen, für die bessere Kontrolle des mauretanischen Staatsgebiets durch die politische Zentrale (A. Antil/A. Choplin, Le chaînon manquant: Notes sur la route Nouakchott-Nouadhibou, dernier tronçon de la transsaharienne Tanger-Dakar. In. Afrique Contemporaine 208 (2003), Winter, S. 115-126.

In der betrachteten Region wurde 1988 das Vorhaben der „Route de l'Unité Maghrébine" von Tobrouk bis Nouakchott lanciert, die bis auf das mauretanische Teilstück als Autobahn ausgebaut werden soll.[12] Sie überlappt mit der hier untersuchten Strecke, die gleichzeitig Teil eines geplanten panafrikanischen Straßennetzes darstellt (s. u.).[13] Die parallel dazu verlaufende Transsaharaverbindung Algier-Lagos hat als „route de l'unité africaine" große Symbolkraft für Algerien und die benachbarten Staaten.[14] Marokko wie Mauretanien bauten selbst ihre nationalen „Straßen der Einheit". Diese dienten dazu, bislang vernachlässigte Teile des Landes, mit denen nur lose Verbindungen bestanden, die sich unter Umständen gegen die Zentralgewalt aufgelehnt hatten oder sich auf außerhalb des nationalen Territoriums liegende Zentren orientierten, an die zentralen Gebiete anzuschließen. Ende der 1950er Jahre baute Marokko die „Route Al Wahda" von Fès über Kétama nach Al Hoceïma, die nicht nur der infrastrukturellen Anbindung des Nordens und der Kontrolle des als antiroyalistisch geltenden Rifs dienen sollte, sondern auch die Einheit des Landes nach der Rückgliederung der ehemals

---

11 H.-D. Evers/M. Kaiser, Two Continents, One Area: Eurasia, Working Paper 328, Universität Bielefeld, Fakultät für Soziologie, Forschungsschwerpunkt Entwicklungssoziologie, Bielefeld 2000, S. 4.

12 Zu den transmaghrebinischen Straßenplanungen vgl. bspw. Union interparlamentaire, Document final de la Ière Conférence interparlementaire sur la sécurité et la coopération en Méditerranée, Organisée par l'Union interparlamentaire, Malaga (Espagne), 15-20 juin 1992 (*www.ipu.org/splz-f/malaga.htm*); Union interparlamentaire, Document final de la IIe Conférence interparlementaire sur la sécurité et la coopération en Méditerranée, Organisée par l'Union interparlamentaire, La Valette (Malte), 1-4 novembre 1995 (*www.ipu.org/splz-f/Valetta.htm*); Conférence Européenne des Ministres des Transports/European Conference of Ministers of Transport, Deuxième rencontre des ministres des transports des pays de la Méditerranée occidentale, Rbat (Maroc), 22 septembre 1995 (*www.oecd.org//cem/topics/region/med295fr.pdf*).

13 Die für Afrika zuständige UN-Wirtschaftskommission stellte fest: „Les transports et les communications sont appelés à jouer un rôle de premier plan dans la concrétisation du projet d'intégration économique en Afrique du Nord comme dans les autres sous-régions du Continent." (Economic Commission for Africa, Coopération sous-régionale dans le secteur des transports et des communications en Afrique du Nord, Treizième réunion du Comité intergouvernemental d'experts, Tanger (Maroc) 01-04 Avril 1997, Pkt. 1)

14 L. Blin, L'Algérie du Sahara au Sahel, Route transsaharienne, économie pétrolière et construction de l'Etat, Paris 1990; [A. Gaudio], Le projet de route transsaharienne et ses incidences. In: Maghreb 46 (1971), S. 31-36; D. Bejui/P. Bejui, Exploits et fantasmes transsahariens, 80 ans de traversées sahariennes abouties ou... rêvées, en auto, en camion, en train et en avion, Chanac 1994, S. 174 f.

spanischen Protektoratszone versinnbildlichen sollte.[15] Die transmauretanische „Route de l'Espoir" von Nouakchott nach Néma wurde zwischen 1975 und 1985 zur Stärkung der nationalen Einheit angelegt, insbesondere zur Anbindung der beiden stark nach Mali orientierten Hodh-Provinzen im Osten[16]; sie wird seit 2001 als Teilstück der Straße Nouakchott – Lagos Richtung Mali weitergebaut.[17]

Einen ebensolchen Charakter als materielle wie symbolische Verbindung nimmt die Straße „Dakar-Tanger" bzw. „Tanger-Dakar(-Lagos)" ein.[18] Angelegt wird sie vor allem aus binnen- und zwischenstaatlichen allgemein-, handels- und verkehrspolitischen Erwägungen; zugleich kommt ihr – offiziell wie in der Öffentlichkeit des Landes – eine große Bedeutung für die Annäherung zwischen Marokko, Mauretanien und dem Senegal zu. Beides, die materiellen und die kognitiven Aspekte, die Geschichte wie die aktuellen Implikationen der westlichen Transsahararoute, die sich kurz vor der Vollendung befindet, sollen im folgenden Berücksichtigung finden. Besonderes Gewicht legen wir auf die Betrachtung in der „longue durée", da für die Realisierung der Straße das Imaginäre und die Geschichte der Beziehungen eine unverzichtbare Rolle spielt – wie sich dies bspw. auch in Reden des senegalesischen Präsidenten Wade widerspiegelt, wenn er zur Wiederherstellung transafrikanischer Verflechtungen und zur Überwindung der Grenzen aufruft.

Im folgenden Beitrag betten wir den nordwestafrikanischen Raum in seinen historischen Kontext ein und rekonstruieren die Geschichte der Strasse von der ursprünglichen Idee, eine Verbindung zwischen den drei Ländern zu schaffen, bis kurz vor ihre Fertigstellung heute. Danach stellen wir die ersten Auswirkungen der Grenzöffnung zwischen Marokko und Mauretanien auf die Menschen- und Güterströme in dem genannten Raum dar. Abschließend skizzieren wir die gesellschaftlichen und ökonomischen Hoffnungen der Beteiligten und erörtern angesichts dieser noch sehr jungen Entwicklungen die Perspektiven, die sich der Region möglicherweise eröffnen. Eine entscheidende Rolle für die hier behandelten aktuellen und die zukünftigen Aus-

15 Vgl.   Ministère   des   Travaux   Publics: Rocade   routiére   méditerranéene (www.mtpnet.gov.ma/drcr/rocade_med.htm). S. a. L'Opinion vom 7.7.1997.
16 R. Wegemund, Die Außenpolitik Mauretaniens unter besonderer Berücksichtigung der Beziehungen zu Senegal. In: U. Clausen (Hrsg.), Mauretanien, Eine Einführung, Hamburg 1994, S. 79-110, hier S. 58; H. Schissel, La route transmauritanienne ciment de l'unité nationale. In: Le Monde diplomatique, Juli 1980, S. 30.
17 Vgl. Nouakchott Info 294 vom 26.2.2002 und 420 vom 23.6.2003.
18 Antil/Choplin (Anm. 10) geben einen aktuellen Überblick über die Straße und betonen vor allem ihre Bedeutung im innermauretanischen Raum- und Gesellschaftsgefüge.

tauschbeziehungen spielt der Westsaharakonflikt; er steht jedoch nicht im unmittelbaren Fokus unserer Ausführungen.

Nordwestafrika: Ein zusammengehöriger Raum

Seit dem 11. Jahrhundert stellt die Region Senegal / Mauretanien / Marokko einen Raum kulturellen, religiösen, politischen und wirtschaftlichen Austauschs dar. Im Gefolge der almoravidischen Expansion, die von islamisierten Berbern aus der südlichen Sahara ausging, entstand ein politischer Raum, der sich von Andalusien im Norden bis zum Ghanareich im Süden erstreckte. Eng mit den politischen Entwicklungen verbunden entfalteten sich bis ins 19. Jahrhundert die transsaharischen Wirtschaftsbeziehungen. Dies betraf die Haupthandelsrouten genauso wie die Handelswaren, wie Salz, Gold oder Sklaven. Die Hauptsorge der Handels- und Pilgerkarawanen, die den Raum durchquerten, galt dem Schutz in Form von Allianzen, Treueeiden und Tributzahlungen, die jedoch nie ausreichend zuverlässig waren, um Razzien und Entführungen vollständig zu verhindern. Dies und seine klimatische Rauheit verschafften dem Raum den Ruf einer feindlichen Welt, eine Reputation, die sich im kollektiven Gedächtnis der betroffenen Bevölkerung tief eingegraben hat und noch immer beim geringsten Anlaß wieder auflebt. Zudem ist die gegenseitige Wahrnehmung der Völker von Vorurteilen geprägt und belastet von dem oft Unausgesprochenen der kollektiven Erinnerung, die vor allem an zwei zentrale historische Tatbestände anknüpft: die Sklaverei, der die subsaharische Bevölkerung durch die Araber ausgesetzt war[19], und die Kollaboration während der kolonialen Eroberung, die Marokkaner

---

19 In Mauretanien wie in Marokko ist es noch immer schwierig, dieses Thema anzusprechen. Die Konnotation Schwarz(er) = Sklave ist noch immer stark in den Vorstellungen verankert. Während es einerseits eine starke historische Präsenz von Marokkanern in der Region um den Senegalfluß gibt (Yahia Abou El FarahAbdelouahed Akmir/Abdelmalek Beni Azza, La présence marocaine en Afrique de l'Ouest, Cas du Sénégal, du Mali et de la Côte d'Ivoire, Rabat 1997), ist die Anwesenheit subsaharischer Bevölkerung im Norden mit dem Sklavenhandel verbunden (M. Ennaji, Soldats, domestiques et concubines, L'esclavage au Maroc au 19e siècle, Casablanca 1994; R. Aouad-Badoual, Les incidences de la colonisation française sur les relations entre le Maroc et l'Afrique Noire [c. 1875–1935], Thèse de doctorat, Université de Provence [Aix-Marseille I], Aix-en-Provence 1994). Es waren vor allem Händler und Pilger, die dank der Schutzmaßnahmen, die sie genossen, die Reise durch die Sahara auf sich nahmen (O. Kane, Les relations entre la communauté tidjane du Sénégal et la Zawiya de Fès. In: Fès et l'Afrique, Relations économiques, culturelles et spirituelles, Rabat 1996, S. 13-28; R. Aouad, Relations Maroc-Afrique Noire d'une Guerre à l'Autre [1914–1939]. In: Revue Maroc-Europe, Histoire, Economies, Sociétés 8 (1995), S. 219-245).

und Mauretanier den subsaharischen Afrikanern, vor allem den Senegalesen, vorwerfen[20].

Über nationale Grenzen hinweg teilen sich dieselben Völker, Stämme und Familien einen zusammengehörigen Raum: im Süden, im Tal des Senegal-flusses, wurden die *Toucouleur* und *Peulh* je nach ihrem augenblicklichen Wohnsitz zu Bürgern des einen oder des anderen der beiden Anrainerstaaten; im Norden verteilt sich die sahrawische Bevölkerung über den Norden und Westen Mauretaniens, die Westsahara und den Süden Marokkos bis hin in den Südwesten Algeriens. Ein Gefühl der Zusammengehörigkeit über die augenblicklichen Staatsgrenzen hinweg ist – ungeachtet der formellen Staatszugehörigkeiten – noch lebendig und wird gepflegt, vor allem im Rahmen sozialer und religiöser Feierlichkeiten und Ereignisse, wie z. B. anläßlich der jedes Jahr in Dakar stattfindenden „islamischen Kulturtage", die der Erinnerung an Cheikh Ahmed Tidjani gewidmet sind, oder auf der Pilgerfahrt nach Fès.[21] Auf der Ebene der politischen und wirtschaftlichen Beziehungen zwischen den Staaten der Region läßt sich zudem seit etwa 1997/98 eine „Wiederbelebung" der transsaharischen Kontakte[22] beobachten, für die symbolisch die Öffnung und baldige Vollendung der Straßenverbindung Dakar – Tanger steht.

Die koloniale Expansion

Die europäische Expansion, die im 15. Jahrhundert begann, führte zu einer Verlagerung der kulturellen und wirtschaftlichen Zentren der Region an die

---

20 Die „tirailleurs sénégalais" waren eine Einheit der französischen Kolonialarmee, die aus Subsahariern bestand und die Kolonialtruppen bei ihren „Pazifizierungsmaßnahmen" im kolonialen französischen Afrika unterstützte. Nach der kolonialen Eroberung wurden sie u. a. dazu eingesetzt, Ende der 1940er Jahre und in den 1950er Jahren die Demonstrationen für die Unabhängigkeit in Marokko zu unterdrücken. Unter den „tirailleurs sénégalais" waren alle Bevölkerungsgruppen des Kolonialreiches vertreten, obgleich die Bezeichnung „senegalesisch" in der Erinnerung hängen blieb.

21 Vgl. Le Matin vom 25.12.2000 und 30.12.2002. Fès ist das Zentrum der islamischen Bruderschaft der Tidjaniya und ein zentraler Ausgangspunkt der Islamisierung Afrikas. Dazu s. a. die Untersuchungen von P. Mbow, Ahmad Baba de Tombouctou: précurseur des relations culturelles entre Fez et le Sudan Occidental. In: Fès et l'Afrique, Relations économiques, culturelles et spirituelles, Rabat 1996, S. 107-114; O. Kane, Les relations (Anm. 19).

22 S. Wippel, Rückbesinnung auf Afrika: Neue Tendenzen transsaharischer Beziehungen der nordafrikanischen Staaten. In: R. Hofmeier/C. Jakobeit (Hrsg.), Afrika Jahrbuch 2000, Politik, Wirtschaft und Gesellschaft in Afrika südlich der Sahara, Institut für Afrika-Kunde, Opladen 2001, S. 60-70; L. Marfaing/S. Wippel (Hrsg.), Les relations transsahariennes à l'époque contemporaine (Anm. 1).

atlantische Küste. Dies führte zu neuen Bedürfnissen in der afrikanischen Bevölkerung und zur Herstellung neuer Waren für den Bedarf der Industrien im Mutterland. Historiker sprachen daher davon, daß „die Karavelle die Karawane ersetzt habe".[23] Mit der fortschreitenden kolonialen Durchdringung und der dadurch provozierten Zunahme des Widerstand wurde der Raum zu einem Gebiet der Unsicherheit; die transsaharischen Beziehungen verloren ihre frühere Bedeutung und die Sahara wurde zu einem immer weniger durchlässigen Hindernis.

Mauretanien wurde von den französischen Kolonisatoren als „Pufferzone" bezeichnet, in der die Wirtschaft von der Politik dominiert wird, und schien strategisch nur für die Verteidigung der Grenzen der *Afrique Occidentale Française* (AOF) wichtig zu sein[24]. Erst 1920 wandelte sich der Status Mauretaniens von einem „Zivilterritorium" zu einer eigenständigen Kolonie. Noch bis Ende der 1930er Jahre jedoch war die politische Lage im Westen Afrikas vom Widerstand der maurischen Stämme gegen die Festsetzung der Kolonialmacht geprägt. Entführungen von Reisenden und Schiffbrüchigen an der mauretanischen Küste bildeten lange Zeit für die maurischen Stammeschefs eine Gelegenheit, um von den Kolonialbehörden ein Lösegeld für die Befreiung der Gefangenen zu erlangen[25]; die Wege blieben weiterhin von Raubüberfällen und Sabotageakten bedroht, vor allem wenn die Waren und das Material, die dort befördert wurden, für die Kolonialarmee oder die Kontingente der „Méharisten" bestimmt waren[26]. In den 1930er Jahren erschloß die französische Kolonialmacht das Gebiet zwischen Saint-Louis und Nouakchott und hinauf bis zum 25. Breitengrad (Bir Mogh-

---

23 B. Barry, La Sénégambie du 15e au 19e siècle, Traite négrière, islam, conquête coloniale, Paris 1988; A. W. Ould Cheikh, La caravane et la caravelle, Les deux âges du commerce de l'Ouest saharien. In: Cahiers d'études pluridisciplinaires: L'Ouest Saharien, Histoire des sociétés maures 2 (1999), S. 22-69.

24 Vgl. Archives Nationales du Sénégal (ANS): dossier 9 G 69 [107] – Rapport Lieutenant Bérard – 28 mai 1926: Mauritanie: Reconnaissance de la piste automobile de Saint-Louis à Atar par Nouakchott – Eventualité transfert du chef lieu de la Mauritanie à Atar / Dakar 22 sept. 1928 / GG AOF à Gouverneur Mauritanie.

25 Vgl. Archives de la République Islamique de Mauritanie à Nouakchott (DAN). DAN E/2 dossier 129: Renseignements – Bureau de Renseignements d'Agadir – délivrance des naufragés du vapeur « Oued Sebou » prisonniers des Maures: In der Umgebung des Kap Mogador wurde am 7. Januar 1918 das Dampfschiff Oued Sebou von einem deutschen Unterseeboot versenkt. Solche Ereignisse wurden bereits Ende des 19. Jahrhunderts in den Notizen von Camille Douls (1888/1991, S. 190) erwähnt.

26 Vgl. ANS: 9 G 60 [107]: Mission de reconnaissance dans le NE de la Mauritanie par le capitaine Jayet – commandant le groupe nomade de Chinguetti – mars 1928.

rein) – was einer Reise von 11 Tagen über 1.400 km Pisten entsprach – und weiter nach Tindouf.[27]

Im französischen Kolonialgebiet stellte die spanische Kolonie Río de Oro eine Enklave dar, und Frankreich und Spanien gelangten, von einzelnen Maßnahmen abgesehen, nie zu einer abgestimmten Politik. Die Franzosen beklagten, daß die Spanier in Río de Oro sich damit begnügten, ihre Truppen in den beiden befestigten Städten Villa Cisneros (heute Dakhla) und Cap Juby (heute Tarfaya) einzuschließen, ohne sich um das Hinterland zu kümmern, das, zusammen mit dem marokkanischen Süden, den „Wüstenräubern" schützenden Unterschlupf biete[28]. Die Differenzen verschärften sich noch während des Zweiten Weltkriegs aufgrund des Bündnisses zwischen Spanien und Deutschland[29]. Die lokale Bevölkerung wußte die kolonialen Unterschiede zwischen den jeweiligen Verwaltungs-, Wirtschafts-, Währungs- und Rechtssystemen immer zu ihren eigenen Gunsten zu nutzen.

Die wirtschaftlichen Interessen bestimmten den Fortgang der Kolonialpolitik und die Fortsetzung der räumlichen Expansion, denn solange die Region nicht befriedet war, blieben Wirtschaftskontakte schwierig. Die Franzosen versuchten sich einen Wirtschaftsraum zu schaffen, in dem sie den Handelsaustausch dominierten. So entschieden sie, welche Waren an welchen Orten gehandelt werden durften. Sie errichteten die Infrastruktur, um den Handel zu kontrollieren, von der vor allem die französischen Handelshäuser profitierten. Die einheimischen Händler nutzten die politische wie wirtschaftliche Konkurrenz unter den Kolonialmächten aus, um ihre Produkte zu verkaufen: über die Spanische Sahara oder Gambia importierte europäische Waren waren für die lokale Bevölkerung aufgrund der Unterschiede in den Einfuhrzöllen erheblich billiger als die von den Franzosen eingeführten Waren, denen es nicht gelang, die transsaharischen Handelsnetze unter ihre Kontrolle zu bringen. So versuchten sie, durch das Ziehen von Verwal-

---

27 Vgl. ebd. – Pistes sahariennes – sept. 1938-avril 1939. S. a. O. du Puigaudeau, La piste Maroc-Sénégal, Paris 1954; G. Désiré-Vuillemin, Aperçu historique de la Mauritanie du XIXe siècle à l'indépendance. In: Centre de Recherches et d'Etudes sur les Sociétés Méditerranéennes/Centre d'Etudes d'Afrique Noire (Hrsg.): Introduction à la Mauritanie, Paris 1979, S. 67-100; Ould El Hacen Moctar, Les échanges intermaghrébines à travers „la piste impériale" Nouakchott-Tindouf-Goulimime 1920–1950. In: Ch. Chanson-Jabeur/X. Godard/M. Fakhfakh/B. Semmoud (Hrsg.), Villes, transports et déplacements au Maghreb, Paris u. a. 1996, S. 145-152; S. Caratini, L'éducation saharienne d'un képi noir, Mauritanie 1933–1935, Paris 2002. Der nördliche Teil Mauretaniens konnte erst in der zweiten Hälfte des Jahrzehnts, nach dem Abschluß der „Pazifizierung", erschlossen werden.

28 Vgl. ANS: 9 G 69 [107]: Général de la division des troupes à Gouverneur Général, Dakar le 29 sept. 1928.

29 Vgl. DAN E/2 dossier 129: Renseignements sur le Rio: 1939.

tungsgrenzen, vor allem im Sudan[30], die Handelsbeziehungen umzulenken und systematisch zu zerschlagen; dem englischen und spanischen Handel wurde der Zugang nach Atar gesperrt, das im Zentrum des transsaharischen Verkehrsnetzes Richtung Mauretanien und Spanische Sahara lag.

Diese Karawanenwege wurden gleichermaßen von Pilgern genutzt, die sich nach Mekka begaben[31] und dabei die Gelegenheit nutzten, Handel zu betreiben. Offiziell hatte die Kolonialverwaltung im Senegal die Pilgerfahrt nach Mekka über die Saharouten bis 1900 untersagt. Danach begleiteten die Méharisten[32] aufgrund der Unsicherheit der Wege[33] die Pilgerzüge bis nach Mogador (dem heutigen Essaouira), wo diese auf das Schiff umstiegen, um nach Kairo und schließlich nach Mekka zu gelangen.[34] Ab den 1920er

---

30 Es handelt sich hierbei um das koloniale Territorium des „Französischen Sudan". Dieser umfaßte das heutige Mali; zeitweise gehörten je nach der damaligen administrativen Gliederung durch die Kolonialverwaltung auch – ganz oder teilweise – Mauretanien sowie Teile Algeriens und der französischen Sahara dazu. Die Grenze des Sudan östlich von Tichit unterbrach rücksichtslos die natürliche Verbindung zwischen Oualata und dem heutigen Mali. 1937 stellte ein Wirtschaftsbericht die eingeschlossene und künstliche Lage von Tichit zwischen den neugezogenen kolonialen Grenzen fest. Vgl. DAN E/2 136: Bulletin renseignements eco, Agadir (?): Rapport de tournée effectuée du 29 janvier au 28 février 1937: Tidjikdja, le 17 mars 1937. Die Region Hodh im Südosten, die mehrheitlich von Mauren bewohnt wird, wurde erst nach Unruhen 1944 dem heutigen Mauretanien angegliedert.

31 Treff- und Sammelpunkt der Karawanen, die von Süden aus der Fouta, von Timbuktu und Ségou kamen, war Chinguetti. Danach vereinigte sich die Route mit einer aus dem Osten kommenden, transversalen Achse.

32 Die Méharistes sind die Truppen, die für die Sicherheit der Sahara und die Kontrolle der Nomaden zuständig waren. Eine Meharisten-Einheit umfasste französische Offiziere, Tirailleurs Sénégalais sowie Mauren, insgesamt ca. 200 Soldaten.

33 Die Razzien trafen auch die Pilgerkarawanen. Die Gruppen, die die Überfälle unterstützten oder durchführten, rechtfertigten als Muslime ihre Übergriffe mit dem Widerstand gegen die Ungläubigen auf islamischem Boden. Die Wallfahrer wurden trotz ihrer religiösen Zugehörigkeit Ungläubigen gleichgesetzt, da sie sich bspw. von der französischen Armee begleiten ließen oder weil die Senegalesen, die sich häufig unter den Pilgern befanden, angeblich der französischen Kolonialmacht dienten. S. DAN E/2 dossier 129: Bulletin de renseignements – 16 juin au 15 juillet 1929 (?) – Gouvernement Général de l'AOF, colonie de la Mauritanie, affaires politiques, Annexe n° 3. Um trotz des Verbots der Kolonialverwaltung ungehindert reisen zu können, verschafften sich einige Senegalesen einen gambischen Paß, andere begaben sich ohne Genehmigung auf den Weg (Kh. Mbacké, Le pèlerinage à la Meque: le cas du Sénégal 1886–1986, Thèse de doctorat, Institut Fondamental d'Afrique Noire [IFAN], Dakar 1991).

34 J. Schmitz, L'Islam en Afrique de l'Ouest: les méridiens et les parallèles. In: Afrique noire et monde arabe: continuités et ruptures, Autrepart 16, Paris 2000, S. 117-137, hier S. 127.

Jahren begaben sich die Wallfahrer direkt auf dem Seeweg von Saint-Louis, später von Dakar nach Casablanca. Dasselbe galt für die Pilgerfahrt nach Fès, die über Casablanca verlief. Diese Schiffsverbindung versetzte dem Überlandhandel schließlich den letzten Stoß.[35]

Dennoch setzten die Händler in diesem Raum zwischen Sahara und Sahel ihre Geschäfte fort, jedoch außerhalb des Einflußbereichs der Kolonialverwaltung und mit Gütern, die die Kolonisatoren nicht direkt interessierten. Sie entwickelten dabei Umgehungs- und Anpassungsstrategien und suchten Nischen wirtschaftlicher Möglichkeiten.[36] Ihre Verhaltensweisen waren in der Geschichte und der Religion der dortigen Gesellschaften verankert; andauernd jonglierten sie dabei zwischen Legalität und Illegalität, Solidarität und Gewalt. Diese Situation, die aus den Antagonismen und auseinanderklaffenden Interessen geboren war, behinderte zwar erheblich den Austausch, aber nicht soweit, als daß lokale Interessen tatsächlich bedroht waren.

Die Unabhängigkeit der westafrikanischen Staaten ab den 1960er Jahren, die einherging mit der Errichtung nationaler Grenzen, verfestigte die „Balkanisierung" der Region, in der seit 1951 die Konflikte und Kriege um die Unabhängigkeit bereits einen Raum voller Brüche geschaffen hatten.[37] In der postkolonialen Zeit setzten sich die Auseinandersetzungen fort: dazu zählen die marokkanischen Forderungen nach einem „Groß-Marokko"[38], die dazu

---

35 S. DAN E/2 136: Bulletin renseignements économiques, Agadir. Rapport de tournée effectuée du 29 janvier au 28 février 1937: Tidjikdja, le 17 mars 1937. Vgl. auch R. Aouad-Badoual, Les incidences de la colonisation française (Anm. 19).

36 Vgl. L. Marfaing, Relations et échanges des commerçants sénégalais vers la Mauritanie et le Maroc au XXe siècle. In: Dies./S. Wippel (Hrsg.), Les relations transsahariennes à l'époque contemporaine, Un espace en constante mutation. Paris/Berlin 2004, S. 251-276; P. Bonte, Les commerçants, „marocains" et autres, dans l'Adrar mauritanien, La vocation commerciale des Maures. In: ebenda, S. 231-250. Siehe auch J. Galaty, Les frontières pastorales en Afrique de l'Est. In: A. Bourgeot (Hrsg.), Horizons nomades en Afrique sahélienne, Sociétés, développement et démocratie, Paris 1999, S. 241-261.

37 Faktisch war der ganze Bereich, von dem hier die Rede ist, das gesamte 20. Jahrhundert eine Zone von Konflikten und Kämpfen gegen die Kolonialisierung. Die „Pazifizierung" im Landesinneren war Ende der 1930er Jahre kaum abgeschlossen, als bereits die nationalen Bewegungen in den Städten aufkamen. Anfang der 1970er Jahre begannen die Unabhängigkeitskriege in den spanischen Besitzungen und Ende 1975 der Westsaharakrieg.

38 Die Idee eines nicht nur historisch begründeten „Groß-Marokkos", das sich vom Mittelmeer bis an den Senegalfluß und vom Atlantik bis weit in die algerische und malische Sahara erstrecken sollte, wurde seit Mitte der 1950er Jahre von Allal El Fassi, dem Führer der Istiqlâl-(= Unabhängigkeits) Partei propagiert und bald auch von der marokkanischen Regierung und dem Palast aufgenommen. Im Laufe der 1960er Jahre wurden die Maximalforderungen zurückgenommen und Marokko kon-

führten, daß Marokko die staatliche Existenz Mauretaniens bis 1969 nicht anerkannte, vor allem der Krieg um die Unabhängigkeit der ehemals spanischen Westsahara, deren größter Teil heute von Marokko verwaltet wird, wogegen die Polisario Widerstand leistet, ebenso wie die immer wieder aufflammenden Konflikte am Senegalfluß zwischen Mauretanien und dem Senegal[39].

Die Straße

Die Trasse der heutigen Straße hat nur wenig Bezug zur Geschichte dieses Raumes, den sie durchquert. Zwar fand regionaler Handel seit langem auch über eine Route entlang der Küste, den *Tariq es Sahel*, statt, die noch im 19. Jahrhundert verwendet wurde.[40] Die wichtigsten Strecken befanden sich jedoch weit entfernt im Landesinneren. Seit dem 14. Jahrhundert verliefen die großen Karawanenachsen Nordwestafrikas zwischen Mali und Marokko von Gao und Timbuktu über Teghaza weiter nach Mogador oder via Sijilmasa nach Fès[41] und Ceuta. In späterer Zeit und bis ins 19. Jahrhundert hinein verliefen vom Senegal aus transsaharische Strecken über Saint-Louis, Rosso und Boutilimit (bzw. von Mali ab Nioro), erreichten dann Atar, Idjil und Tindouf, schließlich Mogador. Auch folgten weder die nach dem Ersten Weltkrieg geplante „transmauretanische" Bahn[42] noch die berühmte „Piste impériale n° 1" der von den Spaniern besetzten Küste.

---

zentrierte sich auf die „Rückgewinnung" der an sein Staatsgebiet angrenzenden spanischen Besitzungen. Vgl. bspw. F. de la Serre, Les revendications marocaines sur la Mauritanie. In: Revue Française de Science Politique 16 (April 1966) 2, S. 320-331; A. Faure, Mauritanie: République Islamique ou province marocaine, [Rabat?] 1961; M. Ould Daddah, La Mauritanie contre vents et marées, Paris 2003.

39 Dies bezieht sich auf die zwischenethnischen Konflikte, die bereits die ganze Zeit in dieser Region latent vorhanden waren, bevor sie 1989 ihren Höhepunkt erreichten, dem bis heute weitere Ausbruche folgten.

40 P. Bonte, La Montagne der Fer, La SNIM (Mauritanie): Une entreprise minière saharienne à l'heure de la mondialisation, Paris 2001, S. 19; R. Aouad-Badoual, Les incidences de la colonisation française (Anm. 19), S. 62.

41 Die im 7. Jahrhundert gegründete Stadt Sijilmasa wurde zum wichtigsten Umschlagplatz des Maghreb für den Handel nach Süden, aber auch für den marokkanischen Warenverkehr in den restlichen Maghreb und nach Ägypten und dem Mashrek. Im 12. Jahrhundert wurde Fès zum Kreuzungspunkt zwischen dem Maghreb, dem Orient und Spanien.

42 o. V., Les voies ferrées en Afrique, Transsahariens et Transafricains. In: L'Afrique Française (Bulletin mensuel du Comité de l'Afrique Française et du Comité du Maroc) 28 (Décembre 1918) 12, S. 404-408; J. Donon, Le Transmauritanien, Une solution de la question des chemins der fer transsahariens. In: Renseignements coloniaux,

Die Idee einer Straßenverbindung zwischen den französischen Besitzungen im Norden Afrikas und im Sahel ist nicht neu.[43] Während der gesamten Kolonialzeit wurde über eine Durchquerung der Sahara mit dem Auto oder dem Zug phantasiert, wurden Straßen- und Bahnverbindungen entworfen, doch gab es immer wieder neue Pläne, und bestehende Vorhaben wurden regelmäßig wieder verworfen. Schon in den 1920er Jahren hatten die Franzosen sporadisch Verbindungen zwischen ihren nordafrikanischen und (sub-) saharischen Kolonialgebieten hergestellt, und erste Aktivitäten zur Erkundung einer transsaharischen Trasse, die Marokko mit Mauretanien und der AOF verbinden sollte, waren bereits von algerischer wie von mauretanischer Seite aus begonnen worden.[44] Anfang 1929 entschied die fünfte nordafrikanische Konferenz zwischen Algerien und Mauretanien eine saharaüberschreitende Verbindung einzurichten.

Die Etablierung einer dauerhaften Verbindung wurde schließlich möglich, nachdem 1934 Mauretanien und die algerisch-marokkanischen Grenzgebiete tatsächlich befriedet worden waren.[45] Dem Bau einer Straße kam nun eine zentrale Rolle für die Sicherung der eroberten Gebiete zu. Zugleich kam es in Marokko, vor allem in den Kolonialkreisen des Protektorats, zu großen Kampagnen in der Öffentlichkeit und in der Presse zugunsten von Verbindungen sowohl Richtung Nigerbogen als auch durch Mauretanien.[46] 1936 wies der französische Kolonialminister den Generalgouverneur der AOF auf die wirtschaftliche und militärische Bedeutung der transmauretanischen

---

Supplément de l'Afrique Française (Bulletin mensuel du Comité de l'Afrique Française et du Comité du Maroc) 32 (Januar 1922) 1, S. 17-21.

43 Vgl. im folgenden O. du Puigaudeau, La piste Maroc-Sénégal (Anm. 27); G. Désiré-Vuillemin, Aperçu historique de la Mauritanie (Anm. 27); Moctar, Les échanges inter-maghrébines (Anm. 27). S. a. M. S. Ould Hamdy, Histoire de la Mauritanie, Le face à face pluriséculaire avec l'Europe (o. J.). In: Aattaalim 28/29, Teil V: Le temps des Administrateurs (1935–1975), Kap. 1.2 (*www.mr.refer.org/ipn/AT_29_H1.HTM*).

44 S.a. ANS: 9 G 69 [107]: Rapport du Lieutenant Berard du 28 mai 1926: Reconnaissance de la Piste automobile St-Louis-Atar par Nouakchott. Auch eine einigermaßen regelmäßige Schiffverbindung zwischen Casablanca und Dakar als Alternative zum Landweg bestand erst seit 1922. Vgl. bspw. R. Aouad-Badoual, Les incidences de la colonisation française (Anm. 19), S. 420.

45 S. a. Caratino, L'éducation saharienne (Anm. 27), S. 21, 91, 271 ff.).

46 R. Aouad-Badoual, Les incidences de la colonisation française (Anm. 19), S. 460, 511. Im Dezember 1934 fand auch erstmals ein Inlandsflug von Tindouf nach Dakar über Atar und Saint-Louis statt. Ebenso trafen sich bald Autos aus Tindouf und Gao in Taoudéni. Vgl. auch D. Bejui/P. Bejui, Exploits et fantasmes transsahariens (Anm. 14), S. 37. S.a. ANS: 9 G 60 [107]: Bulletin de renseignements pour le mois de janvier 1938 / Colonie du Soudan Français.

Verbindung hin, die so rasch wie möglich fertiggestellt werden solle[47]. Vor Ort sah man realistischer, daß eher eine befestigte Piste als eine ausgebaute Straße in Frage kam. Langsam gingen in den folgenden Jahren die Arbeiten voran, während und nach dem Zweiten Weltkrieg unterbrochen von Phasen der Arbeitskräfte- und Materialknappheit.

Während Pläne einer Straße nach Timbuktu nie ins Stadium der Umsetzung gelangt waren, verband zu Ende der Kolonialzeit unter Umgehung der spanischen Gebiete zumindest eine markierte, wenn auch nur teilweise befestigte Piste Agadir und Saint-Louis im Senegal via Tindouf.[48] Die Strecken wurden regelmäßig mit Autokonvois befahren, die meist Militärs begleiteten, und von Militärfahrzeugen zur Versorgung der Garnisonen benutzt.[49] Per Lkw konnte die Strecke Agadir – Atar in etwa einer Woche zurückgelegt werden; zwei Tage waren nötig, um von dort zum Senegal zu gelangen. In den Nachkriegsjahren stieg der Handelsstrom erheblich an.[50] Handelsorte wie Tindouf oder Atar fanden zeitweise ihre frühere zentrale Rolle wieder, und der ehemalige Militärposten Fort-Trinquet (Bir Moghrein) wurde zu einer wichtigen Etappe auf der Strecke, an der die Waren zwischen den aus dem Norden und dem Süden kommenden Lkws umgeladen wurden, und profitierte von der Freihandelszone, die die Franzosen 1940 errichtet hatten. Dieser Strom hielt bis 1958 an, bis ihn die großmarokkanisch motivierten Auseinandersetzungen unterbrachen; Dürrewellen, der Algerien- und schließlich der Saharakrieg trugen nach der Unabhängigkeit Mauretaniens zum endgültigen Niedergang der offiziellen Handelsströme bei.

Die „Piste impériale n° 1" war Teil eines Netzes transsaharischer Pisten, und bis heute wurde in der gesamten Sahara noch keine durchgehend asphaltierte Nord-Süd-Verbindung geschaffen. Verhindert wurde dies in ihrem westlichen Teil lange Zeit durch die politischen Beziehungen in dieser Region, die geprägt ist von dreifachen Bruchzonen – dem marokkanisch-

---

47 S.a. DAN E/2 dossier 129: Pacification: Politique française en Mauritanie: 1936. „[I]l me [Ministre des colonies, d. V.] parait nécessaire, dans la situation actuelle, de porter tout l'effort sur celles [les pistes, d. V.] qui présentent une importance essentielle pour la défense nationale" (ebd.: 17 mars 1939 – secret – ministre des colonies à Gouvernement Général de l'AOF, Dakar et Gouvernement Général l'AEF, Brazzaville).

48 Bei der Kolonialverwaltung firmierte die Strecke später offiziell als „Route intercoloniale n° 3", für die Marokkaner war sie die „Route du Sud", oft wurde sie auch einfach „Piste de Mauritanie" genannt.

49 Für die 1940er Jahre s. a. Ould Daddah, La Mauritanie (Anm. 38), S. 97 f.; für die 1950er Jahre DAN E/2 142: demande d'établissement d'une liaison routière Maroc-Mauritanie 15 juin 1950.

50 Moctar, Les échanges inter-maghrébines (Anm. 27).

algerischen Grenzgebiet, der Westsahara und dem Senegaltal –, von ge-
schlossenen Grenzen und gegenseitigen Ressentiments, die es zu überwinden galt. Auch die Planungen eines panafrikanischen Straßennetzes in den
1970er und 1980er Jahren[51] konnten lange Zeit nicht umgesetzt werden; sie
hatten ebenfalls eine kontinentale Straßenverbindung durch die Wüste (über
Atar und Smara) und keine Küstenstraße vorgesehen.

Schon 1970 wurde die Eröffnung einer Verkehrsverbindung zwischen
Tanger und Dakar als unmittelbare Dividende der Entspannung zwischen
den beteiligten Staaten angesehen.[52] Zur Umsetzung wurde ein *Comité de
Coordination de l'Axe Tanger – Lagos* im Rahmen des *Bureau des Routes
Transafricaines* eingerichtet. 1973 vereinbarten Algerien, Marokko und
Mauretanien, eine gemeinsame Straßenverbindung einzurichten, die Agadir,
Tindouf und Atar verknüpfen sollte. Über den Bau einer Verbindungsstraße
zwischen Marokko und Mauretanien wurden zudem in der zweiten Hälfte
der 1970er Jahre als wichtiges Kooperationsvorhaben im Rahmen der bilateralen Entwicklungszusammenarbeit nachgedacht. Schließlich verkürzten die
afrikanischen Transportminister aufgrund der Besetzung der Westsahara die
Strecke zeitweise auf den Abschnitt Lagos – Nouakchott und sahen eventuell
eine Weiterführung nach Algier vor.

Die heutige Strecke entlang der Küste von Saint-Louis über Rosso oder
den Damm von Diama[53] nach Nouakchott und weiter über Nouadhibou –
Dakhla – Laâyoune nach Agadir ist somit jüngeren Datums. Sie entspricht
dem hinsichtlich ihrer Sicherheit am wenigsten gefährdeten Streckenverlauf
für eine internationale Nord-Süd-Verbindung und kann auf nationale Pläne
von Anfang der 1980er Jahre aufbauen, die beiden wichtigsten Städte Mauretaniens miteinander zu verbinden. Diesen Streckenverlauf hatte auch die

---

51 H. J. Neubauer, Die Transafrikastraßen – Rückgrat eines kontinentalen Straßennetzes.
In: Der Überblick 12 (Dezember 1976) 4, S. 24-28; S. Chikh (Hrsg.), Le Maghreb et
l'Afrique subsaharienne, Paris 1980, S. 264.

52 Vgl. o. V., Problèmes frontaliers et territoriaux au Maghreb. In: Maghreb 38,
(März/April 1970), S. 35-41, hier S. 36; A. Gaudio, Mauritanie: mobilisation au nord,
raidissement au sud. In: Géopolitique Africaine 6 (Oktober 1987), S. 57-73, hier S.
60; J.-C. Santucci, La Mauritanie dans les relations inter-maghrébines. In: Centre de
Recherches et d'Etudes sur les Sociétés Méditerranéennes/Centre d'Etudes d'Afrique
Noire (Hrsg.), Introduction à la Mauritanie, Paris 1979, S. 361-380, hier S. S. 369 f.
Für Details s. im folgenden auch S. Wippel, „Bruder" und „Brücke" (Anm. 3).

53 Die Stadt Rosso am Senegalfluß besteht aus einem – kleineren – senegalesischen
und einem – größeren – mauretanischen Teil, die eine Fähre verbindet. Der schwieriger zugängliche, dem Schutz vor Versalzung und der Bewässerung dienende Stau-
damm von Diama liegt zwischen Saint-Louis und Rosso.

letzte zwischenstaatliche Initiative vom Anfang der 1990er Jahre aufgenommen.[54]

Überblickskarte Marokko – Mauretanien – Senegal

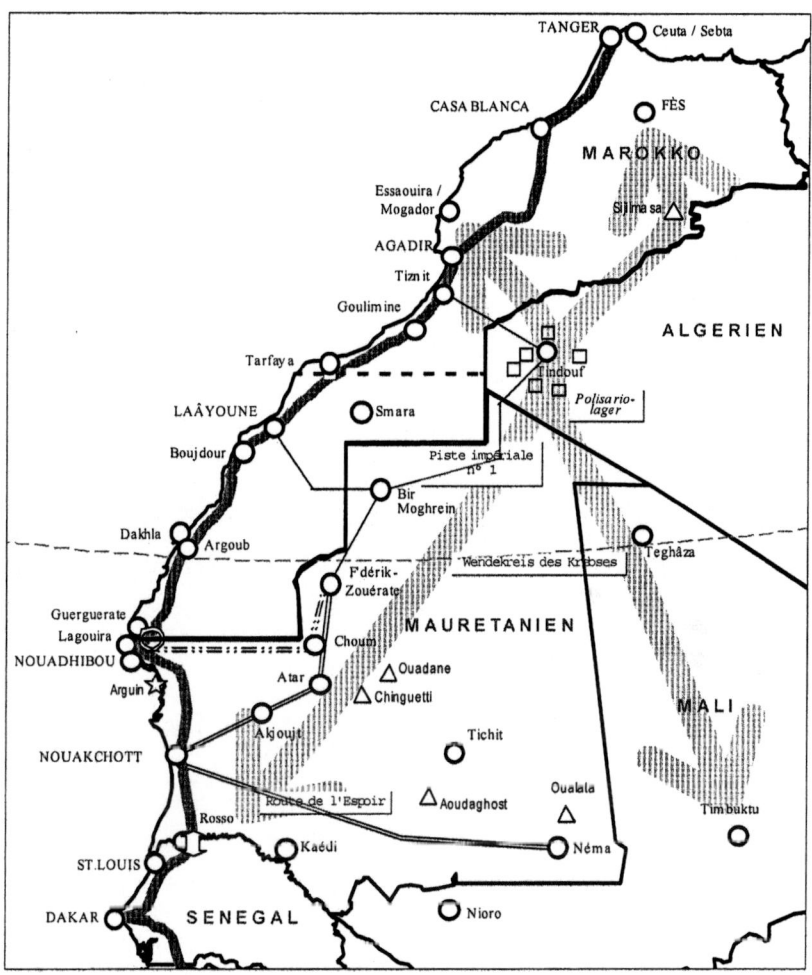

---

54 Vgl. Le Matin 20.6.2000.

Die Darstellung der Grenzen entspricht den internationalen Gepflogenheiten.
Legende:

▬▬▬	Westliche Transsahara-route	⏛	geplante Brücke über den Senegalfluß
═══	Hauptverbindungsstraßen in Mauretanien	☐	Zeltlagerstädte der Polisario um Tindouf
───	unterbrochenen Strecken zwischen Marokko, Mauretanien und Algerien	☆	ehemaliger europäischer Handelskontor / Nationalpark
══	Mauretanische Erzbahn	△	alte Handelsstädte
⊖	Grenzübergang Mauretanien – Marokko	⸱⎸⸱⎸⸱	alte Karawanenwege

Entwurf: Steffen Wippel (© 2003).

Während Marokko seit 1991 bereits 2.500 km Straße zwischen Dakhla und Tanger geteert hatte[55], zögerte Mauretanien sehr lange, seinen Trassenanteil zu bauen, obwohl zwischen Nouakchott und Nouadhibou keinerlei feste Straßenverbindung existierte[56]: einzig die Fahrt auf einem schmalen Uferstreifen während der Ebbe – vor allem im Winter, da im Sommer der Tidenhub in der Regel nicht ausreicht – und die Durchquerung des Natur- und Vogelschutzgebiets der Banc d'Arguin bot eine Verbindung zwischen den beiden wichtigsten Städten des Landes. Daneben existiert eine Straße von Nouakchott nach Choum, wo das Umladen von Menschen und Gütern auf

---

55 In der spanischen Kolonialzeit waren nur Teilstücke der westsaharischen Nord-Süd-Verbindung befestigt. Nach Karten von 1976 und auch noch von 1984 waren lediglich die Abschnitte von Laâyoune bis Boujdour, auf der Halbinsel von Dakhla und von Bir Gandouz bis Laguera einspurig asphaltiert (Michelin: Afrique Nord et Ouest, Karte 153, 9. Aufl., Paris 1976, 12. Aufl., Paris 1984). Nach Royaume du Maroc, Ministère de L'Aménagement du Territoire, de l'Environnement, de l'Urbanisme et de l'Habitat: Région Oued Eddahab Lagouira, Débat National sur l'Aménagement du Territoire, Eléments introductifs, Rabat 1999, S. 29 war die Nationalstraße bis Dakhla schließlich durchgehend 1985 asphaltiert; Anfang der 1990er Jahre soll die Strecke bis kurz vor der Südgrenze fertiggestellt gewesen sein (Le Matin vom 20.6.2000). Die Straße dient aus marokkanischer Sicht offiziell der infrastrukturellen Erschließung und der Förderung der wirtschaftlichen Entwicklung der „marokkanischen Südprovinzen"; offensichtlich ist aber auch das politische Ziel die marokkanische Präsenz vor Ort zu „asphaltieren".

56 Obwohl Mitte der 1980er Jahre „grünes Licht" für den Bau der Inlandsverbindung zwischen der Hauptstadt und dem größten Hafen Mauretaniens angekündigt worden war, blieb Mauretanien weiterhin aus Sicherheitsgründen (Regulierbarkeit der Handels- und Flüchtlingsströme, Nähe der Westsahara) zurückhaltend mit der Umsetzung.

die Bahn nach Nouadhibou notwendig wird. Erst im Juli 2000 wurde in Verhandlungen im Rahmen der Kooperationsvereinbarungen zwischen Marokko, Senegal und Mauretanien der Ausbau des Streckenabschnitts Dakar – Saint-Louis (260 km) beschlossen, der zu einer Schnellstraße aufgewertet werden soll, und der Bau einer Brücke zwischen den beiden Ufern des Senegals. Kurz darauf begannen auch die Planungen für den Bau der Straße Nouakchott – Nouadhibou: die geologischen und technischen Studien wurden im Frühjahr 2001 abgeschlossen, im Spätsommer 2001 erfolgte die Ausschreibung der Strecke.[57] Parallel dazu erfolgte die Vorbereitung der Finanzierung: die Baukosten werden sich auf etwa 70-80 Mio. US-Dollar belaufen und im wesentlichen von dritten Geberländern und -agenturen finanziert werden. Im Sommer 2002 legte schließlich der mauretanische Staatspräsident in Nouadhibou den Grundstein für den Bau der Straße; die Fertigstellung, ursprünglich für Ende 2004 geplant, wird wohl nicht vor 2005 stattfinden.

An den Diskussionen um das Vorhaben waren einerseits die Europäer beteiligt, die befürchten, daß die Straße zu einer Zunahme des Stroms subsaharischer Flüchtlinge führen könnte[58], andererseits der wissenschaftliche Rat der Banc d'Arguin, der sich um den Erhalt des empfindlichen und über die nationalen Grenzen hinaus bedeutenden regionalen Ökosystems sorgt.[59] Auch die Mauretanier stehen dem Bau trotz seiner unabdingbaren Notwendigkeit nicht nur positiv gegenüber: um die Banc d'Arguin zu umgehen, verläuft die Straße in einem großen Bogen durch die Wüste. Aufgrund der Zäune, die zum Schutz vor Versandung entlang der Straße errichtet wurden, sehen vor allem die Nomaden und Kamelhirten sich in ihren Bewegungen eingeschränkt und die Wanderungen ihrer Tiere behindert.[60] Aber auch ein großer Teil der Dörfer entlang der Küste liegt damit weit entfernt von der neuen Verbindung. Allerdings hat die Bevölkerung 2004 bereits begonnen, sich zu verlagern: entlang der Straße haben sich bereits, dort wo die Pisten aus der Banc d'Arguin einmünden, Boutiquen und Eßstände etabliert, die vielleicht auf Dauer den Kern für neue Ansiedlungen bilden könnten.

---

57 S. Wippel, „Bruder" und „Brücke" (Anm. 3).

58 S. La Vie économique 4133 vom 14.-20.9.2001. Diese Befürchtung ist zur Zeit zumindest in Hinsicht auf die Straße substanzlos, da subsaharische Staatsbürger (ausgenommen Mauretanier mit einem gültigen Visum) offiziell schon seit langem nicht über diese Landgrenze nach Marokko einreisen dürfen.

59 International wurde die Befürchtung ausgesprochen, daß eine Strecke in unmittelbarer Küstennähe den fisch- und vogelreichen Nationalpark gefährden könne. S. bspw. Frankfurter Allgemeine Zeitung vom 30.3.1995; www.ramsar.org/key_rec_5.1_f.htm (Ausdruck vom 8.10.2003).

60 Vgl. Interviews auf dem Weg von Nouakchott nach Nouadhibou im August 2003.

Bis zum Sommer 2003 war der Bau der Straße von Nouakchott Richtung Norden auf fast 80 km vorangekommen, und Schotterdepots wurden etwa alle 20-25 km entlang dem Verlauf angelegt. Ein Jahr später waren die Arbeiten weiter vorangeschritten, jedoch nicht so weit wie ursprünglich vorgesehen[61]. Die Strecke von Nouadhibou über die marokkanisch-mauretanische Grenze nach Guergarate (ca. 60 km) war seit 1979 offiziell gesperrt, doch gab es seit 1990 zweimal pro Woche die Möglichkeit, von Norden in von marokkanischem Militär begleiteten Konvois bis zum entmilitarisierten Grenzstreifen zu gelangen, von wo aus die Passage durch das verminte Gelände selbst gesucht werden mußte. Dies bedeutete lange Wartezeiten und Einnahmeverluste für die Betroffenen und führte zu entsprechend langsamen Gütertransporten. Im Februar 2002 wurde der Grenzübergang offiziell wieder geöffnet[62], allerdings handelte es sich auf mauretanischer Seite noch immer um eine steinige Piste. Kontrollen gab es 2003 nur an den Grenzposten, das während des Saharakrieges[63] verminte Gelände im Niemandsland beiderseits der Piste war unbewacht und noch immer nicht geräumt.

Politisch betrachtet reihen sich entlang der Straße Dakar – Tanger weiterhin mehrere größere Krisengebiete. Die Konflikte im senegalesisch-mauretanischen Raum sind nach wie vor latent vorhanden: dazu zählen ethnische Auseinandersetzungen in der Senegalflußregion bis hinauf nach Nouakchott und politische Spannungen aufgrund des mauretanischen Militärregimes[64] und der äußerst begrenzten Beteiligung der schwarzen Bevölkerung an der politischen Macht. Die Strecke von der marokkanischen Grenze bei Guergarate bis nach Tah, an der ehemaligen Nordgrenze der Westsahara, verläuft noch immer durch ein Militärgebiet mit erheblicher Präsenz marokkanischer Truppen und in Laâyoune von Soldaten der UNO. Noch sind die Probleme, die sich aus der faktischen Besetzung des – größeren – westlichen Teils der Westsahara durch Marokko[65], den ungeklärten Status der Sahrawis

---

61 Die Abzweigung zur marokkanischen Grenze war im August 2004 fertig asphaltiert, doch aus Nouakchott kommend waren die letzten 100 km vor Nouadhibou noch kaum in Angriff genommen worden.

62 Vgl. bspw. Le Matin vom 15.3.2002; Maroc hebdo International 502 vom 15.-21.3.2002.

63 Seit 1991 herrscht prinzipiell ein Waffenstillstand.

64 Das letzte Beispiel ist der gescheiterte Staatsstreich vom 8./9. Juni 2003.

65 Mit dem Bau von sechs „Mauern" (meist in Form befestigter und überwachter Sandwälle mit Sicherheitsstreifen) versuchte Marokko im Verlauf der 1980er Jahre immer größere Teile der Westsahara vor Übergriffen der Polisario zu sichern und unter seine feste Kontrolle zu bringen. Insgesamt bestehen Verteidigungsanlagen dieser Art von 2 700 km Länge; Marokko kontrolliert damit dauerhaft über zwei Drittel der ehemaligen spanischen Kolonie. Dazu s. bspw. U. Clausen, Von Marokko besetztes Territorium: Westsahara. In: D. Nohlen/F. Nuscheler (Hrsg.), Handbuch der

und den Forderungen der Polisario ergeben, trotz der augenblicklich respektierten Waffenruhe und der andauernden Verhandlungen über ein Referendum der Bevölkerung der Westsahara[66] nicht gelöst. Daneben darf der eng damit verknüpfte algerisch-marokkanische Konflikt nicht vergessen werden. Noch ist also die Infrastruktur unvollständig und die Reise entlang der Route bleibt schwierig. Der Senegalfluß kann nur über den Diama-Staudamm oder per Fähre bei Rosso überquert werden. Deren Kapazität ist begrenzt, und sie nimmt den Pendelverkehr zwischen den beiden Ufern erst morgens um 10 Uhr auf; bereits um 12.30 h beginnt die Mittagspause und nachmittags werden die Überfahrten von 15 bis 18 Uhr fortgesetzt. Lediglich Pirogen garantieren ein kontinuierliches Übersetzen von Personen. Sie nehmen dafür zwischen dem Einfachen des Fährpreises während der offiziellen Übersetzzeiten und dem Doppelten während der Fährpausen[67]. Im weiteren besteht die Strecke zwischen Nouakchott und der marokkanischen Grenze zum einen derzeit noch vorwiegend aus Piste. Zum andern bietet die zunehmende Asphaltierung der Straße zwar einen großen Vorteil, doch muß berücksichtigt werden, daß die Bankette nicht befestigt sind, daß sich häufig Tiere auf der Fahrbahn befinden und daß an vielen Stellen Versandungsgefahr besteht: aber die Route existiert und ist befahrbar, auch wenn die Natur vor Ort sie ignoriert.

Auswirkungen der Grenzöffnung auf den regionalen Austausch

Personenverkehr

Die Öffnung der Grenze zwischen Mauretanien und Marokko am Übergang von Guergarate führte umgehend zu einem steigenden Zufluß von Personen. Während im Januar 2002 noch 1.143 Grenzübertritte gezählt wurden, waren es im Februar 2002 bereits 2.510; dies entsprach einer Zunahme um 120%.[68]

Dritten Welt 6, Nordafrika und Naher Osten, Bonn, 3. Aufl. 1993, S. 261-273, hier S. 265.

66 Ende September 2003 ließ die plötzliche Ablehnung des von der UNO präsentierten Plans einer Volksabstimmung durch Marokko erneut eine friedliche Lösung des Problems in weite Ferne rücken.

67 Während der Betriebszeiten der Fähre muß man mit 4.000 Francs CFA (ca. 6 €) für eine Überfahrt mit der Piroge, die höchstens 20 Personen befördern kann, rechnen. Die Preise steigen bis auf 10.000 Francs CFA (über 15 €) außerhalb dieser Zeiten. Die Fahrt über Diama verläuft über die Krone des Senegalstaudamms; doch sind die Zufahrtsstraße zum Damm auf senegalesischer Seite ebenso wie das Teilstück auf mauretanischem Gebiet bis zur Hauptstraße nach Nouakchott in sehr schlechtem Zustand.

68 Vgl. Le Matin vom 15.3.2002. In Anbetracht des sehr kurzen Zeitraums, den die Zahlen abdecken, und der fehlenden Angaben für die Zeit vor 2001, erweist sich ihre

Die Zahl der Reisenden, die 2002 die Grenze passierten, verteilte sich auf folgende Nationalitäten:

Grenzübertritte von Reisenden am Übergang Guergarate zwischen dem 2.2.2002 und dem 31.8.2002				
	Marokkaner	Mauretanier	Andere	Summe
Einreisen nach Marokko	3.766	4.081	1.589	9.436
Ausreisen aus Marokko	3.872	4.102	3.007	11.781
Summe	7.638	8.183	5.396	21.217

Quelle: Administration des douanes et des impôts indirects in Dakhla, August 2003.

Bereits im ersten Monat nach Öffnung des Grenzübergangs in Guergarate wurde der Grenzübertritt von 935 Fahrzeugen gegenüber nur 487 im Januar 2002 registriert; dies entsprach einer Zunahme um 92%. Folgende Tabelle zeigt die Zahl und die Herkunft der Fahrzeuge, die 2002 den Grenzposten passierten:

Grenzübertritte von Fahrzeugen am Übergang Guergarate zwischen dem 2.2.2002 und dem 31.8.2002				
	Marokkaner	Mauretanier	Andere	Summe
Einreisen nach Marokko	317	1.276	572	2.165
Ausreisen aus Marokko	385	1.249	3.188	4.822
Summe	702	2.525	3.760	6.987

Quelle: Administration des douanes et des impôts indirects in Dakhla, August 2003.

Neben einigen Touristen nutzen vor allem Mitglieder von Familien aus dem Senegaltal die Straße auf dem Abschnitt Senegal – Mauretanien sowie von sahrawischen Familien auf der Strecke zwischen Nouakchott – Nouadhibou und Dakhla bis nach Laâyoune. In Nord-Süd-Richtung reisen viele subsaharische Migranten, die in Europa leben, in ihr Herkunftsland. Man hätte auch annehmen könne, daß besonders illegale Migranten aus dem subsaharischen Afrika diese neue Verbindung annehmen. Jedoch haben wir auf der gesamten Strecke zwischen Nouadhibou und Agadir keinen einzigen gesehen, obgleich in Nouakchott und Nouadhibou die Anwesenheit von senegalesischen

Bewertung und vor allem die Darstellung einer längerfristigen Entwicklung als schwierig. Die Anzahl der Mauretanier, die diesen Übergang benutzten (4.081), entsprach fast der Hälfte aller 2002 offiziell nach Marokko eingereisten Mauretanier (8.017). Vgl. BMCE Bank, Revue d'information de la Banque Marocaine du Commerce Extérieur 288, November/Dezember 2002, S. 15.

Straßenhändlern, die mitteilten, nur auf einen Gelegenheit zu warten, nach Marokko zu kommen, augenfällig ist[69]. Tatsächlich gelingt es einigen die Grenze auf irgendwelchen Wegen illegal zu passieren. So ist auch die Zahl der festgenommenen Personen auf der Landstrecke Mauretanien – Marokko relativ groß[70]. Darüber hinaus ist auch bekannt, daß die Boote, die dem Schmuggel aller Arten dienen, in Dakhla hergestellt werden[71].

Hingegen sind Händlerinnen und Händler entlang der Strecke äußerst aktiv. Am Grenzposten von Rosso (Senegal) stehen die senegalesischen Händlerinnen mit ihren Paketen Schlange; sie gehen jedoch kaum über Nouakchott hinaus, jedenfalls haben wir keine einzige getroffen, die bis Marokko „die Straße gemacht hat", obwohl zwischen Dakar und Casablanca ein florierender Handel besteht.[72] Abgesehen von den Kleinhändlerinnen zeugt dagegen der Warentransport über die Straße von einem äußerst aktiven Handel, obgleich noch immer die seit längerem vorgesehene Unterzeichnung eines Freihandelsabkommens zwischen Marokko und Mauretanien und die effektive Umsetzung der bereits paraphierten Vereinbarung Marokkos mit der

---

69 Interviews in Nouakchott und Nouadhibou im August 2003, aktualisiert im August 2004.

70 So wurden dort bspw. zwischen dem 1. Januar und dem 24. November 2002 807 Subsaharier verhaftet. Herkunftsländer waren in alphabetischer Reihenfolge: Angola 2; Kamerun 10; Côte d'Ivoire 6; Demokratische Republik Kongo 8; Gambia 13; Ghana 140; Guinea 25; Liberia 8; Malawi 2; Mali 290; Mauretanien 2; Nigeria 60; Senegal 180; Sierra Leone 50; Sudan 1; Zimbabwe 8 (Barros/Lahlou/Escoffier u.a. 2002). 2002 wurden 1.240 subsaharische Flüchtlinge aus dem subsaharischen Afrika von der marokkanischen Polizei in der Südgebieten verhaftet; 2003 betrug die Zahl der Aufgegriffenen 1.400. Im ersten Halbjahr wurden bereits 2.770 Flüchtlinge, die ebenfalls mehrheitlich aus dem subsaharischen Afrika kamen, abgefangen (AFP 11.7.2004 nach *L'Intelligent.com*; L'Opinion 12.7.2004).

71 Ein Teil der Boote, die dem Schmuggel dienen, wird mit Lkws – wohl durchaus mit dem Segen der Polizei – nach Tarfaya gebracht. Vgl. dazu folgendes Zitat: „[...] Etant donné les nombreux contrôles et barrages dans cette région, il ne fait pas doute que le trafic bénéficie de complicité auprès des autorités de la gendarmerie [...]" (France Libertés/AFASPA 2003, S. 49). Der Küstenabschnitt um Tarfaya gilt als Ausgangspunkt der Überfahrt von Migranten auf die Kanarischen Inseln.

72 Nicht nur größere Unternehmer, die es sich angesichts ihrer Umsätze leisten können, auch die Kleinhändlerinnen nehmen schon für die Strecke Dakar – Nouakchott häufig das Flugzeug. Von Nouakchott schicken sie ihre Waren dann über den Landweg zurück nach Dakar. Die Händlerinnen, die mit Casablanca Handel betreiben, nehmen ihre Waren auf dem Flug als begleitetes Fluggepäck mit. Jedoch werden die Verhandlungen mit den Zollbeamten am Flughafen immer schwieriger und das Übergepäck ist so teuer, daß man damit rechnen kann, daß auf mittlere oder längere Sicht auch für den Handel mit Marokko zunehmend die Landverbindung genutzt werden wird.

Westafrikanischen Wirtschafts- und Währungsunion (UEMOA) aussteht. Zwischen Nouakchott – Nouadhibou bis nach Dakhla und Laâyoune sind zahlreiche maur(etan)ische und sahrawische Händler und Händlerinnen anzutreffen. Diejenigen, die regelmäßig die Grenze überqueren, gehören oft denselben Familien an, wie die Personen, die auf marokkanischer oder mauretanischer Seite in den zuständigen Grenzbehörden tätig sind, was den informellen Handel erheblich vereinfacht. Von Rosso bis Dakhla gibt es jedoch keinerlei organisierte Beförderungsmöglichkeiten. Abgesehen von einigen mauretanischen Überlandtaxis, die bis zur marokkanischen Grenze fahren und dort einen Fahrzeugwechsel notwendig machen, bieten vor allem Händler mit ihren Transportern und Lkws nicht motorisierten Passagieren und Kleinhändlerinnen Fahrmöglichkeiten. Mercedes-Busse und Toyota-Pick-ups sind sehr geschätzt, vor allem wenn es sich um Obst- und Gemüsetransporte handelt. Sie fahren leer nach Dakhla, das 340 km nördlich der Grenze liegt, und kehren am nächsten Morgen mit einer Ladung von drei Tonnen Obst und Gemüse für den mauretanischen Markt zurück. Erst ab Dakhla gibt es Richtung Norden von Busgesellschaften unterhaltene öffentliche Verkehrsverbindungen.

Warenverkehr

Die Angaben zum Warenverkehr sind wenig zuverlässig: zum einen wird der Handel hier in erster Linie informell abgewickelt, zum andern sind weder die mauretanische noch die marokkanische Verwaltung in den Saharagebieten sehr freigiebig mit der Herausgabe von Informationen.[73] Folgende Tabelle gibt die verfügbaren Zahlen zu den Zollaktivitäten und zu den deklarierten Warenein- und -ausfuhren der Region auf dem Land-, Luft- und Seeweg wieder. Sie zeigen, daß innerhalb eines Jahres die marokkanischen Importe, die über die südliche Westsahara eingeführt wurden, um fast zwei Drittel zunahmen und im Zeitraum der Umfang der marokkanischen Ausfuhren aus und über denselben Zollunterbezirk fast um den Faktor 280 wuchsen.[74]

---

73 Zur Bewertung der Zahlen vgl. die Anmerkung in Fußnote 68.
74 Diese werden nur zu einem geringen Teil für die südlichen gelegenen Länder bestimmt sein. Ein großer Teil der Exporte dürfte aus dem Fischfang (im Unterbezirk Laâyoune entsprechend auch aus dem Phosphatabbau) stammen und auf dem Seeweg bspw. in die EU gehen.

Außenhandel des Zollbezirks Laâyoune, Büro Dakhla 2001 und 2002			
Werte in MAD	2001	2002	Zunahme
Importe	7.548.483	12.411.925	+ 64%
Exporte	1.235.682	344.664.984	+ 27.792%

Zehn marokkanische Dirham (MAD) entsprechen ca. einem Euro.
Quelle: Administration des douanes et des impôts indirects in Dakhla,
August 2003.

Die folgende Tabelle gibt Gewicht und Wert der allein über den Landweg
ein- und ausgeführten und am Grenzübergang Guergarate deklarierten Waren sowie die abgeführten Zolleinnahmen an. Demnach stieg der durch-
schnittliche monatliche Warenwert, der nach der Öffnung im Jahr 2002 über
diesen Grenzübergang aus Marokko ausgeführt wurde, auf mehr als das
Zehnfache der Ausfuhren im Januar 2002. Die von den marokkanischen
Zollbehörden regulär erfaßten Einfuhren stiegen um etwa den Faktor 13.
Damit liefen 2002 schätzungsweise – und soweit die Daten vollständig sind
– etwa sechs Prozent des offiziellen bilateralen Handels über den Landweg;
dies entsprach zwar nur vier Prozent der marokkanischen Ausfuhren nach
Mauretanien, aber fast 70 Prozent der offiziellen Einfuhren[75].

Entwicklung des Warenverkehrs am Grenzübergang El Guergarate 2002					
	Importierte Waren			Exportierte Waren	
Zeitraum	Gewicht	Wert	Zoll-einnahmen	Gewicht	Wert
1/2002	560 kg	30.440 MAD	25.020 MAD	62.450 kg	88.112 MAD
2/2002	104.307kg	744.981 MAD	589.602 MAD	93.924 kg	352.309 MAD
Zuwachs	+1.826%	+2347%	+2.256%	+50%	+300%
2-12/2002	34.720 kg**	4.265.698 MAD	3.392.678 MAD	4.025.724 kg	9.997.541 MAD
Monatl. Durch-schnitt	3.156 kg	387.791 MAD	308.425 MAD	365.974 kg	908.867 MAD
Zuwachs*	+464%	+1.174%	+1.133%	+486%	+931%

*   Verhältnis des monatlichen Durchschnitts zu den Werten für Januar 2002.
**   Hier ergibt sich eine Inkonsistenz zur Angabe für Februar in der zuerst
     genannten Quelle. Mangels Alternative haben wir die Zahl beibehalten.

75 Die Anteile sind geringer, wenn man annimmt, daß ein Teil der Waren, die den
   Straßenübergang passieren, auch für den Senegal und andere westafrikanische Länder bestimmt ist.

Quellen: Daten für Januar und Februar 2002 in Le Matin vom 15.3.2002;
Administration des douanes et des impôts indirects de Dakhla, August 2003.

Nach den offiziellen Angaben erlebte der gesamte Warenaustausch zwischen
Marokko und Mauretanien seit etwa Mitte der 1990er Jahre einen raschen
und (fast) kontinuierlichen Aufschwung; 2002 wurde mit 41 Prozent die
größte Zunahme der letzten Jahre erzielt. Nach Handelseinbußen 2003 ließ
sich im ersten Halbjahr 2004 bereits wieder eine kräftige Zunahme des Wa-
renaustauschs beobachten. Dabei überwiegt der Nord-Süd-Handel bei wei-
tem; dies spiegelt die große Nachfrage nach marokkanischen Produkten vor
allem in Mauretanien, aber auch im Senegal wieder und die Fähigkeit der
Marokkaner, diese zu erfüllen. Handel in Süd-Nord-Richtung findet auf
formellen Weg hingegen kaum statt; allerdings ließ sich auch hier 2002 ein
außerordentliches Wachstum um etwa das 37fache beobachten. Für Marokko stellen damit seine südlichen Saharagebiete einen veritablen kommerziel-
len Brückenkopf Richtung Mauretanien und selbst weit über den Senegalfluß hinaus dar.

Bilateraler Handel Marokko – Mauretanien								
Werte in Tsd. MAD	1996	1997	1998	1999	2000	2001	2002	2003	1. Hj. 2004
Exporte	78.029	95.590	93.800	111.448	147.526	187.513	259.002	227.598	103.476
Importe	3.332	6.260	2.550	377	298	175	6.261	3.846	9.786
Zunahme*	+17%	+25%	-5%	+16%	+32%	+27%	+41%	-13%	+9%**

* Jährliche Veränderung des *gesamten* bilateralen Handels.
** Im Vergleich zum 1. Halbjahr 2003.

Quellen: *www.mce.gov.ma/EtudeStat/BalanceCom.asp?p=MAURITANIE* (Ausdruck
vom 18.10.2004); BMCE Bank, Revue d'information ... 243, Juni 1997 und 291,
Mai-Juni 2003; Royaume du Maroc, Office des Changes 1999 und 2003; Royaume du
Maroc, Ministère du Commerce Extérieur, Computerausdruck vom 15.4.2003.

Definitionsgemäß sind Angaben zum informellen Handel schwierig zu erhalten. Selbst in offiziellen Kreisen wird der informelle Handel zwischen den
beiden Ländern auf ca. 80 Prozent des gesamten bilateralen Austausches (also das Vierfache der offiziellen Handelszahlen) geschätzt.[76] Die Zollverwal-

---

76 Vgl. Le Matin vom 10.9.2001. S. dazu auch folgendes Zitat aus Finances news vom
6.9.2001: „Certes, le volume des échanges entre le Maroc et la Mauritanie est plutôt
insignifiant, d'autant que l'essentiel des échanges commerciaux empruntent des ca-
naux informels facilités par les frontières sahariennes très étendues qui lient les deux
pays."

tung in Dakhla geht jedoch davon aus, daß der Umfang zurückgeht, da der Wert der beschlagnahmten Ware von 10.469.639 MAD im Jahr 2001 auf 2.893.897 MAD im folgenden Jahr fiel, während die Zolleinnahmen in ihrem Unterbezirk (für Importe aus allen Ländern und auf allen Transportwegen) im selben Zeitraum um 113% stiegen. Bei den eingezogenen Waren handelt es sich vor allem um Zigaretten, Mobiltelephone und Stoffe.

– In der Süd-Nord-Richtung umfaßt der informelle Handelsstrom vor allem Waren, die im Hafen von Nouakchott umgeschlagen wurden, der angesichts der geringen Abgaben, die dort fällig werden, in der gesamten Subregion als eine Art Freihafen gilt. Dabei handelt es sich vor allem um Stoffe: Damaststoffe, die aus Europa kommen, und Tücher, die aus Indien eingeführt werden, und die beide bei der sahrawischen Bevölkerung und bis in die Kerngebiete Marokkos hinein sehr geschätzt werden. Diese Waren werden in Marokko verkauft oder bei den Sahrawis gegen Kamele, Zigaretten oder andere Waren getauscht, die aus Ländern östlich und südlich der Sahara kommen. So sind beispielsweise Zigaretten, die in Saudi-Arabien speziell für den mauretanischen Markt produziert werden und mit der Aufschrift „vente en RIM" versehen sind, Gegenstand eines recht lukrativen klandestinen Warenverkehrs[77]. Darüber hinaus findet man in den beschlagnahmten Warenpaketen der Kleinhändlerinnen auch lokale Erzeugnisse, wie afrikanische *boubous* und handgearbeitete Matten.

– In der Gegenrichtung wird der informelle Handel vorwiegend mit Obst und Gemüse betrieben, das für den mauretanischen Markt bestimmt ist und das aus dem Souss stammt, der fruchtbaren Ebene südlich und östlich von Agadir. Darüber hinaus sind marokkanische Produkte wie Plastikmatten, *djellabahs* und *babouches* bevorzugte Gegenstände des informellen Handels, die in Mauretanien wie im Senegal sehr geschätzt werden. Auch hochwertigere Produkte wie keramische Kacheln aus marokkanischer Produktion hat die Zollverwaltung von Dakhla unter den informell gehandelten Waren festgestellt.

* * *

Schließlich erlaubt die Wiedereröffnung der Strecke dem Reisenden auch eine Fahrt zurück in die Vergangenheit ... Die Stimmung in Rosso gibt noch immer eine Vorstellung von den aufgeregten Zeiten des Gummiarabikumhandels zwischen senegalesischen und maurischen Händlern im 19. Jahr-

---

77 Die Zigaretten werden über den Hafen von Nouakchott eingeführt, gelangen dann auf versteckten Wegen nach Marokko, zweifelsohne über das Meer nördlich von Nouadhibou, und werden auf dem marokkanischen Markt weiterverkauft, vor allem in den saharischen Gebieten. Eine rasche und nicht verifizierte Überschlagsrechnung ergibt eine Gewinnspanne von 10 € je Stange Zigaretten.

hundert. Die baulichen Überreste aus den aufeinanderfolgenden kolonialen Besetzungen in Portendik, die typischen städtischen Bauten aus der französischen Kolonialzeit in Port Etienne/Nouadhibou bzw. aus der Zeit der spanischen Herrschaft in Villa Cisneros/Dakhla, Boujdour oder Tarfaya sind aufgegebene Zeugen der Geschichte. Das einsam an der Steilküste gelegene Boujdour/Cap Bojador erzählt von den vielen Entführungen von Matrosen gestrandeter Schiffe oder von Reisenden durch die maurische Bevölkerung im 19. Jahrhundert. Tarfaya/Cap Juby, das als Zwischenstopp der französischen *aéropostale* in den 1920er und 30er Jahren und durch die Romane von Saint-Exupéry Ruhm erlangte, ist heute nur noch eine traurige Legende seiner selbst und lediglich bekannt als Transitort der Flüchtlinge, die in Fischerbooten die Kanarischen Inseln zu erreichen suchen ... Schließlich weist nur noch Goulimine, der erste Handelsplatz des Souss auf den von Timbuktu kommenden Karawanenwegen, einen farbigen und reichhaltigen Markt auf, der unter anderem bekannt ist für seine Kamele.

Die zahlreichen euphorischen Äußerungen marokkanischer und mauretanischer Politiker und die Kommentare in der nationalen Presse lassen der Transsaharastraße auch eine große symbolische Bedeutung zukommen.[78] Die Straße Tanger – Dakar sei das Werk einer beispielhaften Süd-Süd-Kooperation und lasse sich nur mit Großprojekten wie dem Suez- oder dem Panamakanal messen. Strategische Bedeutung für den gesamten afrikanischen Kontinent wird ihr als „transafrikanische Achse" bis nach Lagos, die die Integration Afrikas vorantreibe, zugeschrieben. Innerhalb des Kontinents stelle sie in erster Linie ein Bindeglied zwischen dem Maghreb und dem westlichen Afrika dar. Vor allem sei das ambitionierte gemeinsame Projekt ein Zeichen des aufblühenden marokkanisch-mauretanischen Verhältnisses und werde die drei miteinander befreundeten Staaten Marokko – Mauretanien – Senegal noch enger zusammenbinden.

Die Straße öffne zugleich den Kontinent und seine Teilregionen nach außen, vor allem nach Europa. Marokko wird dabei die Rolle einer „Brücke" zugewiesen, dies insbesondere in Verbindung mit anderen infrastrukturellen Großvorhaben wie dem neuen Mittelmeerhafen von Tanger oder dem geplanten Tunnel durch die Straße von Gibraltar.[79] Auf mauretanischer Seite hingegen wird betont, daß die Rolle des eigenen Landes als Scharnier zwi-

---

78 S. Wippel, „Bruder" und „Brücke" (Anm. 3).
79 Aufgrund geologischer und finanzieller Probleme ist der Bau des Gibraltartunnels noch äußerst fraglich (s. dazu ausführlich S. Wippel, Die „feste Verbindung" mit Europa, Infrastrukturprojekte über die Straße von Gibraltar und ihre symbolische Bedeutung für die regionalen Zugehörigkeiten Marokkos. In: asien afrika lateinamerika 28 (2000), 6, S. 631-676.

schen Nord- und Westafrika gestärkt werde. Damit einher geht die Hoffnung auf einen begleitenden Aufschwung des Handels durch den erleichterten und schnelleren Transport. Den marokkanischen Unternehmen eröffne die Straße den afrikanischen Kontinent für Export und Investitionen. Sie erlaube die Inwertsetzung der immensen wirtschaftlichen Möglichkeiten, vor allem die Erschließung einer der fischreichsten Küsten der Welt und des touristischen Potentials der Region, die den ihr zustehenden Platz innerhalb des ganzen saharischen Raumes wiedererlangen könne[80]. Nicht zuletzt wird auch die politische Bedeutung der Transsahararoute unterstrichen. So wurde auf marokkanischer Seite die Zustimmung Mauretaniens, die Landgrenze nach Marokko zu öffnen, als faktischer Anerkennung der „Marokkanität" der Sahara interpretiert[81].

Diese Region erlebt somit in jüngster Zeit eine Aufwärtsentwicklung. Es bedarf jedoch eines dauerhaft befriedeten Zustands, damit sie ihr wirtschaftliches Potential, vor allem in der Fischwirtschaft, entfalten kann. Die marokkanischen und mauretanischen Investitionen[82] in diesem Sahararaum seit 2000 und der Aufschwung des Verkehrs und des Handels an der mauretanisch-marokkanischen Grenze seit 2002 zeigen eine aktive Beteiligung der betroffenen Bevölkerung, die dennoch voller Bedenken in die Zukunft schaut. Dies gilt ebenfalls für den Verkehr zwischen Senegal und Mauretanien. Die sahrawische Bevölkerung, deren Familien auf beiden Seiten der staatlichen Grenzen verstreut lebt, die sich in erster Linie als Sahrawis noch vor einer nationalen Zugehörigkeit ansieht und die eine einheitliche Sprache spricht, wünscht nichts mehr als eine Normalisierung der Bedingungen, unter denen sie sich in diesem saharisch-sahelischen Raum bewegt.

Die häufigen Polizei-, Gendarmerie- und Zollkontrollen, auch wenn sie oft eine umgängliche Seite haben, die Arrangements der Kleinhändlerinnen mit den Zöllnern erlauben, sowie die dauerhafte Anwesenheit des Militärs

---

80 Insbesondere die Förderung der wirtschaftlichen Entwicklung und der Ausbau der Infrastruktur in der Westsahara wird als Beitrag dazu gesehen, daß das Gebiet um Dakhla seiner Berufung, „ein wirtschaftliches Portal Marokkos in Richtung subsaharisches Afrika zu werden" (Le Matin vom 4.2.2003), nachkommen könne.

81 Vgl. Maroc hebdo International 541 vom 17.-23.1.2003.

82 Seit der Erwärmung der zwischenstaatlichen Beziehungen zeigt die Holding des bekannten mauretanischen Unternehmers Abdallahi Ould Noueïgued Interesse an Investitions- und Kooperationsmöglichkeiten in der Westsahara: in Dakhla besitzt sie eine Tochterfirma für Kartonverpackungen und mit marokkanischen Privatunternehmern mehrere Fischereifirmen und Fischverarbeitungsanlagen errichtet; als weiterer mauretanischer Unternehmer engagiert sich Sidati Ould Amine in Marokko im Immobilienbereich und im Fischereiwesen (S. Wippel, „Bruder" und „Brücke" [Anm. 3]).

lassen die angespannte Stimmung erahnen, in der Journalisten sowie Ausländer, ausgenommen Touristen, nicht wirklich willkommen sind. Die wiederkehrenden Kontrollen lassen auch keinen Raum für Wanderungen illegaler Migranten, die sich nach den Befürchtungen der Europäer durch die Öffnung von Grenze und Straße hätten vervielfachen müssen.

Man kann also durchaus skeptisch und kritisch sein in Hinblick auf die Öffnung der Route und hinsichtlich ihrer Legitimität in den „besetzten Gebieten".[83] Es ist jedoch nicht weniger bemerkenswert, daß sie die erste Realisierung seit Ende des 19. Jahrhunderts darstellt, mit der Teilregionen eines afrikanischen Raumes verbunden werden, die oft genug getrennt betrachtet werden. Ihre Komplementarität und ihre Beziehungen untereinander können und dürfen jedoch nicht übergangen werden.

Archivquellen

Archives Nationales du Sénégal à Dakar (ANS):

8 Q 87 [19] (anciens fonds K): relations commerciales entre le Maroc et l'AOF 1925-1935

6 Q 173 [77]: Rapport sur foire expo et relations commerciales Maroc-AOF

9 G 55 fondu en 9 G 60 et 9 G 69 [107]: Liaisons mauritaniennes

21 G 54 [versement 17]: exodes 1935 – enquête du gouvernement général – DM 14 CD du 25 juin 1935

Archives de la République Islamique de Mauritanie à Nouakchott (DAN):

DAN E/2 dossier 129: Renseignements – délivrance des naufragés du vapeur « Oued Sebou » prisonniers des Maures – Renseignements sur le Rio: 1939 – Pacification: Politique française en Mauritanie: 1936 – Confins algéro-

---

83 Der Bau der Verbindung von El Guergarate bis zur Grenze löste eine Beschwerde des Polisario-Vertreter bei der UNO aus, der die erforderliche Bewegung marokkanischer Streitkräfte innerhalb der fünf Kilometer breiten Pufferzone, die außerhalb der marokkanischen Verteidigungsmauer liegt, als Verletzung des Waffenstillstandsabkommens brandmarkte. Er hob die Gefahr einer militärischen Konfrontation hervor, falls Marokko sein Vorhaben durchführe (Sahara Occidental, Actualités hebdomadaires 14/2001, 1.-7.4.2001 (*www.arso.org/01-f01-14.htm*)). Auf Intervention der UNO wurden die Bauvorbereitungen daraufhin zweimal unterbrochen (Sahara Occidental, ... 12/2002, 17.-23.3.2002 (*www.arso.org/01-f02-12.htm*); Bericht des UN-Generalsekretärs im Februar 2001 über die Lage in der Westsahara (*www.arso.org/S-2001-398f.htm*)). Schon Ende 2000/Anfang 2001 hatte es erhebliche Proteste und Drohungen seitens der Polisario gegen die Streckenführung Goulimine – Smara – Bir Moghrein der Rallye Paris – Dakar gegeben (Sahara Occidental, 52, 24.-31.12.2000 (*www.arso.org/01-f00-52.htm*) und Sonderseite *www.arso.org/Paris-Dakar/parisdakar.htm*).

marocains 1936 – Gouvernement Général de l'AOF, colonie de la Mauritanie, affaires politiques

DAN A/E 97: Registre civil européen – correspondances a: 1941-43 ; b: 1937-1940

DAN E/2 136: Bulletin renseignements économique – Colonie Soudan Français: réunion 15 dec. 1942 à Aioun représentants civils et Militaires, Mauritanie-Soudan – Rapport de tournée effectuée du 29 janvier au 28 février 1937: Tidjikdja, le 17 mars 1937 – Cercle de Tagant – Colonie Soudan Français: réunion 15 dec. 1942 à Aioun représentants civils et Militaires, Mauritanie-Soudan

E/2 142: demande d'établissement d'une liaison routière Maroc-Mauritanie15 juin 1950

Bibliothèque générale à Rabat – Registre Royaume Maroc – Archives du Protectorat

Weitere Literatur

Austen, Ralph A., African Economic History, Internal Development and External Dependency, London/Portsmouth NH 1987.

Barros, Lucile/Mehdi Lahlou/Claire Escoffier u. a., L'immigration irrégulière subsaharienne à travers et vers le Maroc, ILO, Genève 2002.

Bonte, Pierre, Fortunes commerciales à Shingîtî (Adrar mauritanien) au 19e siècle. In: Journal of African History 39 (1998), S. 1-13.

Bovill, Edward William, The Golden Trade of the Moors, West African Kingdoms in the Fourteenth Century, Princeton NJ, 2. Aufl. 1995

Curtin, Philip D., Economic Change in Precolonial Africa, Senegambia in the era of the slave trade, Madison, Wisc. 1975.

Désiré-Vuillemin, Geneviève, Histoire de la Mauritanie, Des origines à l'Indépendance, Paris 1997.

Donnet, Gaston, Une mission au Sahara Occidental – du Sénégal au Tiris – Trarza Elib, Paris 1896.

Douls, Camille, Cinq mois chez les Maures du Sahara Occidental. In: Le Tour du Monde 1888. Als Dokument in: A. Roussanne, L'Homme suiveur de nuages – Camille Douls, Saharien, 1864–1889, Rodez 1991, nach S. 160.

France Libertés/AFASPA, 2003: Mission internationale d'enquête au Sahara Occidental du 28 octobre au 5 novembre 2002, Etat des droits civils, politiques, socio-économiques et culturels des Sahraouis, Etat de l'exploitation économique de ce territoire non autonome, Paris/Bagnolet.

Lovejoy, Paul E., Caravans of Kola: the Hausa Kola trade 1700–1900, Zaria 1980.

Marfaing, Laurence, Les Sénégalais en Allemagne, Quotidien et stratégies de retour, Paris 2003.

Masonen, Pekka, Trans-Saharan Trade and the West African Discovery of the Mediterranean World. In: M'hammed Sabour/Knut S. Vikør (Hrsg.): Ethnic encounter and culture change, Papers from the Third Nordic Conference on Middle Eastern Studies, Bergen/London 1997, S. 116-142.

Royaume du Maroc, Office des Changes : Annuaire du Commerce Extérieur, 3 Bde., Rabat 1999.

Royaume du Maroc, Office des Changes : Statistiques du Commerce Extérieur 2000-2001, Version 2.0, [Rabat] (CD-Rom) 2003.

Zeleza, Paul Tiyambe, A Modern Economic History of Africa, Volume 1: The Nineteenth Century, Dakar 1993.

Verwendete Zeitschriften und Informationsdienste:

ArabicNews (*www.arabicnews.com*); BMCE Bank, Revue d'information de la Banque Marocaine du Commerce Extérieur; Finances news; Frankfurter Allgemeine Zeitung; L'Intelligent (*www.lintelligent.com*); Maroc hebdo International; Le Matin du Sahara et du Maghreb (kurz: Le Matin; *www.lematin.ma*); Nouakchott Info (*www.mapeci.com*); L'Opinion; Sahara Occidental, Actualités hebdomadaires [pro-sahrawisch] (*www.arso.org*); La Vie économique.

Buchbesprechungen

Julius Waldschmidt: Kaiser, Kanzler und Prinzessin. Ein Frauenschicksal zwischen Orient und Okzident (Cognoscere Historias 15), trafo Verlag dr. wolfgang weist, Berlin 2005, 125 S.

Das Thema „Frauen aus der islamischen Welt" stößt nicht erst seit den Ereignissen in Berlin, wo eine Türkin der sogenannten „Familienehre" wegen ermordet wurde, auf vermehrtes Interesse der Allgemeinheit. Zunehmend deutlicher wird, daß „Multi-Kulti" weniger für das Verständnis fremder Kulturen, als vielmehr für Gleichgültigkeit und romantische Vorliebe des Fremdseins steht. Fehlende oder mangelhafte Integration führte besonders in Berlin zur Ghettobildung; die Schattenseiten fremder Kulturen wurden von großen Teilen der deutschen Öffentlichkeit und den Medien ausgeblendet. Um so verdienstvoller ist das Buch von *Julius Waldschmidt*, der anhand eines Frauenschicksals aus dem vorletzten und letzten Jahrhundert die weite Kreise ziehenden Probleme einer Beziehung zwischen den verschiedenen Kulturen detailliert und einfühlsam beschreibt.

In „Statt eines Vorwortes" (7-10) schildert der Autor die Anziehungskraft Sansibars und die Einflußnahmen europäischer Kolonialmächte unter dem Deckmantel der Bekämpfung des Sklavenhandels. Behutsam führt er im Kapitel „Sansibar vor und um die Zeit von Said bin Sultan" an die Interessenkonflikte in und um Sansibar heran und geleitet den Leser auf eine fiktive Reise zum Museum der Insel-Hauptstadt, wo die „Memoiren einer arabischen Prinzessin" liegen, „die ihrer Heimat, ihrer angestammten Welt entfloh, um die Frau eines Hamburger Überseekaufmanns zu werden. Von welcher Welt hatte sie Abschied genommen, Abschied von Familie, Religion und Tradition? Schien nicht der Lebensweg einer Sultanstochter, die, von Scharen von Bediensteten und Arbeitern (meist Sklaven) umsorgt, in Land- und Stadtvillen höchst angenehm wohnte, in einer islamisch-feudalen Gesellschaft vorherbestimmt?" (11) Die Antwort darauf gibt der Autor nicht sofort. Zunächst geht er auf die Geburt der Prinzessin als Tochter Said bin Sultans und seiner tscherkessischen Nebenfrau Djifân ein und skizziert im nötigen Umfang die geschichtliche Entwicklung Omans und Sansibars. Der Herrscher bekämpfte Sezessionsbestrebungen seiner Untergebenen an der ostafrikanischen Küste, machte sich für den Gewürznelken-Anbau in Sansibar stark und verpflichtete sich ab 1839 vertraglich, den Sklavenhandel zu bekämpfen. Aber erst nach dem Tode von Said bin Sultan (1856) entwickelte sich die Hauptstadt des Inselreiches Sansibar zu einem Knotenpunkt des Welthandels. So führte der britische Forscher und Diplomat Richard F. Burton u. a. 4 Mio kg Sesam-Saaten, 800.000 kg Kokosnüsse, 240 000 kg Elfenbein und 2.5 Mio kg Nelken an. Burton lernte auch jenen Hamburger Kaufmann kennen, der die Flucht der Prinzessin Salima nach Aden auslöste, „ein Entschluß, diktiert von einer sensationellen Liebe zu dem Kaufmann Heinrich Ruete und von Angst vor gewaltsamen Tod." (17) Im Kapitel „Ausbruch aus der alten Welt" (19-26) schildert *Waldschmidt* zunächst den Tod des Vaters Said und die darauf folgenden Thronrivalitäten seiner Söhne. Prinzessin Salima nahm an diesen Streitigkeiten aktiv Anteil. Madschid bin Said veranlaßte schließlich ihren Umzug von der Plantage Bububu in die sogenannte Steinstadt von Sansibar, wo sie den 27jährigen Kaufmann Ruete kennenlernte. Hatte ihr Bruder die Verbindung toleriert, so änderte sich dies, als die Prinzessin von Heinrich Rudolph Ruete ein Kind erwartete. „Die Verbindung mit einem Christen und deren Folgen machten nach islamischer Anschauung die junge Frau todeswürdig." (21) Eingehend schildert der Autor dann den Verkauf des Eigentums Salimas und ihre Flucht im Jahr 1866, sowie die Befürchtungen der europäischen Händler, die Flucht der Prinzessin könnte ihren Geschäften mit ihrem Bruder Madschid schaden. Doch der Sultan Sansibars und Omans erwies sich als großzügig. Er gestattete seiner Schwester, den Erlös ihres Erbes nach Deutschland zu transferieren. Ruete folgte seiner Geliebten nach Abwicklung seiner Geschäfte in Sansibar nach Aden nach. Der Tod ihres Sohnes Heinrich überschattete die Hochzeit, die in einer englischen Kapelle nach anglikanischem Ritus stattfand. Salima oder Bibi Salme konvertierte noch vor der Hochzeit zum Christentum. Doch ihre ersten Erfahrungen mit Europa sind zwiespältig. Nach der Geburt ihrer Kinder Antonie, Said und Rosalie verstarb am 2. August 1870 plötzlich ihr Ehemann bei einem Verkehrsunfall. Salima, nunmehr Emily Ruete war auf sich allein gestellt. Doch erst 12 Jahr

nach dem Tod ihres Ehemanns wurde sie Staatsangehörige des Deutschen Reiches. Das geltende Recht bestimmte, „die Witwe unter Vormundschaft zu stellen und im Fall Ruete sogar die Personen- und Vermögensfürsorge auszuüben." (26) Im Kapitel „Im Räderwerk der Großen Politik" schildert J. W. die Bemühungen von Salme-Emiliy Ruete, für sich und ihre Kinder ein Auskommen zu finden. Umfassend werden die Bemühungen der Prinzessin dargestellt, ihre Ansprüche an ihre Verwandten in Sansibar durchzusetzen. Offensichtlich ist, daß Emily Ruete alle Register ziehen konnte. Die Kaiserin, Kanzler Bismarck, den Herzog Ernst von Sachsen-Coburg-Gotha und andere spannte sie in ihre Bemühungen ein. Im Kapitel „Fährten – Forscher – Faktoreien" und im nachfolgenden Text zeichnet der Autor ein Bild deutscher Kolonialpolitik in Ostafrika von den sechziger bis zu den neunziger Jahren des 19. Jh.s. In „Vorspiel zu einem Flottenaufmarsch" (45-51) bemühte sich Emily Ruete erneut, „ihre Ansprüche im Interesse einer gesicherten Zukunft ihrer Kinder 'höheren Ortes' in Erinnerung zu rufen. ... Dem Reichskanzler war, wie man unter den Eingeweihten allmählich wußte, der Vorschlag zugetragen worden, den deutsch- arabischen Enkelsohn des legendären Sultans Said bin Sultan als Thronprätendenten ins politische Kartenspiel zu mischen." (45) Diese Überlegungen führten fast zu einem Flottenaufmarsch der deutschen Kriegsmarine.

Die Kapitel „Die Reichsinteressen und ein Paar schöne Augen" (53-62), „Kapitän Herbig in geheimer Mission" (63-68) und „Keine Kanonade vor dem Sultanspalast" (69-80) umreißen die kolonialen Ambitionen des Deutschen Reiches, die schließlich 1885 vom Erfolg gekrönt sind. Im Jahr 1888 besuchte Emiliy Ruete ein letztes Mal ihre Heimat Sansibar. „Als Frau Ruete wieder in der Heimat ankommt und die Schritte, die sie zu tun gedenkt, nochmals erwägt, ist ihr familiäres Problem im Berliner Auswärtigen Amt eigentlich zu den Akten gelegt worden. ... Die arabische Dame, einst ein 'nützliches Argument' für Landerwerb, ist zum Störfaktor geworden, den man am besten neutralisiert." (83) Den Fall erneut aufzugreifen, widersprach der Rücksichtnahme gegenüber Großbritannien in kolonialen Angelegenheiten. Frau Ruete, die lange in der Politik mitgemischt hatte, war lästig geworden. „Das leise Finale eines Lebens" (95-99) beschreibt die letzten Lebensjahrzehnte der Prinzessin und ihren Tod am 29. Februar 1924 in Jena. Es folgen Anmerkungen, ein Personenverzeichnis, Literaturhinweise und der Bildnachweis. Wie alle Cognoscere Historias-Bände ist das Werk von *Waldschmidt* bestens mit Fotos, Zeichnungen und Dokumentenreproduktionen illustriert. Fazit: Ein sehr empfehlenswertes, mit Liebe zum Detail recherchiertes Buch über ein Frauenschicksal in der Fremde und im Räderwerk der Großen Politik.

Uwe Pfullmann

Sabine Mangold: Eine Weltbürgerliche Wissenschaft – Die deutsche Orientalistik im 19. Jahrhundert, Franz Steiner Verlag, Stuttgart 2004, 330 S.

Die Geschichte der Orientalistik war bislang ein relativ wenig erforschtes Feld der Wissenschaftsgeschichte der Geisteswissenschaften, obwohl der Göttinger Sanskritist Theodor Benfey sich schon 1869 bemüht hatte, eine Geschichte der orientalischen Philologie in Deutschland zu schreiben. Diese Forschungslücke ist um so merkwürdiger als die Orientalistik im Gesamtsystem der Geisteswissenschaften an einer strategischen Stelle anzusiedeln ist. Sie ist mit der Theologie verwandt, möchte sich von ihr distanzieren, schafft es aber weniger als die früh säkularisierte klassische Philologie. Sie muß sich gerade gegen das Modell der klassischen Philologie behaupten, ohne deren Vormacht je erschüttern zu können. Sie zögert zwischen einer rein philologischen und einer eher historischen Annäherung an die fremde, d. h. nicht europäische Welt, die sich im Laufe der Zeit differenziert. Die Orientalistik ist außerdem gegen Ende des 19. Jh.s in einem Übergang von der Philologie zu den Sozialwissenschaften begriffen. Schließlich muß man hervorheben, daß sie etwa im Gegensatz zur Germanistik oder zur Geschichtswissenschaft von vornherein eine transnationale Dimension hat. Die meisten deutschen Orientalisten im ersten Drittel des 19. Jh.s haben eine Zeit lang in Paris bei dem Gründer der französischen Arabistik Silvestre de Sacy studiert. Diese verschiedenen Aspekte sind von Sabine Mangold ausführlich behandelt worden. Sie hat zu Recht ihre Arbeit auf allgemeine Entwicklungslinien fokussiert und sich von den anekdotischen Dokumenten zum Alltagsleben der einzelnen Universitäten abgewandt.

Die Entstehung der modernen Orientalistik (zwischen 1810 und 1840) läßt sich auf unterschiedliche Faktoren zurückführen. Sicher ist die Rolle der Romantiker, zu denen die umstrittene Figur von Hammer-Purgstall gezählt werden darf, nicht unerheblich gewesen. Dessen Verdienst ist es, die Abkehr der Orientalisten von einem rein theologischen Gesichtspunkt vorbereitet zu haben. An einem neuen Orientalistikkonzept sind aber die Franzosen um De Sacy und Chézy maßgeblich beteiligt gewesen. In diesem Kreis umfaßte die Ausbildung eines Orientalisten das Arabische, das Türkische und das Persische. Der Vorsprung der Franzosen ergab sich auch aus der direkten Verbindung zum Orient. In Deutschland gab es zunächst Widerstände gegen die Ablösung von der Theologie, die man an dem schwierigen Einstieg Rückerts ins akademische Leben erkennt. Die Professionalisierung, die einzelnen Gründerfiguren wie dem Leipziger Arabisten Fleischer sehr viel zu verdanken hat, beginnt mit einer Philologisierung des Faches. Zwei Schulen, die von Ewald in Göttingen und die Leipziger Schule von Fleischer lassen sich zunächst unterscheiden. Während Berlin sich sehr spät zu einem orientalistischen Zentrum entwickkelt, haben Kosegarten in Jena und Freytag in Bonn entscheidende Impulse gegeben. Daß Freytag sich in Bonn gegen den Sinologen Klaproth durchsetzen konnte, zeigt außerdem, daß die Orientalistik am Anfang nur am Rande Asien betraf. Sehr zu begrüßen ist im Ansatz der Verf. die Fähigkeit, das Schicksal einzelner Figuren mit großen Entwicklungslinien zu verbinden. Daß der Deutsche Julius Mohl trotz seines Rufs nach Göttingen sich lieber in Paris etablierte, zeugt von der relativen Unsicherheit des Faches in Deutschland. Die Differenzierung begann erst

in den 1840er Jahren, als Christian Lassen auf den ersten selbständigen indologischen Lehrstuhl in Bonn berufen wurde, und erreichte ihren Höhepunkt 1872, als drei Lehrstühle für Sanskrit, semitische Sprachen und Ägyptologie fast gleichzeitig in Straßburg gegründet wurden. Die Altorientalistik, die sich im letzten Drittel des Jh.s entwickelte, war sogar eine deutsche Spezialität.

Die volle Institutionalisierung erfolgte allerdings erst spät, als im letzten Jahrzehnt des Jh.s die verschiedenen Seminare gegründet wurden, die am Vorabend des ersten Weltkrieges an elf deutschen Universitäten zu finden waren. Die Arbeit von *Sabine Mangold* kennzeichnet sich durch eine sorgfältige Darstellung der soziologischen Vorbedingungen der Fachgeschichte. Die deutsche Morgenländische Gesellschaft die nach dem Modell der Pariser „société asiatique" entstand, blieb trotz mancher Differenzierung das ganze Jahrhundert hindurch eine sehr stabile Kommunikationsstruktur, deren Selbstverständnis als nationaler Gelehrtenverein zum Prozeß der deutschen Vereinigung gehört. Die akribische Beschreibung der Rolle einzelner Vereinsmitglieder verbindet sich im Buch von Sabine Mangold mit einer soziologischen Perspektive auf alle tragenden Kräfte der Institution. Die Bedeutung der Göttinger Schule und ihres Hauptvertreters Ewald wird da insbesondere hervorgehoben. Die Verknüpfung von Fachgeschichte und politischem Hintergrund läßt sich unter anderem an der Entwicklung des Instituts in Straßburg gut ablesen, wo sogar der schon berühmte Max Müller zu einer Gastprofessur eingeladen wurde. Um die Jahrhundertwende, etwa mit der Gründung des Palästina-Vereins und des Berliner Seminars, erhält die Außenpolitik eine neue Rolle in der Definition der Orientalistik, die sie vorhin nicht hatte. Um 1910 waren die Absolventen des Berliner Seminars Kolonialbeamte oder in den Kolonien eingesetzte Offiziere. Gleichzeitig erweiterte sich die Zahl der unterrichteten Sprachen. Die Abwendung von der philologischen Kleinarbeit früherer Zeiten erreichte dann ihren Höhepunkt, und die Islamkundler bemühten sich offen um ein globales Verständnis der untersuchten Kulturräume.

Die Erforschung der Orientalistik ist durch den Verdacht des Kolonialismus, den die Werke Eduard Saids erhärtet hatten, lange gehemmt worden. Am Buch von *Sabine Mangold* ist besonders erfreulich, daß sie diese teilweise mythische Konstruktion abbauen hilft und die Aufmerksamkeit auf die innerdeutschen Faktoren lenkt, die das Fach und seine Entwicklung erklären. Auch wenn eine bessere kontrapunktische Berücksichtigung anderer Länder (etwa Englands und Rußlands) die deutsche Situation möglicherweise nuanciert hätte, muß man einen hervorragenden Beitrag zur Geschichte der Geisteswissenschaften im 19. Jh. begrüßen.

Michel Espagne

Ulrich Bielefeld: Nation und Gesellschaft. Selbstthematisierungen in Frankreich und Deutschland, Hamburg: Hamburger Editionen, 2003, 416 S.

Die Entwicklung einer Definition des „Eigenen" und des „Fremden" gilt in der modernen historischen Nationalismusforschung als Ausgangspunkt der Nationalismusbewegungen im (West-) Europa des 19. Jh.s. Die Verschränkung damit eng verbundener und vielfältiger Exklusionsmechanismen einer sich ausdifferenzierenden Massengesellschaft, sowie die Entwicklung spezifischer Diskurse und Praktiken, dienten der Homogenisierung einer Vielzahl von Gemeinschaften, die innerhalb eines definierten Territoriums lebten und nach Einheit und Identität strebten. Die Forschung hat diesem Befund in vielfacher Weise Material zugeführt, sei es in der Analyse der Massenpolitisierung, sei es in der Untersuchung diskursiver Persistenzen politisch marginalisierter Vorstellungen, sei es in der Erforschung der symbolischen Dimension der „erfundenen" Nation oder aber ihres Zusammenhangs mit der Kategorie Geschlecht.

Mit der vorliegenden Monographie hat der in Hamburg am Institut für Sozialforschung lehrende Soziologe *Ulrich Bielefeld* eine neue Studie zu diesem Thema vorgelegt, die bisherige Ergebnisse weiterführt und vertieft.

Ein erster Blick in das Inhaltsverzeichnis offenbart die Einteilung der Studie in drei größere Abschnitte, von denen der erste theoretisch orientiert ist und in dem sich der Autor intensiv mit der Begriffsbestimmung von Nation befaßt. Der zweite und längste Teil stellt die empirische Grundlage der Studie dar, in welcher drei deutschfranzösische Intellektuellenpaare konstruiert werden, die als öffentliche Repräsentanten ihrer Zeit mit großem Einfluß auf dieselbe und darüber hinaus gelten können. Jedem Paar gesellt sich eine weitere Persönlichkeit zu, die in engem Zusammenhang mit dem gewählten Paar steht. Im Falle des ersten

Paares Johann Gottlieb Fichte und Maurice Barrès ist dies Ernest Renan. Für das zweite Paar Émile Durkheim und Max Weber ist es Maurice Barrès und im letzten Falle von Ernst von Salomon und Louis Ferdinand Céline ist es Adolf Hitler. Die Studien werden durch einen dritten Abschnitt abgerundet, welcher weniger eine Zusammenfassung, als vielmehr eine Weiterführung der Reflexionen in die heutige europäische bzw. globalen Situation darstellt.

Ulrich Bielefeld stimmt gleich zu Beginn seiner Ausführungen den Leser darauf ein, daß dieser keinen klassischen, sozialhistorischen Vergleich erwarten dürfe. Vielmehr sei das Ziel des Autors, eine systemtheoretische Betrachtung der Nationswerdung in beiden politischen Gebilden beginnend mit dem 19. Jh.s bis in die erste Hälfte des 20. Jh.s hinein vorzunehmen.

Der Autor geht zunächst von der Nation als einem fiktionalen Geschöpf aus. Im Unterschied jedoch zu bisherigen Forschungen lenkt er die Aufmerksamkeit auf die Prozesse der Selbstthematisierungen und kritisiert, daß die gängigen Freund-Feind-Theorien bereits ein gegebenes, klar umrissenes „Eigenes" und ebenso ein deutlich wahrnehmbares „Fremdes" implizieren. Demgegenüber plädiert er dafür Prozesse der Selbstthematisierung jenen Freund-Feind-Konstrukten voranzustellen. Alsdann widmet er sich einer eingehenderen Betrachtung der Selbstthematisierungen, die einer doppelten Strukturdimension unterworfen seien. Sie bezögen sich in einem ersten Schritt zunächst explizit auf einen gegenwärtigen, beziehungsweise noch zu schaffenden Raum. In einem zweiten Schritt müßten sie sich jedoch nicht

nur dar- und vorstellen, sondern sich aus sich selbst heraus begründen, aus ihrer Kultur, aus ihrer Geschichte. Dies ginge sowohl mit einer Essentialisierung, als auch mit einer Existentialisierung der Gemeinschaft einher, die auf Differenzierungen zurückgreifen müsse, um die Homogenisierung nach innen und die Territorialisierung nach außen vornehmen zu können. Interessant und beachtenswert ist in diesem Zusammenhang, daß der Verfasser das zumeist doch eher statisch verwendete Kategorienpaar von Inklusion und Exklusion dahingehend dynamisiert, daß Exklusion sich unmittelbar aus der Inklusion ableite, beziehungsweise die Form der Inklusion die Form der Exklusion vorgäbe. Der Autor geht noch einen Schritt weiter und hält fest, daß von dem Moment an, wo die Grenzen der Nation in den unendlichen Raum hinein erweitert werden (z. B. im Nationalsozialismus), die Nation zu existieren aufhöre.

Mit seinem Nationenverständnis distanziert sich der Autor explizit von der oft formulierten Sonderwegsthese für Deutschland. Von dieser Distanzierung zur Hinterfragung der idealtypisch konstruierten deutschen und französischen Nationenkonzepte (Staatsnation und Kulturnation) ist es dann nur noch ein kleiner Schritt. Sie seien lediglich Mittel der Differenzierungen gewesen, die die Unterschiede zwischen den beiden Staaten verschärfen und verändern halfen.

Die Entstehung der Soziologie als akademische Wissenschaft am Ende des 19. Jh.s nimmt für den Autor in diesem Kontext eine bedeutende Funktion ein. Als ursprünglich nichtnormative Wissenschaft entwickelt, wurde sie (gemeinsam mit der Historiographie) zur „Selbstthematisierungswissenschaft par excellence" (52). Die Herausbildung der Nationen war die Entstehungsbedingung für die Soziologie als akademische Disziplin. Die von ihr geprägten Begrifflichkeiten waren Bestandteil der gesellschaftlichen Selbstbeschreibungen, dennoch erhob sie die Nation nie zu einer eigenständigen analytischen Kategorie. Das Selbstverständnis der Soziologie war universalistisch orientiert, so daß sie den „begrifflichen Bezug auf das selbst hergestellte Eigene [verlor, welches jedoch] als vorwissenschaftliche und explizite Wertorientierung erhalten blieb." (58)

Die theoretischen Überlegungen zum Zusammenhang von Nation und Selbstthematisierung finden sich in den Paarkonstruktionen des empirischen Teils exemplifiziert.

Das erste Paar Johann Gottlieb Fichte und Maurice Barrès (inklusive Ernest Renan) beschäftigt zunächst noch die Frage der Zusammenführung von Kollektiv und Individuum. Während Fichte von einem „Wir" ausgeht, welches erst durch das „Ich" lebendig werden könne, geht Barrès, nach der Lektüre von Fichte, den entgegengesetzten Weg. In der Gegenüberstellung dieser beiden Autoren mit Ernest Renan erkennt der Autor die Konstruktion der Opposition von Kulturnation und Staatsnation als Form der Selbstthematisierungen.

Mit Max Weber und Émile Durkheim (inklusive Maurice Barrès) vertieft der Autor seine Überlegungen zur Soziologie um die Jahrhundertwende. *Bielefeld* gelingt es sehr plausibel aufzuzeigen, daß beide Intellektuelle das Konzept Nation unhinterfragt als moralische Instanz setzten, sich von dieser

implizierten Vorannahme nicht zu lösen vermochten und so „Nation und Gesellschaft nicht auseinander halten" (189) konnten.

Mit dem dritten Paar kann *Ulrich Bielefeld* zeigen, wie sich nach dem Ersten Weltkrieg in beiden Ländern die Selbstthematisierungen dahingehend änderten, daß sie anstelle des Staates als Bezugpunkt das Volk setzten und die Grenzen der Nation auflösten. Der Unterschied zwischen Deutschland und Frankreich in diesem Zusammenhang liegt darin, daß die französische Rechte nicht aus eigener Kraft die Stelle der Macht besetzen konnte.

Der dritte und letzte Abschnitt des Werkes weicht von dem bis hierhin verfolgten roten Faden des Autors methodisch und inhaltlich ab. So wird weder ein repräsentativ ausgewähltes Intellektuellen Paar für die zweite Hälfte des 20. Jh.s als Betrachtungsgrundlage angeboten, noch ein Resümee des bisher dargestellten Selbstthematisierungskonzeptes in seinen Hauptmerkmalen vorgeschlagen. Der Schwerpunkt dieses dritten Abschnitts scheint denn auch weniger auf dem Zusammenspiel der Konzepte von Selbstthematisierung und Selbstbestimmung zu liegen. Vielmehr stellt der Autor schwerpunktmäßig das Selbstbestimmungskonzept in den aktuellen Kontext von Globalisierung und Europäisierung/EUisierung. Diese Ausführungen sind zwar keineswegs weniger spannend zu lesen als die bisherigen, dennoch fehlt ihnen der explizite Bezug auf das bis dahin Besprochenen und so bleibt dem Leser nur übrig sich die Quintessenz und den Zusammenhang dieses letzten Kapitels zur Gesamtstudie selbst zu erarbeiten.

Abschließend sei jedoch nochmals

auf die Stärken der Studie von *Ulrich Bielefeld* hingewiesen. Mit „Nation und Gesellschaft" liegt eine sehr detailreiche Darstellung des von Intellektuellen in Deutschland und Frankreich geleisteten Beitrages zur Herausbildung zweier idealtypischer Nationenkonzepte vor. Die Monographie gibt der Nationalismusforschung wichtige theoretische Impulse (wie z. B. die stärkere Berücksichtigung des Spannungsfeldes von Partikularismus und Universalismus im Zuge der Nationalisierungen) und hinterfragt (dies jedoch nicht als erste und einzige Studie) methodische Selbstverständlichkeiten der historischen Komparatistik (Verfestigung von Reproduktionsmustern bei unreflektierter Übernahme von Konzepten).

Ruth-Stephanie Merz

Gerhard Hanloser: Krise und Antisemitismus. Eine Geschichte in drei Stationen von der Gründerzeit über die Wirtschaftskrise bis heute, Unrast, Münster 2003, 135 S.

Die Antisemitismusforschung betont seit langem die Bedeutung vulgärökonomischer Zuschreibungen in antisemitischen Vorurteilen, Diskursen oder Semantiken. Dennoch werden Erklärungsdefizite bezüglich des Zusammenhangs von marktförmiger Vergesellschaftung und Antisemitismus einerseits und bezüglich Dynamik und Eskalation antisemitischer Mobilisierungen andererseits sichtbar. *Gerhard Hanloser* verfolgt in seiner Arbeit das Anliegen, die Bedeutung ökonomischer Krisen für die Genese des deutschen Antisemitismus ab den 1870er Jahren zu analysieren. Um sie für Ge-

schichtswissenschaft nutzbar zu machen, integriert er Ansätze einer kritischen Theorie des Antisemitismus und Regulations-, Wert- und Krisentheorien. Die Untersuchung erfolgt für die Gründerkrise des Kaiserreiches, ökonomische Krisen der Weimarer Republik und schließlich die Krise der (neuen) Märkte der Berliner Republik seit 2002.

Die Dynamik des Zusammenspiels von Krise und Antisemitismus fußt für *Hanloser* historisch auf einer gesellschaftlich hegemonialen Identifizierung der Juden zuerst mit Geld und später allgemeiner mit Kapitalismus, v. a. dessen Zirkulationssphäre (Verleih, Handel, Spekulation). Die Antwort auf das „Geldrätsel" habe darin bestanden, daß versucht wurde, ,hinter' der Abstraktheit des Geldes Personifizierungen durchzuführen. Diese Personifizierung sei anhand der Juden, die Jahrhunderte lang aus der Sphäre der Produktion ausgeschlossen und in die der Zirkulation eingeschlossen wurden, erfolgt. Das Abstrakte wurde konkretisiert, in dem ,der Jude' zum Inbegriff der ,geheimen Wirk- und Krisenkräfte' des Geldes gemacht wurde. Juden wurden zunehmend mit den abstrakten modernen Tauschverhältnissen identifiziert. Der Kapitalismus sei, als überregionales System, international erfahren und das ,Volk ohne Staat' als international herrschendes Judentum halluziniert worden. Verbunden mit der Funktion der Vermittlung in Handel und Verleih als Anwälte und Intellektuelle erfolgte die Markierung von Juden als „unproduktiv" und „parasitär".

Marx wird in diesem Kontext als Analytiker eingeführt, der sich von einem diese Klischees teilweise reproduzierenden Ablehner des Geldes zu einem fundamentalen Kritiker kapitalistischer Totalität – und nicht mehr nur der Zirkulationssphäre – entwickelte. Der ökonomischen Krise werden, so *Hanloser*, die Anschlußstellen zum Antisemitismus gesellschaftlich durch Fehlanalysen implementiert. Im Anschluß an Marx ist für den Autor die Krise immer eine von Produktion und Konsumtion. Kredit – historisch auftretend als ‚Wucher' – und Spekulation verschieben und verschärfen die Krise, erzeugen diese aber nicht ursächlich. Genau dafür wird aber die Zirkulationssphäre oftmals in Krisendiskursen verantwortlich gemacht. In zwei Dimensionen erachtet *Hanloser* die Marx'sche Krisentheorie als defizitär: in der Unterbewertung von Ideologie und von Effekten der Fetischisierung des Kapitals einerseits und in der Vernachlässigung der hauptsächlich vom Staat organisierten Regulation der Krise durch Modernisierung. In ökonomischen Krisen werden nach *Hanloser* Individuen zu scheinbar irrational Handelnden, auf die wiederum staatliche Regulationsstrategien zu reagieren haben. Mit der Krise beginnt die hektische gesellschaftliche Suche nach den Schuldigen. Die Krise selbst wird „Katalysator" von antisemitischen Vorstellungen und Ideologien (39).

Der ersten der drei untersuchten Krisen, der Gründerkrise nach dem Börsen-Crash von 1873, geht der Gründerboom voraus. Die Massenspekulation begann in Deutschland in der Euphorie des Sieges über Frankreich und den daraus resultierenden fünf Milliarden Francs Reparationszahlungen. Diese Zahlungen dienten als Motor der nachholenden Modernisierung, v. a. von Schwerindustrie, Eisenbahn und Rüstung, gefolgt von einem breiten allgemeinen Aktienboom und der Bündelung von kleinem Geldkapital in Aktiengesellschaften. Am Beispiel des ‚Eisenbahnkönigs' Bethel Henry Strousberg zeigt *Hanloser* das Umschlagen von allgemeiner Anerkennung von Berufsspekulation in Zeiten der Hausse zu ihrer allgemeinen Ablehnung in der Krise. Antisemitische Agitationen, die vage Kapitalismuskritik mit einer Rückbesinnung auf Monarchie, Christentum, vorindustrielle Produktionsweisen und Wertvorstellungen kombinieren, inszenieren Juden als Repräsentanten des Gegenteils dieser Orientierungspunkte. Die Hintergründe, Motive und Wirkungsmacht der antisemitischen Agitatoren – *Hanloser* führt den Journalisten Otto Glagau als einen der pronconciertesten Antisemiten der Zeit ein – läßt der Autor im Dunkeln. In seiner Lesart schlägt ein bis 1875 eher ‚privater' Antisemitismus in einen öffentlichen um. Die ab 1876 etablierte Gleichsetzung von ‚Banker' und ‚Jude' wird anhand von Romanen eher dürftig belegt. Die entscheidende Frage, wie Antisemiten, laut *Hanloser* noch ohne kohärente Ideologie, die Transformation der sozialen Frage zu einer „Judenfrage" verwirklichen konnten, bleibt unbeantwortet. Auch wird das Verhältnis von antisemitischer und antisozialistischer Mobilisierung nicht angemessen berücksichtigt. In der Krise erhöht sich der Anspruch an den Staat auf Integration, Schutz und Steuerung der ökonomischen Sphäre. Der Antisemitismus wird dabei, folgt man der Analyse *Hanlosers*, Teil des Bismarckschen „Regulationsmodells". Dieses beinhaltet u. a. eine Aufwertung der industriellen Arbeit, welche nicht mehr als das dichotome ‚Andere' zum Handwerk rezipiert wurde, sondern als das ‚Andere' zur „parasitären Börse". Zusätzlich habe aber der Imperialismus zu einem Umlenken von Bedürfnissen und Projektionen und damit zu einer Einhegung des Antisemitismus geführt.

Den Aufstieg und die Etablierung des Nationalsozialismus sieht *Hanloser* als eine „durchaus konsistente Antwort auf die uneindeutige Zeit der großen Krise von 1929" (63). Ein militanter Antisemitismus stellt dabei die Ideologie für eine volksgemeinschaftliche Einstellung des „Klassenkampfes" und die Eskalierung eines „Rassenkampfes". Zur Analyse dieser ‚zweiten' Krise greift der Verf. auf die Antisemitismustheorie Moishe Postones zurück. Dieser Theorie zufolge produziert die kapitalistische Vergesellschaftung entlang von Wert und Ware falsches Bewußtsein, welches ‚den Juden' zum Objekt des Hasses macht, als Stellvertreter für den Wert, die abstrakte Seite des Kapitalismus.[1] Diese Fehlleistung erfordert die Vorstellung, daß Tauschwert, Handel und Spekulation ‚schädlich' sind und darüber hinaus die davon getrennt gedachte Sphäre von Gebrauchswert, Produktion und Konsumption gefährden. Nach der Theorie Postones gilt die Shoah als Versuch der Nazis, mit den Juden den ‚Wert' zu vernichten, als Abstraktes und als Bedrohung des Konkreten. Dem als ‚jüdisch' markierten „raffenden Kapital" wird das als ‚arisch' verstandene „schaffende Kapital" gegenüber gestellt, innerhalb dessen die Widersprüche zwischen Besitz und Nichtbesitz an Produktionsmitteln in der Volksgemeinschaft suspendiert worden sind.

Entgegen Horkheimer, dem *Hanloser* unterstellt, daß er von einer faktischen Liquidation der Zirkulationssphäre durch die Nazis ausgegangen sei, und Postone, betont *Hanloser*, daß die Pro-

paganda der Nazis von der „Brechung der Zinsknechtschaft" bloße Agitation war. Im Kontrast dazu stand die ‚pragmatische' Wirtschaftspolitik eines Hjalmar Schacht. Im Rahmen des „deutschen Keynesianismus", durch Aufrüstung, Arbeitsbeschaffung, Terror und innere Mobilisierung habe der nationalsozialistische Staat aus der ökonomischen Krise gefunden. Die „Endlösung" erklärt *Hanloser* recht apodiktisch zum Resultat der gesellschaftlichen Krise.

Nach einer kurzen Schilderung des ‚goldenen Zeitalters des Kapitalismus' nach 1945 über den Börsenboom bis Mitte des Jahres 2000 widmet sich der Autor dem Kriseneinbruch Mitte 2002. *Hanloser* liefert hier nur noch Zitat-Stückwerk, durch das er zu dem Schluß kommt, daß im Krisendiskurs nur noch im Einzelfall die Zirkulationssphäre mit ‚dem Judentum' identifiziert würde.

Das Buch muß an vier zentralen Punkten kritisiert werden:

Erstens leidet das Buch an seiner dürren Quellenlage, die mit der Tatsache, daß es auf eine Magisterarbeit zurückgeht nur bedingt zu entschuldigen ist.

Zweitens ist der von *Hanloser* verwendete Antisemitismusbegriff verkürzt. Kann er zwar sehr gut z. B. die antisemitische ‚Logik', aber auch Verschwörungstheorien, den Haß auf Spekulation und das Abstrakte erklären, läßt er die rassistische und chauvinistische deutsche Abwehr der jüdischen Armuts- und Arbeitsmigration und Flucht aus Ost(mittel)europa unterbelichtet. Die Tatsache, daß vermeintliche Kohärenz für völlig widersprüchliche Phänomene geliefert wird, gehört zur fatalen Wirkung des Antisemitismus. Zusätzlich spielt antisemitische ‚Praxis' bei *Hanloser* kaum eine Rolle,

und die Reduzierung der nichtmarxisti-
schen Antisemitismustheorie auf „Vor-
urteilsforschung" grenzt an Arroganz.
Auch zeigt *Hanloser* wenig Gespür für
die Transformationen des post-
national-sozialistischen Antisemitismus. Nur so kann er zu einer antisemi-
tismustheoretisch wohlwollenden Analyse beispielsweise der ‚No Globals'
und ihrer Perzeption der USA, Israels
und des Kapitalismus kommen.

Drittens führt der interessante Fokus
auf den Zusammenhang von Antisemitismus und Krise zu einer kausalen
Verabsolutierung, welche antisemitische Kontinuitäten und Antisemitismus
im ökonomischen ‚Normalbetrieb' aus
dem Blick verliert. Gerade der NS-
Antisemitismus kann unter dem Paradigma der ökonomischen Krise nur
unzureichend erfaßt werden.

Viertens erfahren die Leserinnen
und Leser wenig über die Spezifik eines bis zur Shoah betriebenen Antisemitismus, außer, daß „die Krise" dort-
hin geführt habe. Der stark
schematisch theoretisierende Zugang
bringt *Hanloser* gefährlich in die Nähe
dazu, den Weg in die Shoah als Auto-
matismus zu beschreiben. Dies hätte
durch eine vergleichende Perspektive
über den Zusammenhang von Krisen
und Antisemitismus in anderen Nationalstaaten vermieden werden können.

Dem Buch hätte es gut getan, stärker vom empirischen Gegenstand Antisemitismus auszugehen und dann
Theorien der Erklärung zu prüfen. Statt
dessen verbleibt der Versuch, ein theo-
retisches Modell empirisch zu prüfen
halbherzig. Vom Anspruch aus dabei
eher sozialgeschichtlich, folgt die Argumentation ideengeschichtlichen Mustern, wobei die Auseinandersetzung
mit Nietzsche und der Nietzsche-

Rezeption einen etwas rätselhaften Sei-
tenstrang darstellt, eine kaum systematisch integrierte Abarbeitung an Zita-
ten. Die Leistung des Buches liegt
nichtsdestoweniger in der theoretischen
Zusammenführung von Strängen der
Regulations-, Wert- und Krisentheorie,
kritischer Theorie und Antisemitismus-
theorien und dem Aufzeigen von Anschlußstellen an die historische Empirie.

Jonas Pfau

1 M. Postone, Nationalsozialismus und
Antisemitismus. Ein theoretischer Versuch, in: Diner, Dan (Hg.), Zivilisati-
onsbruch. Denken nach Auschwitz,
Frankfurt a. M 1988.

**Thomas Koinzer: Wohnen nach dem
Krieg. Wohnungsfrage, Wohnungs-
politik und der Erste Weltkrieg in
Deutschland und Großbritannien
(1914–1932), Duncker und Humblot,
Berlin 2002, 407 S.**

Sozialer Wohnungsbau, Mieterschutz
und staatliche Interventionen in den
Wohnungsmarkt erscheinen uns als
Errungenschaften des heutigen Sozialstaates. Um so bemerkenswerter ist die
eigentliche Entstehungsgeschichte der
staatlichen Wohnungspolitik. Nicht der
Sozialstaat, sondern der Erste Weltkrieg brachte diese Neuerungen mit
sich. Nicht die Mieter, deren Familien
und der soziale Friede standen dabei
im Mittelpunkt des Interesses, sondern
die Sorge um Kampfkraft und Motivation der Truppe veranlaßte die britischen und deutschen Eliten dazu, sich
mit Wohn- und Mietfragen der Bevölkerung zu befassen. So ließe sich jedenfalls die recht viel versprechende

Hauptthese der Arbeit *Koinzers* zusammenfassen.

Er beschäftigt sich in seiner Dissertation mit der frühen Wohnungspolitik in Deutschland und Großbritannien. Der Titel des Buches verspricht einen bilateralen Politikvergleich, der durchaus ein Baustein für eine europäische Geschichte des Wohnens hätte werden können, doch leider kommt das Buch nur in Ansätzen über den Vergleich der Protagonisten des Buch, den „Bund Deutscher Bodenreformer (BDB)" und den Leuten um den englischen Liberalen Lloyd George, hinaus. Die Ausflüge zu anderen Akteuren und Entwicklungen fallen nur sehr spärlich aus.

„Das Wohnen im Krieg, die Wohnungsfrage zwischen nationaler innerer Befriedungspolitik und gewachsener sozialer Verpflichtung stellte die kommunale und staatliche Zurückhaltung in Frage." (S. 14) Das gute und sichere Wohnen wurde auf beiden Seiten zum wichtigen Element der gesamtgesellschaftlichen Wehrhaftmachung, die durch den Ersten Weltkrieg, als ersten totalen Krieg der Geschichte, erforderlich wurde. Die sich stetig verschlechternde Lage der Soldatenfamilien löste die staatlichen Ambitionen bei der Wohnungspolitik aus. In den Städten mit kriegswichtiger Industrie stiegen wegen des wachsenden Personalbedarfs die Mieten. Den Familien, denen durch den Krieg einer oder gar der einzige Verdiener zunächst verloren ging, fiel es zunehmend schwerer ihre Wohnungen halten zu können. Man befürchtete einen starken Motivationsverlust der Truppe, wenn bekannt würde, wie die Heimat mit den Soldatenfamilien umging und sah sich gezwungen einzugreifen. In England wurde die Lage sogar so dramatisch,

daß es zu Mieterstreiks und Massenprotesten kam, woraufhin sich die dortige Regierung gezwungen sah, dem Druck der Straße nachzugeben, da auch die kriegswichtige Industrie unter diesen Konfrontationen zu leiden begann.

Unterschiede zwischen Großbritannien und Deutschland lagen hauptsächlich auf der Akteursebene. In Großbritannien kamen die Initiativen für eine staatliche Wohnungspolitik aus den Reihen liberaler Parlamentarier, in Deutschland hingegen aus verschiedenen Vereinen und Verbänden. *Koinzer* betrachtet im Falle von Deutschland den „Bund Deutscher Bodenreformer (BDB)", der einen Weg zwischen „Mammonismus und Kommunismus" suchte und eine Verstaatlichung des Bodens forderte, um dort dann mittels staatlicher Förderung Einfamilien- und Mietshäuser entstehen zu lassen, die den „Frontkämpfern" und deren Familien als Belohnung für den Dienst am Vaterland preisgünstig zur Verfügung gestellt werden sollten.

Der BDB war in seiner Argumentation jedoch recht flexibel. Forderte er vor dem Krieg „Heimstätten" im Zuge einer allgemeinen Bodenreform, die es jedem ermöglichen sollten, sein eigenes preiswertes Heim auf öffentlichem Grund zu erwerben, so wurden die Argumente während des Ersten Weltkrieges umgemünzt.

Aus den „Heimstätten" wurden „Kriegerheimstätten", und aus dem eigenen Stück Land, das laut BDB die Kulturbedürfnisse befriedigen sollte, wurde das Stück Land für den „Verteidiger von Heimat und Freiheit" und dessen Familie. Die „Kriegerheimstätte" stand unter dem „Leitgedanken von ‚Belohnung' und ‚Pflicht'" (S. 100) des

Staates gegenüber seinen Soldatenfamilien und sollte sich auf diese Weise
positiv vom Umgang des Staates mit
den Heimkehrern vom deutsch-
französischen Krieg unterscheiden, wo
„die heimkehrenden Kriegsteilnehmer
und ihre Familien, verderblichem
Wohnungselend, zum Teil sogar völli-
ger Obdachlosigkeit preisgegeben'" (S.
110) waren. Jedoch wurden die „Heimstätten", „Kriegerheimstätten" oder
später auch „Reichsheimstätten" nicht,
wie es der BDB erhoffte, zur wichtigsten Stütze des Wohnungsbaus in der
Nachkriegszeit, denn an diese Häuser
waren Bedingungen für den Wieder-
verkauf geknüpft, die deren Erwerb
recht unattraktiv machten.

In Großbritannien gab es eine ähnliche Reformbewegung. Der liberale
Politiker Lloyd George war die führen-
de Persönlichkeit in der britischen Bo-
denreformbewegung. Seine Schriften
wurden auch in Deutschland publiziert,
was von einer gegenseitigen Beeinflus-
sung der Bodenreformer in beiden
Ländern zeugt. In Deutschland wurden
sie „als positives Beispiel von den britischen Inseln zur Unterstützung ihres
‚Kampfes'" (S. 168) angesehen. Lloyd
George schlug vor, daß hohe Steuern
auf Grund und Boden erhoben und das
Land verteilt werden sollte. Damit erhoffte er eine Einschränkung der
Macht der Großgrundbesitzer, denn
ihnen wurde die Verantwortung für
Landflucht, Armut, Arbeitslosigkeit
und Wohnungsnot zugeschrieben. Ab
1908 war Lloyd Schatzkanzler der libe-
ralen Regierung, unter der es zum
Ausbau des Sozialstaates kam. Diese
Regierung rief eine Kommission ins
Leben, die die Thesen Lloyds zur
Landverteilung als Lösung der sozialen
Probleme, bestätigen sollte. Wie in

Deutschland wurde auch in Großbritannien während des Krieges eine
Mietkontrolle eingeführt, um den steigenden Mieten in den Städten und deren Folgen Herr zu werden. Die englischen Bodenreformer waren zudem
ebenso flexibel in der Begründung ihrer Forderungen. Waren sie in der Vor-
kriegszeit durchweg als soziale Maßnahmen zur Verbesserung der Lage der
Bevölkerung angepriesen, wurden sie
in der Kriegszeit auch zur militärischen
Größe umgemünzt. Auch trat dort allmählich der Gedanke der „Einlösung
der ‚Schulden' des Staates bei seinen
Soldaten" (S. 202) in den Vordergrund.
Wer gedient hatte, sollte als Belohnung
in der Nachkriegszeit angenehm wohnen können. Trotz all der Selbstver-
pflichtungen der britischen Regierun-
gen, „homes for heros" zu schaffen,
hatte das wohnungspolitische Programm hier ebenso nicht den er-
wünschten Erfolg. „Die Kriegsheim-
kehrer waren 1920/21 wieder Teil der
‚normalen' Bevölkerung, und
‚heldenhaft' war schließlich die ganze
Nation, die den Krieg gewonnen hatte." (S. 356) Vielen Heimkehrern und
ihren Familien (insgesamt etwa 86.000
Menschen) blieb lediglich die Aus-
wanderung in die britischen Dominien
und Kolonien, die der Staat durch freie
Passagen als Wiedergutmachung begünstigte.

Die Forderung nach besseren
Wohnmöglichkeiten war in beiden
Ländern schon vor dem Ersten Weltkrieg in vielfältiger Art existent. Was
zuvor auf zivile Weise angepriesen
wurde, wurde während des Krieges in
die generelle Propaganda eingegliedert
und sollte zur Motivation der Soldaten
und ihrer Familien dienen. Beiden Po-
litiken ist eines gemein: Sie waren weit

weniger erfolgreich, als es ursprünglich geplant war. Die Belohnung der „Krieger" stand nur auf dem Papier. Die Realität sah häufig anders aus.

Leider gelang es *Koinzer* nicht, mit seiner Arbeit das zu erfüllen, was der verheißungsvolle und vielleicht aus Marketinggründen gewählte Titel versprach. Ein umfassendes, befriedigendes Fazit bleibt er dem Leser schuldig, denn dem Werk fehlt die Abstraktionsebene, auf der die gesammelten Daten zu einem schlüssigen Gesamtkonstrukt verwoben werden. Durch seinen statistischen Detailreichtum kann „Wohnen nach dem Krieg" zu einer fruchtbaren Materialgrundlage für spätere Arbeiten auf dem Gebiet der Geschichte des Wohnens werden. Es ist für jene Leser, die in ähnlichem Themengebiet arbeiten, wegen des statistischen Fundaments von besonderer Relevanz.

Falk-Thoralf Günther

Religion und Nation. Nation und Religion. Beiträge zu einer unbewältigten Geschichte, hrsg. von Michael Geyer und Hartmut Lehmann (= Bausteine zu einer Europäischen Religionsgeschichte im Zeitalter der Säkularisierung; 3), Wallstein, Göttingen 2004, 474 S.

Der Band, der auf Vorträgen einer Tagung im Göttinger Max-Planck-Institut im Juni 2001 basiert, versammelt 18 Beiträge US-amerikanischer und deutscher Nachwuchshistoriker. 13 Aufsätze sind auf englisch, 5 auf deutsch verfaßt. Lesenswert ist der Band vor allem deswegen, weil er direkte Wege zu einem pragmatischen Zusammen- und Ineinanderdenken von Religion und

Nation eröffnet, was der zwischen Säkularisierungs- und Substitutionstheorien hin- und herlappenden deutschen Diskussion, wovon auch der gewichtige Untertitel Zeugnis ablegt, nicht gerade zu eigen ist.

Zunächst: Nation und Religion „verhalten" sich zueinander, irgendwie. Ostmitteleuropa ist in besonderer Weise ein „Labor" für Beobachtungen dieser Art. *Klaus Buchenau* zeigt, wie nach 1918 der kroatische Katholizismus in Opposition zur serbisch-orthodoxen Kirche und zum Jugoslawismus zum nationalen Ersatzmedium aufstieg und nach 1945 auch als antikommunistische Formel taugte. *Paul Hanebrink* sieht in Ungarn für die Zwischenkriegszeit einen „Christiannationalism" das „wahre" Magyarentum definieren. Als „cultural code" (Shulamit Volkow) diente dabei der Antisemitismus; ungarische Christen fanden keine Sprache für die ungarischen Juden als Ungarn mehr.

Der Raum Schlesien, Silesia, Śląsk ist ein gutes, lange vernachlässigtes Fallbeispiel, weil hier politische, konfessionelle, sprachliche und ethnische Spannungspotentiale zusammenwirken. *Robert F. Hogg* untersucht den „Lügenfeldzug" („smear campaign"), den die liberal-antiklerikale Presse zur Zeit des Preußisch-Österreichischen Krieges 1866 gegen die schlesischen Katholiken führte. Die Stellung des Breslauer Bischofs war in der Tat delikat, lagen Teile seiner Diözese doch auf österreichischem Territorium. Die Beschuldigungen, er habe die habsburgische Seite finanziell ausgestattet, oder zumindest eine Spionage seiner Priester geduldet, wurden von der preußischen Regierung nicht aufgegriffen: der „Deutsche Krieg" wurde nie

zum Religionskrieg. Der oberschlesi-
sche Nationalitätenkonflikt kommt
hinzu in dem Beitrag von *James Bjork*,
der das auffällige Programm der Zwei-
sprachigkeit bei der katholischen Prie-
sterschaft untersucht. In einer Ära na-
tionalistischer Polarisierung waren die
Priester Bündnispartner gegen säkulare
Totalitätsansprüche, und diese neue
Rolle beförderte ihren Sozialstatus.
Bjork wendet sich in diesem Zusammenhang gegen Eric Hobsbawm, der
für die „small nation nationalisms" der
Grenzländer den absoluten politischen
oder kulturellen Separatismus zu stark
gemacht habe gegenüber der von Bjork
herausgearbeiteten selektiven Verteidigung lokaler Rechtsvorstellungen, Ge-
bräuche und Sprachgepflogenheiten.

Wie sich „die Religion" mit ihren
Einrichtungen letztlich zu Nation und
Nationalismus stellt, ist nicht generali-
sierbar, sondern nur von Fall zu Fall zu
entscheiden. Einen faszinierenden in-
nerkatholischen Diskurs aus der jüng-
sten Zeit arbeitet *Geneviève Zubrzycki*
auf: den „Krieg der Kreuze" in Auschwitz in den Jahren 1998/99. Auf einem
Gelände neben dem ehemaligen Kon-
zentrationslager hatte sich noch vor der
Wende ein Karmeliterinnenkloster an-
gesiedelt, das nach einem heftigen Konflikt mit jüdischen Organisationen 1993
umzog. Doch ein 1989 durch einen örtlichen Priester und Gruppen ehemaliger
polnischer Häftlinge dort errichtetes,
acht Meter hohes „Papstkreuz" wurde
zum Keim neuer Auseinandersetzungen
um den Zusammenhang von religiöser
und nationaler Identität in Polen. Die
Ankündigung aus dem Außenminister-
ium im Frühjahr 1998, das Kreuz ent-
fernen lassen zu wollen, führte zur Etablierung einer laikalen, rechtsnationali-
stischen Protestbewegung, die immer

weitere Kreuze auf dem Gelände auf-
pflanzte. *Zubrzyckis* Analyse von Pres-
setexten und Interviews zeigt, daß die
Kontroverse, die im Juni noch zwischen
liberalen und konservativen Kräften
innerhalb des Katholizismus ausgetragen zu werden schien, mit dem August
zur kirchlichen Krise wurde, in der die
Kirchenhierarchie, die sich nach einer
Bedenkzeit gegen die Aktion aussprach,
von den Aktivisten als „unpolnisch"
diffamiert wurde. Im Mai 1999 wurden,
nach der Verabschiedung eines dazu
eigens geschaffenen Gesetzes im Sejm,
alle Kreuze bis auf das „Papstkreuz"
entfernt. Das Beispiel zeigt, daß religiöse und nationale Identitäten immer poly-
sem und ihre Bedeutungen politisch
umkämpft sind.

Andererseits, wie *Thomas Schulze-
Umberg* in einem Aufsatz über Ultra-
montanisierung im Bistum Münster zu
Recht schreibt, „lebte die Idee der Nation per se vom Rückgriff auf religiöse
Traditionen". (S. 140) Besteht eine
„unbewältigte Geschichte" deswegen
vielleicht eher zwischen Religion und
Politik als zwischen Religion und Nation?

Einige Beiträge machen diesen
Punkt stark. *Richard Steigmann-Gall*
widerlegt auf mehreren Ebenen den
Befund, beim Nationalsozialismus habe es sich um eine „politische Religion" gehandelt. Der Autor legt dar,
daß diese These sich zur Totalitaris-
musthese komplementär verhält, da
beide auf den Vorrang „irrationaler"
Formen der Machtausübung und Grup-
penbildung vor dem ideologischen Inhalt beruhen. Sozialhistorische Studien
hätten jedoch stets gezeigt, daß die
handfesten, „rationalen" Gründe für
Wahlentscheidungen und Mitglied-
schaften wichtiger waren und von so-

ziologischen Faktoren wie Klasse, Ort und Konfession abhingen. Der Autor führt zahlreiche Belege an, daß Nationalsozialisten selbst, von den höchsten bis zu den niederen Chargen, eine Selbstkennzeichnung als „Religion" immer wieder ablehnten; Rosenberg, Himmler und Artur Dinter, der in einer „Geistchristlichen Religionsgemeinschaft" die Reformation Luthers vollenden wollte, blieben in dieser Hinsicht Randerscheinungen. *Steigmann-Gall* schlägt zur korrekteren Erfassung der religiösen Qualitäten des Nationalsozialismus den Begriff „religiöse Politik" („religious politics") vor. Das Christentum und die „preußischprotestantische Haltung" blieben die Referenzrahmen, zu dem die Politik religiöse Bezüge herstellte.

Es ist ein Irrtum zu glauben, nach 1945 hätte es auch aus diesem Grund in Deutschland ein Ende der Politisierung von Religion gegeben. *Sigrid Schütz* stellt dar, wie die SED-Führung mit der erfolgreichen Implementierung des freidenkerischen Passagerituals der Jugendweihe nicht nur die Konfirmation, sondern das gesamte bürgerlich-protestantische Gesellschaftsmodell in Nischen zurückdrängte. Es überrascht, wie schnell diese Ablösung in den Jahren 1957–1959, befördert durch die Sputnik-Euphorie, vollzogen werden konnte. Etwa zeitgleich setzt *Ronald J. Granieri* in seinem Beitrag die Geburt eines deutschen, christdemokratischen Gaullismus aus dem Geist der europäischen Abendlandidee an.

Theoretisch mit dem Verhältnis von Religion und Politik beschäftigt sich der Beitrag von *Tamara Neuman* auf der Basis jenes Konflikts, der in dieser Hinsicht im Moment auf der Welt vielleicht am meisten Zündstoff bereithält:

der israelisch-palästinensischen Auseinandersetzung in Jerusalem, im Westjordanland und im Gaza-Streifen. *Neuman* entwickelt ihre Argumente entlang der israelischen Debatte um das sog. „Goldstein-Massaker". Baruch Goldstein, Arzt, rechtsreligiöser Redner und Siedler von Kiryat Arba nahe Hebron, war im Morgengrauen des 25. Februar 1994 in voller Militärmontur in die Ibrahim-Moschee marschiert und hatte dort unter den betenden Muslimen ein Massaker angerichtet, bevor er selbst gelyncht wurde: Mindestens 29 Menschen starben, die Zahl der Verwundeten ging in die Hunderte. Die Untersuchung offenbarte, daß es in Kiryat Arba eine gemeinsame Infrastruktur von Siedlern und Militär, einen symbiotischen Interferenzbereich zwischen religiöser Gemeinschaft und säkularem Staat gegeben hatte. Die Debatte erst sortierte die gegensätzlichen Zwecke – jüdische Theokratie und Gesetzlichkeit hier, nationale Souveränität und Loyalität dort – wieder auseinander. Ähnlich wie im Fall des „Krieges der Kreuze" kam es auch wegen der Glorifikation und Memorialisierung Goldsteins durch radikale Siedler zum Machtkampf über ein Gelände, auf dem das zur Pilgerstätte avancierte Grab Goldsteins lag. Zufälligerweise wurde auch diese „Gedenkstätte" 1999 geräumt.

Neuman entwickelt zur Analyse des Geschehens ein Konzept Talal Asads weiter, das dieser im Kontext einer Diskussion des politischen Islam entwickelt hatte.[1] Die Kämpfe zwischen Staat und nationalreligiösen Gruppen sprechen nicht für eine Entzweiung zwischen säkularem und religiösem Israel, sondern für eine Auseinandersetzung über die religiösen Parameter in einem „säkularen" Staat, der, um seine Ziele als Nation zu erreichen, entscheidend auf die jüdische Tradition angewiesen ist. Nationalreligiöse Redeweisen sind fähig den politischen Konsens der „Mitte" zu beeinflussen, indem sie Diskurse und Praktiken produzieren, welche Werte des säkularen Nationalismus rekonfigurieren und alternative religiöse Öffentlichkeiten an der Peripherie des Nationalstaates etablieren.

Unter den vielen Unterthemen des Bandes schält sich die jüdische Religiosität und Nationalität als weiteres Zentrum heraus. *Keith H. Pickus* untersucht die Konfessionalität im Großherzogtum Hessen vor allem der 1880er Jahre und kommt zu dem Schluß, daß die katholische Minderheit in dem Moment ihren Platz in der Gesellschaft fand, als die jüdische zunehmend verdächtig wurde. Letztlich habe es wohl an dem Fehlen eines geteilten Symbolhaushalts von Christen und Juden gelegen, daß letztere zunehmend aus der Nation ausgeschlossen wurden. *Lisa Swartout* stellt die „Konfessionspolitik" in studentischen Organisationen um 1900 dar, denen Antisemitismus offenbar unangemessen, Antikatholizismus aber legitim erschien. *Sarah Abrevaya Stein* filtert aus den publizierten Meinungen über die eigenen Sprachen Jiddisch und Ladino die Existenz mehrerer jüdischer „Welten" heraus, die gleichzeitig regional, national und transnational sein konnten.

Weitere Beiträge beschäftigen sich mit der nationalen Erinnerung der Deutschen an den Dreißigjährigen Krieg im konfessionellen Kampf (Kevin Cramer), exemplarischen Beispielen für den Zusammenhang von „Deutschheit" („germanness") und

Christentum (Doris L. Bergen), Protestantismus und Auslandsdeutschtum in der Weimarer Republik und im Dritten Reich (Roland Löffler), dilettierender Vorgeschichtsforschung als Vordenkerin des Germanenmythos (Ingo Wiwjorra) und katholischem theologischen Denken im Deutschland und Frankreich der Zwischenkriegszeit (David Bates).

Die Stärke des Bandes, für den die Hrsg. eine einführende Betrachtung (*Geyer*) bzw. einen Rück- und Ausblick beisteuern (*Lehmann*), liegt eher in seiner Vielseitigkeit als in einem Anspruch, das Rad von „Religion und Nation" neu zu erfinden. Fast schon ein Schmöker: In den Texten und zwischen den Zeilen ist so manches Neue zu entdecken.

Martin C. Wald

1 Talal Asad, „Religion, Nation-State, Secularism", in: Nation and Religion, hrsg. von P. V. Veer und H. Lehmann, Princeton 1999.

Willi Oberkrome: Deutsche Heimat. Nationale Konzeption und regionale Praxis von Naturschutz, Landschaftsgestaltung und Kulturpolitik in Westfalen-Lippe und Thüringen (1900–1960), Paderborn: Ferdinand Schöningh, 2004, 666 S.

Das quellenkritisch sehr gründlich gearbeitete und gut geschriebene Buch beginnt etwas überraschend 1942 mit einer Anordnung zur Gestaltung der Landschaft in den von Nazi-Deutschland eroberten Ostgebieten. Diese Anordnung bezeichnet *Oberkrome* als „Meilenstein der deutschen Naturschutzgeschichte" (S. 1). Dieser

„Meilenstein" entstand unter der Federführung prominenter Naturschützer und Raumplaner, die das Programm eine „Arisierung" der osteuropäischen Landschaft vorantrieben, in deren Rahmen Maßnahmen zum Bodenschutz, zur Anlegung von Grünstreifen, zur Luftreinhaltung, zum Trinkwasserschutz und eine nachhaltige Ressourcenbewirtschaftung (Mäding: „Substanzsicherung") gefordert wurden. *Oberkrome* sieht hierin eine verblüffende „Koinzidenz von staatsterroristischer Gewaltbereitschaft und landschaftsökologischer Programmankündigung" (S. 5), die es in ihrer Genese zu verstehen und zu erklären gilt. Die Rolle der Naturschützer und Landschaftsplaner in den eroberten Ostgebieten ist für *Oberkrome* in *moralischer* Hinsicht der Tiefpunkt des deutschen Naturschutzes; in *historischer* Hinsicht handelt es sich um ein Explanandum. Eine zufrieden stellende Erklärung dieser Koinzidenz kann für *Oberkrome* nicht umhin, die Formierung eines „'ethnoökologischen' Denkens" (S. 8) zu rekonstruieren, das sich bereits im wilhelminischen Naturschutz (etwa bei Schultze-Naumburg) herauszubilden beginnt und schließlich im „Blut-und-Boden"-Paradigma des Naturschutzes kulminiert.

Oberkrome verbindet bei der Analyse dieses Denkens die üblichen historiographischen Methoden mit Ansätzen, die auf die Rekonstruktion komplexer semantisch-diskursiver Felder abzielen und die normativen Leitbilder identifizieren möchten, um die sich derartige Diskursfelder und, modern gesagt, Akteursnetzwerke formieren. Für *Oberkrome* ist vor allem der Heimatbegriff ein solches Leitbild, das bereits seit der Jahrhundertwende den Naturschutzdiskurs prägt und strukturiert. Der scheinbar harmlose und emotional positiv gefärbte Heimatbegriff erweist sich als ein brisanter Fokus des ‚ethnoökologischen' Diskurses. In diesem Punkt bestätigt *Oberkrome* das Urteil der älteren Forschungsarbeiten zur Geschichte des deutschen Heimatschutzes. Dadurch geraten natürlich die Heimatbünde und -verbände sowie deren Protagonisten auch auf regionaler Ebene in den Blick. *Oberkromes* Darstellung der Beziehungen von Naturschutzpraxis und den ineinander verschachtelten Heimat-, Landschaft- und Naturschutzdiskursen bezieht sich daher auf die nationale, die regionale und die lokale Ebene. Soweit ich sehe, liefern insbesondere die Darstellungen zur regionalen Ebene neue Beiträge zur Erforschung der deutschen Naturschutzgeschichte.

Die Auswahl der regionalen Fallstudien Westfalen, Lippe und Thüringen wird überzeugend begründet (S. 17 ff.). Die Fallstudien erscheinen mir als Nichtfachmann äußerst erhellend und fördern in jedem Falle reichhaltiges Quellenmaterial zutage. Das großflächige Bild zur Geistesgeschichte des deutschen Naturschutzes gewinnt durch derartige Regionalstudien an Tiefenschärfe und Konturen. Es gibt außer Thomas Lekans Arbeiten zur rheinländischen Heimatschutzbewegung meines Wissens kaum Arbeiten, die diese regionale Ebene mit derartiger Gründlichkeit behandeln, ohne dabei den Blick für die übergreifenden Diskurse und für die moralische und politische Dimension zu verlieren.

Das zweite Kapitel der Studie eröffnet, wiederum überraschend, mit dem Jahr 1923. Dieser scheinbar willkürliche Einstieg eröffnet allerdings einen

Blick auf die Stellungnahmen des Westfälischen Heimatbundes angesichts der Ruhrbesetzung (S. 24 ff.), in denen die „unbeugsame Kraft des Westfalentums" beschworen wird. Besonders instruktiv ist der Vergleich zu den zeitnahen Ereignissen in Thüringen (S. 29 ff., S. 103 ff.), wo sich der Heimat- und Naturschutz zunächst mit einer „linken" Regierung arrangieren mußte, nach deren (unter bürgerkriegsnahen Verhältnissen erzwungener) Demission er allerdings zum festen Bestandteil einer völkischen, rassistischen und republikfeindlichen Strömung wird, die zwischen Weimar, Rennsteig und Saaleck allmählich die kulturelle Hegemonie gewinnt. Erst nach den schlaglichtartigen Darstellungen des Jahres 1923 wird die Entstehungsphase des zunächst „bürgerlich-konservativen" deutschen Natur- und Heimatschutzes im späten 19. und 20. Jh. dargestellt (S. 36 ff.). Hier bewegt sich *Oberkrome* auf dem Stand der Forschung. Nicht recht nachvollziehbar ist für mich allerdings die enge Verbindung, die er zwischen dem Naturschutzdiskurs, der sich gegen die vermeintlichen Pathologien des (groß)städtischen Lebens richtet und die Erfahrung der ländlichen Heimatnatur als Heilmittel anpreist, und der Konzeption der Naturdenkmalpflege bei Conwentz herstellt (S. 51 ff.). In Conwentz' denkmalschützerischer Konzeption spielen „sozialhygienische" Argumente kaum eine Rolle.

Zuzustimmen ist der Deutung, daß die Heimatschutzbewegung seit 1919 gegen den Versailler Vertrag agitiert und dessen natur- und umweltzerstörende Wirkungen betont. Richtig ist auch, daß die Naturschützer aufgrund der in den 1920er Jahren verbreiteten

Konzeption der „ökologischen Lebensgemeinschaft" anfällig für den ethnoökologischen Gedanken der Volksgemeinschaft sind (S. 65 f.). Auch die von Schultze-Naumburg früh eingeleitete konzeptionelle Hinwendung zur ganzheitlichen Landschaftsplanung, durch die die Naturdenkmalpflege überwunden wird, und die wichtige Rolle des „Siedlungsverbandes Ruhrkohlenbezirk" sind gut dargestellt (S. 131 ff.). *Oberkrome* sieht hier eine fast durchgängige Affinität zwischen den Vertretern des planungsrationalen Landschaftsschutzes und des an der Eigenart der „deutschen Stämmen" orientierten Heimatschutzes (S. 132). Die Ablösung eines passiv-musealen durch einen aktiv-planerischen Ansatz erfolgt bereits in den „guten Jahren" der Weimarer Republik, und diese Ablösung vollzieht sich nicht eindeutig unter den Vorzeichen des „ethnoökologischen" Diskurses. Die Konzepte zu einer sozialpolitischen und ganzheitlichen Umwelt- und Landschaftsplanung gründen auch, worauf *Oberkrome* selbst hinweist, in Ideen der Gartenstadtbewegung und der Bodenreform. Von daher bezweifle ich auch die Annahme, daß sich erst „seit den dreißiger Jahren das Prinzip einer aktiven, umfassenden Gestaltung gegenüber der frühen Maxime einer defensiven Konservierung einzelner markanter Landschaftsteile durchzusetzen begann" (S. 14).

In diesem, der Weimarer Republik gewidmeten Teil der Darstellung vermisse ich ansonsten nur die Erwähnung der verbreiteten Idee, daß das Bild der „Heimatnatur" auch als ein friedensstiftendes Element verstanden werden könnte und sollte, wie dies etwa Ernst Tiedge im Rheinland 1925 fordert.

Tiedke: „Über allem Kampf der Partei-
en steht das Naturbild der Heimaterde
als ruhendes Friedenselement, vor dem
jeder sich beugt, hehr und groß und
allen gleich lieb und wert."

Die keineswegs opportunistischen,
sondern größtenteils überzeugten, von
Erwartungen und Hoffnungen getrage-
nen Ovationen der führenden Natur-
und Heimatschützer angesichts der
„Machtergreifung" sind, was die nationale Ebene anbetrifft, bekannt. Daher
wird dieses Thema nur kurz behandelt.
Dies gilt auch für die Genese und In-
halte des recht gut erforschten Reichs-
naturschutzgesetzes und für die natur-
schützerische Begleitung des Baus der
Reichsautobahnen durch die sog.
„Landschaftsanwälte". Neue Gesichtspunkte bietet der Abschnitt zur Forma-
tion der Raumordnung als normativer
wissenschaftlicher Disziplin (S. 191
ff.). Hier könnte eine kritische Wissen-
schaftshistorie „nachbohren".

Um so ausführlicher ist die regional
ausgerichtete Untersuchung der „völkischen Planungslogik" im Naturschutz
(S. 149 ff.), die den Blick auf einzelne
prominente Heimatschützer, wie etwa
Kolbow in Westfalen, wirft, deren Bedeutung auch für die nationale Ebene
bislang nicht angemessen verstanden
wurde. *Oberkrome* zeigt in diesem Kapitel, daß das NS-Regime auf die planerischen Ansätze der Weimarer Zeit
zurückgreift. Kulturell stehen traditionelle Heimatschützer den unverkenn-
baren Modernisierungstendenzen des
NS-Regimes sogar ambivalent gegenüber (S. 164 ff.). Andererseits begrüßen viele die Modernisierungs- und
Hygieneprogramme der nationalsozia-
listischen Sozialpolitik in ländlichen
Regionen bis hin zu den wettbewerbs-
artigen Verschönerungsprogrammen,

die zu „Musterdörfern" führen sollten
und später in der BRD unter dem Slo-
gan „Unser Dorf soll schöner werden"
wieder auflebten. Ausführlich werden
von *Oberkrome* auch die auf lokaler
und regionaler Ebene immer wieder
aufbrechenden Konflikte zwischen
Heimat- und Naturschutz, zwischen
regionaler Kulturpflege, Reichsarbeits-
dienst sowie DAF/KdF, zwischen den
Zielen des Autarkieprogramms und
solchen der Landschaftspflege dargestellt. Diese Konflikte gaben zweifellos
vielfältige Anlässe für örtliche Reni-
tenz der Heimatschützer, die nach 1945
verständlicherweise zu Akten des Wi-
derstandes gegen das Regime hochsti-
lisiert wurden. Der Autor zeigt anhand
der schillernden Figur Kolbows (S. 196
ff.), daß ein Regionalismus, der die
Eigenart der deutschen „Stämme" und
deren Heimatnatur betont, lange Zeit
vertretbar war. Erst 1944 wurde Kolbow, der die „naturgesetzliche Land-
bauweise" ebenso unterstützte wie die
Ermordung körperlich oder geistig be-
hinderter Menschen in der sog. „Aktion T", aufgrund regimekritischer Äußerungen zur Wehrmacht strafversetzt.
In Thüringen dagegen formuliert Julius
Kober bis zuletzt die Ideologie der
„Heimatfront" (S. 268 f.).

Die Darstellung der Heimat- und
Landschaftsschutzbewegung im Kriege
(S. 233 ff.) knüpft an den Beginn des
Buches an. Daß die Naturschützer und
Landesplaner den Offensivverbänden
der Wehrmacht „in der Spur" gefolgt
seien, ist provokant formuliert (S. 233),
läßt sich aber belegen. Ich möchte nur
hinzufügen, daß zwischen der Wehrmacht und den Raumordnern und
Landschaftsplanern noch die Spezial-
einheiten von SD und SS ins Bild ein-
zufügen sind. Der Aufbau von Arbeits-

stellen für Naturschutz und Landschaftsplanung erfolgt in den besetzten Ländern Mittel- und Osteuropas ab 1939. Die Naturschutzphantasien von „Warthegau" bis zum Kaukasus werden von *Oberkrome* genannt. Hier könnte man in Zukunft noch stärker die Details der einzelnen Projekte analysieren.

Auf S. 243 kehrt *Oberkrome* aus veränderter Perspektive zum Anfang seines Buches zurück. Er hält es für unmöglich, die Grundsätze der Landschaftsplanung für die eroberten Gebiete säuberlich in „ökologisch rationale" Maßnahmen und rassistischer Ideologie einzuteilen, sondern spricht von einer „fugenlosen Verschränkung" beider Aspekte (S. 244). Diese These erscheint mir theoretisch unhaltbar und praktisch fatal. Es dürfte durchaus möglich sein, bspw. Maßnahmen zur Erosionsvermeidung und zum Grundwasserschutz aus dem Paradigma von „Blut und Boden" herauszulösen.

Der Begriff der „reaktionären Modernisierung", der häufig benutzt wurde, um das verstörende Ineinander von „progressiven" und verbrecherischen Momenten der NS-Politiken zu erklären, das seit Martin Broszat immer wieder herausgestellt wurde, bleibt für *Oberkrome* noch zu oberflächlich. Vor allem der Ausdruck „reaktionär" beschreibt, wie dies auch Wildt in seiner Arbeit über die *Generation des Unbedingten*" gezeigt hat, nicht das Selbstverständnis der jungen, von ihrer Mission überzeugten, sich als Idealisten und als Avantgarde einer neuen Weltmacht und als Teil einer „kämpfenden Verwaltung" verstehenden NS-Elite. Daher entspricht es – und hier ergänzen sich die Bücher von Wildt und *Oberkrome* – allerdings auch nicht den

historischen Tatsachen, die Protagonisten des NS-Naturschutzes und der NS-Landschaftsplanung als gutwillige, heimat- und naturverbundene Männer hinzustellen, die von irgendwelchen „echten Nazis" mißbraucht und verführt worden seien. Die Kontakte zwischen Meyer und Kolbow sind daher für *Oberkrome* paradigmatisch für die ideologisch-politische Konvergenz zwischen ethnoradikaler Raumordnung und der landsmannschaftlichen Heimatschutzbewegung.

Das vierte Kapitel behandelt die Nachkriegsgeschichte des Naturschutzes bis zum Jahre 1960 in beiden deutschen Staaten. Weithin in seiner Bedeutung noch für den Nachkriegsnaturschutz unterschätzt wird das sog. Sternberger Treffen im Sommer 1941. An die dort vorgestellten Konzepte konnte ab 1949 in Westfalen angeknüpft werden. Im Westen sieht *Oberkrome* eine personelle Kontinuität bei einer oberflächlich demokratisierten Sprache. Der Naturschutz-Jargon der frühen Adenauer-Zeit ist voll von „Volk ohne Raum", „Rettung des Abendlandes", „Aufstand der Massen". *Oberkrome* bestätigt an den Protagonisten des Naturschutzes, von denen die meisten wieder in Amt und Würden gelangten, die Tendenz, möglichst früh den „dicken Schlußstrich" unter die Jahre bis 1945 zu setzen. *Oberkrome* rekonstruiert auch die Bemühungen, den Heimatbegriff als „mißbraucht" darzustellen, die dem Ziel dienten, ihn wieder öffentlich verkehrsfähig zu machen. Der Heimatschutz-Jargon ähnelt sich wieder der älteren Zivilisationskritik des 19. Jh.s an (S. 443 ff.) und greift auf alte Themen wie den Kampf gegen die Reklame in der Landschaft zurück. Ich teile hier die Auffassung von *Oberkrome*: „Die Konstanz der Denkschemen, Wertorientierungen und intellektuellen Selbstverortungen seiner Protagonisten ist offenkundig. Sie stellt zweifellos eine drückende moralische Hypothek dar, deren Abtragung erst in den siebziger und achtziger Jahren unter erheblichen Mühen einsetzte" (S. 400).

Der Darstellung des frühen BRD-Naturschutzes bis hin zur „Grünen Charta von der Mainau" kann ich mich anschließen. In diesem, noch zu wenig erforschten Bereich setzt das Buch von *Oberkrome* Maßstäbe, wobei er auch auf das spannungsreiche Verhältnis zwischen Heimat- und Vertriebenenverbänden hinweist. Er zeigt dabei auch, daß in der BRD die alte Heimatschutzbewegung ihren kulturellen Niedergang erlebt, teilweise verkitscht und von nachwachsenden Generationen nur noch als skurril empfunden wird. Der Niedergang der genuin konservativen Heimatbewegung, die schon in der Weimarer Zeit gegen den aufkommenden Konsumismus einen schweren Stand hatte, setzt sich unter den Vorzeichen der sich entwickelnden „Wirtschaftswunder"-Gesellschaft fort, und auch die Anliegen des Naturschutzes finden nur noch wenig Widerhall bei den Anhängern der „skeptischen" oder gar der „kritischen" Generation. *Oberkromes* Buch endet an dem Zeitpunkt, in dem sich in der BRD eine neue Umwelt- und Ökologiebewegung auszubilden beginnt, die in den Jahren nach 1968 eine politisch eher „linke" Identität ausprägt.

In der Schlußbetrachtung unterscheidet *Oberkrome* drei Faktoren, die zur Schwächung des konservativen Heimatschutzes führten: a) die konsumistischen Haltungen der Bevölke-

rungsmehrheit, b) zentralistische Interessen der Politik und c) die Konzepte der planerischen Landschaftsgestaltung. Die Kritik am Konsumismus übergreift die Epochen und politischen Systeme und führte die Heimatverbände in der NS-Zeit sogar bis hin zu Auseinandersetzungen mit DAF und KdF. In der BRD profitierte die Heimatbewegung im Unterschied zur DDR von föderalen Strukturen. Allerdings schleifen sich in der mobilitätsgeprägten Mittelstandsgesellschaft die landsmannschaftlichen Eigentümlichkeiten auf der soziokulturellen Ebene allmählich ab und eine Theorie „kompensatorischer Sittlichkeit" (Joachim Ritter) trat an die Stelle des alten Heimatschutzes. Daher half selbst der starke BRD-Föderalismus der Heimatschutzbewegung nur noch sehr bedingt. Die Landschaftsplanung schließlich führte schon vor 1933 zu Konzepten einer differenzierten Landnutzung im Rahmen einer modernen Industriegesellschaft. Es trifft allerdings nicht zu, daß die Konzepte von Landespflege bzw. Landschaftsplanung von vornherein vollständig im Paradigma des ‚ethnoökologischen' Diskurses zu verorten sind. Dieser Einwand, der im Detail zu erörtern wäre, schmälert die Qualität und den Wert des Buches jedoch nicht.

Es handelt sich bei dieser Arbeit um einen „Meilenstein" in der deutschen Historiographie zum Heimat- und Naturschutz, die sich aufgrund ihres langen Atems, ihrer durchgängig hohen handwerklichen Qualität, ihrer differenzierten Beurteilung, aber auch aufgrund einer politisch-moralischen Haltung, die nie in ein plattes Moralisieren abgleitet, zu einem Standardwerk eignet, das ich zu Beginn meiner Vorlesung zur Naturschutzgeschichte jeder

Studentin und jedem Studenten zur Lektüre empfehlen werde.

Konrad Ott

Oliver R. Scholz: Bild, Darstellung, Zeichen. Philosophische Theorien bildlicher Darstellung (Reihe Klostermann Seminar, Bd. 1), Klostermann, Frankfurt am Main 2004, 220 S.

Wenn Fachleute über Bilder diskutieren, reden sie häufig aneinander vorbei, weil sie keinen gemeinsamen Begriff des Bildes haben. Laien kann es genauso gehen, und wenn Fachleute mit Laien sprechen, wird die Verwirrung manchmal noch größer. Seit einigen Jahren ist die junge Disziplin der Bildwissenschaft darum bemüht, verschiedene wissenschaftliche Zugänge zu Bildphänomenen in einem methodisch reflektierten Diskurs zusammenzubringen. Semiotiker, Ikonologen, Kunsthistoriker, Kunsttheoretiker und Philosophen erforschen verschiedenste Aspekte der Piktoralität und tragen ihre Ergebnisse kontinuierlich zusammen. Klar, daß es Philosophen sind, die sich dabei um grundbegriffliche Klärungen bemühen. Einer von ihnen ist *Oliver Scholz*, der an der Universität Münster lehrt und u. a. den vorzüglichen Artikel „Bild" im ersten Band von Barcks Wörterbuch der ästhetischen Grundbegriffe bei Metzler (2000) geschrieben hat. Sein Buch über „philosophische Theorien bildlicher Darstellung" aus dem Jahre 1991 ist nun in überarbeiteter Fassung neu aufgelegt worden. Es ist eine grundsolide und gut geschriebene, beispielreiche Zusammenfassung der Bildtheorie Nelson Goodmans (die

seit 1995 auch auf deutsch vorliegt) mit Ausblicken auf den einschlägigen Diskussionsstand der analytischen Philosophie nach Goodman. Hinzu kommt ein eigener Ansatz zu einer Handlungstheorie des Bildes. Am Leitfaden der neo-nominalistischen Theorie der Bildzeichen erhalten die Leser auch einen Einblick in die Auseinandersetzung der analytischen Philosophen mit methodisch anders angelegten Theorien des Bildes aus der Philosophie und anderen Wissenschaften.

Im ersten Kapitel spitzt *Scholz* die Grundfrage „Was ist ein Bild?" zu und operationalisiert sie durch Auffächerung. Welchen Umfang und welche Bedeutung hat der Bildbegriff? Welche logisch-semantische Form haben Aussagen des Typs „x ist ein Bild von y" oder „x stellt y als z dar"? Wie unterscheiden sich Bilder von anderen sichtbaren Phänomenen und von anderen Zeichen, besonders von denen der Wortsprache? Wodurch werden Inhalt und Gegenstandsbezug eines Bildes bestimmt? Was kann man mit Bildern tun? Gibt es spezifische Formen des Verstehens und der Erfahrung von Bildern? Damit ist der Horizont bildtheoretischer Erkenntnis differenziert und umfassend abgesteckt.

In klassisch philosophischer Manier widerlegt *Scholz* dann (im zweiten und dritten Kapitel) Bildtheorien, die sich aus der Perspektive der analytischen Theorie bildlicher Repräsentation als inkonsistent erweisen. Jenen liegen Auffassungen zugrunde, die im Alltagswissen sehr verbreitet sind: erstens die Auffassung, ein Gegenstand sei als „Bild" zu bezeichnen, weil er dem ähnlich ist, was er abbilde, und zweitens die Auffassung, er sei als „Bild" zu bezeichnen, weil die Darstellungsab-

sicht seines Urhebers oder seiner Ur-
heberin der Grund für die Entstehung
gewesen ist. Ähnlichkeits- und Kausa-
litätstheorie können jedoch nicht all-
gemeingültig angeben, was die notwendigen, geschweige denn die
hinreichenden Bedingungen der Möglichkeit dafür sind, daß wir einen Gegenstand als „Bild" bezeichnen. Die
Ähnlichkeitstheorie kann z. B. nicht
erklären, warum Bilder, die nichts und
niemandem im nicht-fiktionalen Bereich „ähnlich sind", dennoch mit
Recht als Bilder bezeichnet werden.
Und „schlechte Bilder", also solche,
die Gegenstandsbezug im nicht-
fiktionalen Bereich haben, ihren Gegenstand aber nicht „ähnlich abbilden",
können doch zweifellos als Bilder bezeichnet werden. Also ist „Ähnlich-
keit" weder notwendiges noch hinrei-
chendes Kriterium dafür, daß etwas als
„Bild" bezeichnet wird. Der Kausaltheorie ergeht es nicht besser; sie kann
allenfalls erklären, warum singuläre
Bilder „Bilder" sind, aber nicht, warum
dies auch für Allgemeinbilder gilt
(z. B. die gezeichnete Darstellung eines
Hundes im Lexikon, die nicht auf ein
individuelles Tier zurückzuführen ist).
Ebenso würden Bilder von Zukünfti-
gem als „Bilder" ausscheiden, wenn
die Kausaltheorie die zureichende
Theorie für Bildhaftigkeit wäre. De-
signentwürfe oder architektonische
Entwürfe sind bildliche Darstellungen
von etwas, das es (noch) nicht gibt, und
hier steht die Kausaltheorie vor dem
logischen Problem, daß die Wirkung
ihrer Ursache ja nicht vorangehen
kann. Wenn man dann noch die Annahme der analytischen Logik teilt, daß
es kausale Relationen nur zwischen
wirklichen Entitäten gibt, kann man
mit der Kausaltheorie auch nicht mehr

erklären, wieso z. B. eine Darstellung
von Donald Duck ein Bild ist, da Donald Duck nicht existiert und insofern
nicht die kausale Ursache für seine
Darstellung sein kann.

Konsequent vollzieht *Scholz* im
vierten Kapitel den Übergang zur Zei-
chentheorie des Bildes. Nur eine Theorie der „Struktur bildlicher Zeichensy-
steme" sei dazu imstande, „das
Besondere an Bildern herauszuarbei-
ten" (S. 102). Bilder (jeder Art) können
theoretisch am besten beschrieben
werden, wenn man sie als Teil eines
Zeichensystems definiert. „Ob ein
Ding ein Bild ist oder nicht, hängt [...]
nicht allein von den Beschaffenheiten
des Dinges ab, sondern vor allem auch
davon, welches Zeichensystem als In-
terpretationsrahmen dient. Strengge-
nommen sollte man nicht fragen, was
ein Bild ist, [...] sondern eher, wann
oder unter welchen Bedingungen etwas
ein Bild ist, wann etwas als Zeichen in
einem bildlichen System funktioniert."
(S. 103) Bilder sind nicht-natürliche
Zeichen. Ihr systematischer Bezug zueinander und ihr Bezug zu dem, was
sie bezeichnen, ist kein natürliches Resultat. Wenn etwas „ein Bild", ist, weil
es zu einem Zeichensystem gehört, das
sich *von anderen Zeichensystemen unterscheidet*, stellt sich die Frage: aufgrund welcher syntaktischen und se-
mantischen Merkmale? Bilder sind
syntaktisch nicht so festlegbar wie
z. B. die Zeichen in einem Alphabet
oder in einem musikalischen Notati-
onssystem. Deren Zeichen sind syntaktisch und semantisch disjunkt, d. h. sie
sind und denotieren immer entweder
das eine oder das andere. Texte lassen
sich in ganz verschiedener Formgestalt
reproduzieren, was für Bilder nicht gilt.
In der Sprache der analytischen Philo-

sophie formuliert: Bilder gehören zu Zeichensystemen, die syntaktisch und semantisch disjunkt und nicht-differenziert sind. Soll heißen: Bilder sind Teile von grundsätzlich vieldeutigen Zeichensystemen; sie „sind nicht durch eine Notation (ein Alphabet oder dergleichen) und eindeutige Kompositionsverfahren 'definierbar'. Es gibt keine strenge Aufteilung in kontingente und konstitutive Merkmale" (S. 117).

Daher gibt es eine Vielzahl der Verwendungsmöglichkeiten von Bildern. Im fünften Kapitel legt *Scholz* seine Handlungstheorie des Bildgebrauchs dar, die er mit Hilfe der Grundbegriffe „Herstellen", „Verwenden" und „Verstehen" gliedert. Zunächst wird die Intentionstheorie widerlegt: Der Inhalt bzw. der Sachbezug eines Bildes wird nicht durch die Absicht des Urhebers festgelegt, sondern durch pragmatische Faktoren. Dafür, daß wir etwas als „Bild" bezeichnen, kommt es darauf an, wie es in einer Gruppe von Menschen verwendet wird. Hier gibt es stets ein Zusammenspiel von Herstellen, Verwenden und Verstehen. Bildzeichen werden in Kontexten des kommunikativen Handelns verwendet (wenn auch weniger häufig als die leichter verfügbaren Wortzeichen). *Scholz* erstellt einen Katalog der Bildverwendung in kommunikativer Interaktion, die er in Anlehnung an Wittgenstein „Bildspiele" nennt: Mitteilungen, Warnungen, Vorschriften, Werbungen und Demonstrationen. Hier gilt, daß man Regeln befolgen oder gegen sie verstoßen kann, d. h., daß es richtige und falsche Bildverwendungen gibt. Für das Verstehen von Bildzeichen und -spielen ist eine Reihe von Verstehensstufen oder Kompetenzen

erforderlich, die *Scholz* ähnlich wie Roland Posner formuliert: Erforderlich sind zunächst perzeptuelles und plastisches Verstehen; wir müssen in der Lage sein, etwas als (bildliches) Zeichen zu verstehen, ebenso den Inhalt und den Gegenstandsbezug eines Bildes; wir müssen seinen denotativen Sachbezug verstehen und weiterhin verstehen, wenn ein Bildzeichen den Gegenstand nicht nur denotiert, sondern zugleich auch exemplifiziert; wir müssen die kommunikative Rolle des Bildes verstehen und schließlich das durch ein Bildzeichen indirekt Mitgeteilte erfassen können.

Das Buch legt eine überzeugende semiotische Argumentationskette vor, die syntaktische, semantische und pragmatische Aspekte der Bildtheorie folgerichtig entfaltet. Das wird in zukünftigen Bilddiskursen für Klarheit sorgen. Andere philosophische oder historische Bildtheorien kommen bei *Scholz* immer dann ausführlicher zu Wort, wenn sie ins semiotische Argumentationsschema passen; entweder, weil man mit ihnen die nominalistische Auffassung des Bildzeichens illustrieren kann oder weil sie sich als Folie für kritische Widerlegung anbieten.

Das heißt aber: Gemessen an den Erwartungen, die der Untertitel des Buches weckt, kommen sie insgesamt etwas zu kurz. Vielleicht sollte der Untertitel ab der (wünschenswerten) nächsten Auflage „Philosophische Theorien bildlicher Darstellung aus analytischer Sicht" lauten, dann würde die Fokussierung (die ja die Stärke des Buches ist) nicht als Manko empfunden. Schön wäre es dann auch, wenn alle im Text erwähnten Literaturangaben im Literaturverzeichnis aufzufinden wären, Goodman nach der deut-

schen Ausgabe zitiert und die Schrei-
bung des biblischen Namens Bathseba
auf S. 152 ff. korrigiert würde.

Gerhard Schweppenhäuser

**Aufriß der historischen Wissenschaf-
ten, Bd. 7, Neue Themen und Methoden der Geschichtswissenschaft,
hrsg. von Michael Maurer, Philipp
Reclam jun., Stuttgart 2003, 391 S.**

Reclams Aufriß der historischen Wissenschaften paßt in jedem Einzelstück
in die Jackentasche, und doch ist das
siebenbändige Gesamtwerk voluminös
zu nennen. Es spiegelt die vielen Dimensionen eines umfassenden historischen Interesses wider und ist damit
von Hrsg. *Michael Maurer* durchaus
programmatisch gemeint: Die Historisierung aller Gegenstände sei das Ge-
schäft einer Geschichtswissenschaft,
die sich nicht in Präferenzen für Politisches, Soziales oder Kulturelles spalten
lassen sollte. Nun schließt ein Band
über Alltagsgeschichte (*Dirk van
Laak*), Oral history (*Dorothee Wier-
ling*), historische Demographie und
quantifizierende Methoden (*Thomas
Sokoll, Rolf Gehrmann*), Frauen- und
Geschlechtergeschichte (Anne Conrad)
und historische Anthropologie (Michael Maurer) die Reihe ab. Für zehn Euro
bekommt der wissensdurstige Student
jeweils einen forschungsgeschichtli-
chen Abriß zur Herausbildung der mit
diesen Überschriften fixierten Perspektiven, Subdisziplinen und/oder metho-
dischen Präferenzen. Viele Beispiele
aus der Forschungspraxis machen an-
schaulich, worum es ging, warum für
Quantifizierung oder für Geschlechtergeschichte gestritten wurde. Dies

macht den Band besonders nützlich. Er
bleibt dafür nicht bei den pragmatischen Auseinandersetzungen stehen,
sondern führt tatsächlich in den Gebrauch der genannten Verfahren anhand von sehr vielen Beispielen durch
in den jeweiligen Gebieten erfahrene
Forscher ein. Die auf Wesentliches
beschränkten Bibliographien belegen
zudem, daß hier nicht exzessive For-
schereitelkeit, sondern gut reflektierte
Lehrerfahrung zugrunde liegt.

Dirk van Laak bricht am weitesten
aus der allein innergeschichtswissen-
schaftlichen Betrachtung aus und interpretiert Alltagsgeschichte als Sym-
ptom für einen gesellschaftlichen
Bewußtseinswandel, der von den Rän-
dern des Faches her schließlich auch
dessen Grundlagenreflexion erreicht
hat. Ob „Geschichte von unten" als
Konzept richtig datiert ist, wenn es erst
mit der politischen Bewegung der Alltagsgeschichte in den achtziger Jahren
in Verbindung gebracht wird, mag man
bezweifeln können, aber dies ist auch
nicht der entscheidende Punkt des Autors, dem es mehr um die gesellschaftliche Durchsetzung einer Sichtweise
geht als um den ersten innovativen
Vorschlag in diese Richtung. *Sokoll*
und *Gehrmann* nehmen noch expliziter
als die anderen Beiträge zur Relation
zwischen deutschem und ausländi-
schem Forschungsstand Stellung: „Die
historische Demographie ist in den
vergangenen zwei Jahrzehnten eine der
führenden Wachstumsbranchen der
internationalen historischen Forschung
gewesen, und heute in vielen Ländern
mit eigenen Forschungsinstituten fest
etabliert. In Deutschland dagegen ist
das Interesse an historisch-
demographischen Fragen selbst im
Rahmen der Historischen Sozialwis-

senschaften immer vergleichsweise bescheiden gewesen. Inzwischen ist es noch weiter geschrumpft. Die wenigen Historiker, die hierzulande empirische Forschung auf diesem Gebiet treiben oder sich zumindest bemühen, die internationale Forschung nicht ganz aus dem Auge zu verlieren, befinden sich auf einem Ausnahmeposten, der im Grunde nur das traditionelle Desinteresse der deutschen Historikerzunft an quantitativer Grundlagenforschung bestätigt, das durch die kulturgeschichtliche Hochstimmung der letzten Jahre wohl noch verstärkt worden ist.

Ob dies zu bedauern ist, steht hier nicht zur Debatte, wohl aber stellt sich die Frage, wie sich vor diesem Hintergrund das Feld der historischen Demographie *heute* für ein deutsches Lesepublikum sinnvoll skizzieren läßt." (S. 154)

Hier liegt nun ein generelleres Problem des Bandes, das mit seinem Titel aufgerufen ist. Handelt es sich wirklich bei den Innovationen der 1970er/80er Jahre, die auch damals oft schon auf internationalen Vorlauf seit der Dekade zuvor fußten, um die „neuen Themen und Methoden der Geschichtswissenschaft" des Jahres 2003? Es läßt sich dafür argumentieren, daß einige der hier vorgestellten Verfahren inzwischen weite Verbreitung gefunden haben und damit jedem Doktoranden nützliche Ratschläge für seine Dissertation gegeben werden. Andere sind

dagegen an den Rand gedrängt worden und bedürfen vielleicht der Wiederbelebung, wenn die deutsche Geschichtswissenschaft international konkurrenzfähig sein will.

Es fällt aber doch neben all diesen Argumenten *für* die abgedruckten Beiträge eine zentrale Fehlstelle in diesem Band auf, und das ist die Erforschung transnationaler Zusammenhänge. Sei es als historische Komparatistik, als Verflechtungsgeschichte (in europäischer, transatlantischer oder postkolonialer Variante), die sich als Kulturtransferforschung, *histoire croisée* oder *entangled history* präsentiert, oder sei es der Aufschwung von Welt- und Globalgeschichte (der Abriß zu diesem Thema in einem früheren Band bleibt leider allzu vieles schuldig) – dies scheinen doch dem Rezensenten die Perspektiven, die in den letzten 10 bis 15 Jahren das meiste Interesse innerhalb der Historiographie auf sich gezogen haben. Ein solches Urteil mag subjektiven Präferenzen geschuldet sein, aber eine völlige Ausblendung dieser Neuerungen macht den Titel dieses Bandes mehr als fragwürdig.

Um es aber noch einmal deutlich zu sagen: Ein solch durchaus grundsätzlicher Einwand schmälert in keiner Weise das Verdienst der Autoren, vorzügliche Einführungen in ihren jeweiligen Gegenstand verfaßt zu haben.

Matthias Middell

Verzeichnis der Autorinnen und Autoren

Hendrikje Carius, M.A., Friedrich-Schiller-Universität Jena, Historisches Institut (H_Carius@gmx.net)

Michel Espagne, Prof., Ecole nationale supérieure, Paris (michel.espagne@ens.fr)

Karin Gottschalk, Dr., Universität Bielefeld, Fakultät für Geschichtswissenschaft, Philosophie und Theologie (karin.gottschalk@uni-bielefeld.de)

Nicole Grochowina, Dr., Friedrich-Schiller-Universität Jena, Historisches Institut (ngrocho@yahoo.de)

Ulrike Hindersmann, Dr., c/o Deutschland- und Europapolitisches Bildungswerk NRW, Tecklenburg (DEPB.Tecklenburg@t-online.de)

Laurence Marfaing, Dr., Wissenschaftliche Mitarbeiterin am Zentrum Moderner Orient (ZMO), Berlin (laurence.marfaing@rz.hu-berlin.de)

Ruth-Stephanie Merz, M. A., Universität Leipzig, Frankreich-Zentrum, (rsmerz@uni-leipzig.de)

Matthias Middell, PD Dr., Universität Leipzig, Zentrum für Höhere Studien/Institut für Kulturwissenschaften (middell@uni-leipzig.de)

Gianna Ostinelli-Lumia, Dott.ssa, Bellinzona (Gianna.Ostinelli@ticino.com)

Konrad Ott, Prof. Dr., Universität Greifswald, Botanisches Institut (ott@uni-greifswald.de)

Jonas Pfau, Universität Leipzig, Zentrum für Höhere Studien (jonaspfau@gmx.de)

Uwe Pfullmann, Dr., Gornsdorf

Gerhard Schweppenhäuser, Prof. Dr., Freie Universität Bozen, Fakultät für Design und Künste

Anne Siegetsleitner, Dr., Friedrich-Schiller-Universität Jena, Lehrstuhl für Angewandte Ethik (anne.siegetsleitner@uni-jena.de)

Hannes Siegrist, Pof. Dr., Universität Leipzig, Institut für Kulturwissenschaften (siegrist@rz.uni-leipzig.de)

Martin C. Wald, M.A., Humboldt-Universität zu Berlin, Institut für Geschichtswissenschaften (marchrijo@t-online.de)

Martina Winkler, Dr., Humboldt-Universität zu Berlin, Lehrstuhl Geschichte Osteuropas (martina-winkler@web.de)

Steffen Wippel, Dr., *Fellow* des Zentrums Moderner Orient (ZMO), Berlin (steffen.wippel@rz.hu-berlin.de; WippelFriedrich@compuserve.com)

Economic Reform in China, 1979-2003:
The Marketization of Labor and State Enterprises

by Elizabeth Freund Larus

ISBN: 0-7734-6145-0 $119.95 / £ 74.95   304pp   2005

Contribution to Scholarship

This book, focusing on the state industrial enterprises, argues that a policy of gradualism was politically prudent in the 1980s and 90s given the political constraints and resistance to reforms by some labor groups. It depicts the delicate balance between state owned enterprises and domestic worker dissatisfaction in that period.

Reviewer Comment

"This book's focus on marketization as an alternative to full scale privatization should be of considerable wider interest to those interested in development in statist economies."
—Professor Cal Clark, Auburn University

About the Author

Professor Elizabeth Freund Larus received her Ph.D. from the University of Virginia and is a member of the faculty at the University of Mary Washington, Fredericksburg, Virginia.

Forthcoming Titles from
The Edwin Mellen Press Ltd.
Unit 17 Llambed Business Park
Lampeter
Ceredigion SA48 8LT
Wales UK
Tel: 01570 423356   Fax: 01570 423775   e-mail: cs@mellen.demon.co.uk
www.mellenpress.com

Reevaluating the Pan-Africanism of W.E.B. DuBois and Marcus Garvey:
Escapist Fantasy or Relevant Reality

by James L. Conyers, Jr.

ISBN: 0-7734-5954-5 $119.95 / £ 74.95   316pp   2005

Contribution to Scholarship

Interdisciplinary essays by fourteen scholars that discuss the following associated topics:

1. Global Pan-Africanism
2. The intellectual ideas of Dr. W.E.B. Dubois
3. The cultural and economic ideas of Marcus Darby.
4. A critical assessment of Africana historiography.

Reviewer Comment

"This book serves as a reminder of the role that Pan-Africanism and its two chief leaders have played and are still playing in the African struggle for liberation and unity. Dubois and Garvey had an influence not only on America, but worldwide."
                              –Professor Julius Thompson, University of Missouri, Columbia

About the Editor

Professor James L. Conyers received his Ph.D. from Temple University and is a member of the faculty at the University of Houston.

Forthcoming Titles from
The Edwin Mellen Press Ltd.
Unit 17 Llambed Business Park
Lampeter
Ceredigion   SA48 8LT
Wales UK
Tel: 01570 423356   Fax: 01570 423775   e-mail: cs@mellen.demon.co.uk
www.mellenpress.com